AF747452

La Refondation de la Communauté économique et monétaire de l'Afrique centrale

Gestion des crises et développement durable

Joseph Mbita

La Refondation de la Communauté économique et monétaire de l'Afrique centrale

Gestion des crises et développement durable

Préfaces de Jacques Fame Ndongo et Germain Ndjieunde

L'Harmattan
Cameroun

5-7, rue de l'Ecole-Polytechnique, 75005 Paris

http://www.editions-harmattan.fr

ISBN : 978-2-343-25003-8
EAN : 9782343250038

« L'Afrique peut être perçue comme un risque. L'Afrique est perçue par beaucoup comme un risque. Mais pour nous, l'Afrique peut être une grande opportunité. L'Afrique doit être une grande opportunité. Si nous nous donnions tous la main, si nous agissions dès aujourd'hui, pas demain, car il sera tard. Si nous agissons dans le cadre d'un large consensus pour exercer notre leadership politique et établir l'agenda pour l'Afrique »[1].

S.E.M. Alpha Oumar Konaré,
premier président de la commission de l'Union africaine.

[1] G. Mvele, *L'Union africaine : fondements organes, programmes et actions*, L'Harmattan; 2007 ; p. 9.

Le temps n'est plus au simple replâtrage institutionnel. Pour réussir nos réformes et faire de la CEMAC un grand projet d'avenir, nous devons être audacieux et ouverts. Audacieux parce qu'on ne construit rien de grand sans audace. N'ayons pas peur des idées nouvelles. Ce sont elles qui sont porteuses d'avenir.[2]

S.E.M. Paul Biya,
Président de la République du Cameroun

---

[2] Patrice LIBONG BADJAN- Réformes institutionnelles de la CEMAC-Jeu des acteurs, intérêts des États- l'Harmattan 2013 - p49- Discours d'ouverture du neuvième Sommet des Chefs d'État de la CEMAC tenu à Yaoundé le 24 juin 2008 .

À mes parents de regrettées mémoires précisément :

- mon grand-père Mbita Ntye'e Pierre,
- ma grand-mère Mbita née Edjimbi Efoua Lydie,
- ma mère Wouli Mbita Suzanne.

REMERCIEMENTS

Je remercie d'abord notre Dieu Tout-Puissant, le Maître de la vie et l'inspirateur de toute œuvre.

Je remercie ensuite toutes les personnalités qui ont contribué à mon encadrement familial, scolaire, académique et professionnel et qui ont donné le meilleur d'elles-mêmes, afin de faire de moi un homme responsable.

Je pense en premier lieu à :

- mon grand-père, M. Mbita Ntye'e Pierre, ancien de l'Église presbytérienne camerounaise, planteur du Sud-Cameroun, qui dès mes premiers pas, m'a inculqué les grandes valeurs humaines que sont la spiritualité, l'endurance, l'honnêteté et l'excellence ;
- Mme Mbita Ntye'e née Edjimbi Efoua Lydie, ménagère et agricultrice ;
- ma mère, Mme Wouli Mbita Suzanne, ancienne de l'Église et infirmière, qui m'a encouragé à aller le plus loin possible dans la poursuite de mes études ;
- mon oncle maternel M. Efoua Eboutou Jacob, instituteur, qui dès mon enfance, m'a inculqué les grandes valeurs que sont l'endurance et l'excellence intellectuelles.

Je pense en second lieu :

- au frère Guy Martineau, ancien directeur du collège Saint Kisito de Sangmélima ;
- à M. Ndjodo Casimir, ancien proviseur du lycée Joss de Douala ;
- à M. Mve Mbita Moïse, mon oncle paternel, ingénieur chimiste ;
- à ma tante paternelle, Mme Ondoua née Mengue Naomi.
- Je pense par ailleurs à :
- M. Germain Ndjieunde, Professeur agrégé des Sciences économiques, Professeur émérite de l'université de Yaoundé II à Soa, qui m'a donné un encadrement académique de qualité depuis

mes premiers pas à l'université de Yaoundé en 1978, jusqu'à ce jour ;

- M. Édouard Akame Mfoumou, ancien ministre d'État chargé de l'Économie et des Finances, qui m'a donné un encadrement professionnel de qualité, empreint d'amour, de soutien et de considération ;
- M. Jacques Fame Ndongo, Ministre d'État chargé de l'Enseignement supérieur, Chancelier des Ordres académiques, qui m'a soutenu et encouragé en vue de ma soutenance de thèse de Doctorat Ph.D en 2012 ;
- M. Bruno Bekolo Ebe, Professeur des universités, pour la qualité des enseignements et de l'encadrement ;
- M. Jean Tabi Manga, Professeur des universités, ancien recteur de l'université de Yaoundé II, pour le soutien qu'il m'a apporté en vue de la soutenance de ma thèse de Doctorat Ph.D. ;
- M. Jean-Emmanuel Pondi, Professeur des Relations internationales, vice-recteur de l'université de Yaoundé II à Soa, pour les nombreux encouragements pour la soutenance de ma thèse de Doctorat Ph. D. ;
- M. Etienne Mbala Bessala, de regrettée mémoire, ancien directeur de la comptabilité et des finances du ministère des Postes et Télécommunications de la République du Cameroun, pour l'encadrement professionnel de qualité qu'il m'a réservé durant mon séjour au ministère des Postes et Télécommunications de 1988 à 1998.
- M. Pierre Bertrand SOUMBOU ANGOULA et Mr MENDJANA Linus Toussaint, respectivement Directeur général et Ancien Directeur général de l'École Nationale et d'Administration et de Magistrature (E.N.A.M.) du Cameroun pour la confiance placée en moi, pour la formation des Élèves des Cycles A et B de ladite École dans le domaine de l'Intégration régionale, depuis plusieurs années.

Je remercie également la société « Excellence Plus Prestige » de Yaoundé, et notamment les secrétaires Mmes Julia Gaëlle Bakang et Henriette Kenmegne ainsi que les éditions L'Harmattan qui ont contribué à la saisie, la mise en forme et la publication du présent ouvrage.

Je remercie enfin mon épouse, Mme Mbita née Émilienne Avezo'o ainsi que nos enfants, Carine Tatiana Wouli Mbita, Joseph Yvan Arthur Julien Mbita, Karelle Gloria Lydie Edjimbi Mbita et Joseph Logane Dimitry Mbita, qui n'ont cessé de m'apporter leur soutien dans la rédaction et la publication du présent ouvrage.

LISTE DES SIGLES ET ABRÉVIATIONS

ACP	:	Afrique, Caraïbes et Pacifique
ACR	:	Accords commerciaux régionaux
AEF	:	Afrique-Équatoriale française
AELE	:	Association européenne de Libre-Échange
AFD	:	Agence française de Développement
AGETARC	:	Accord général sur les Tarifs et le Commerce
AIR	:	Accord d'Intégration régionale
ALE	:	Accord de Libre-Échange
ALENA	:	Accord de Libre-Échange nord-américain
ANASE	:	Association des Nations de l'Asie du Sud-Est
APE	:	Accord de Partenariat économique
BM	:	Banque mondiale
BVMAC	:	Bourse des Valeurs mobilières d'Afrique centrale
CBI	:	*Cross Border Initiative*
CE	:	Communauté européenne
CEA	:	Communauté économique africaine
CEAO	:	Communauté économique d'Afrique de l'Ouest
CEDEAO	:	Communauté économique des États de l'Afrique de l'Ouest
CEE	:	Communautés économiques européennes
CEEAC	:	Communauté économique des États de l'Afrique centrale

CEMA	:	Communauté économique et monétaire africaine
CEMAC	:	Communauté économique et monétaire de l'Afrique centrale
CEMACO	:	Communauté économique et monétaire d'Afrique centrale et occidentale.
CEMEAAO	:	Communauté économique et monétaire des États d'Afrique australe et orientale
CEMEACO	:	Communauté économique et monétaire des États d'Afrique centrale et occidentale
CEMEAN	:	Communauté économique et monétaire des États de l'Afrique du Nord
CEMR	:	Communauté économique et monétaire régionale
CEMRIP	:	Communauté économique et monétaire régionale intermédiaire pilote
CENUA	:	Commission économique des Nations-Unies pour l'Afrique
CEPAL	:	Commission économique pour l'Amérique latine
COPIL/CER-AC	:	Comité de Pilotage de la Rationalisation des Communautés économiques régionales en Afrique centrale
COPIL/PREF – CEMAC	:	Comité de pilotage du programme des réformes économiques et financières de la C.E.M.A.C
CEPGL	:	Communauté économique des pays des Grands Lacs
CER	:	Communauté économique régionale
COBAC	:	Commission bancaire en Afrique centrale
COI	:	Commission de l'Océan indien
COMECON	:	Conseil d'Assistance économique mutuelle

COMESA	:	*Common Market for Eastern and Southern Africa* (Marché commun pour l'Afrique de l'Est et australe)
CUA	:	Commission de l'Union africaine
CEN-SAD	:	Communauté des États sahélo-sahariens
COPIL/PRI	:	Comité de pilotage du programme des réformes institutionnelles
COSUMAF	:	Commission de surveillance du marché financier d'Afrique centrale
EAC	:	*East African Cooperation*
ECO MOG	:	Groupe de surveillance de la CEDEAO
EMICER	:	Efficience macro-économique internationale d'une communauté économique régionale
EMIMR	:	Efficience macro-économique internationale de la monnaie régionale
EMIMR/IER	:	Efficience macro-économique internationale de la monnaie régionale par rapport à l'Intégration des Économies régionales
EMIMR/IPR	:	Efficience macro-économique internationale de la monnaie régionale par rapport à l'Intégration des populations régionales
FMI	:	Fonds monétaire international
FMMLBH	:	Force multinationale mixte de lutte contre Boko Haram
FODEC	:	Fonds de développement communautaire
FOMAC	:	Force multinationale d'Afrique Centrale
GATT	:	*General Agreement on Tariffs and Trade*
GBER	:	Grands blocs économiques régionaux
IDE	:	Investissements directs étrangers
IOC	:	*Indian Ocean Commission*

MERCOSUR	:	Marché commun du Cône Sud
NEPAD	:	*New Partnership for Africa Development*
ODD	:	Objectifs de développement durable
OECE	:	Organisation européenne de coopération économique
OHADA	:	Organisation pour l'harmonisation du droit des affaires en Afrique
OMC	:	Organisation mondiale du commerce
OMD	:	Objectifs du millénaire pour le développement
OMS	:	Organisation mondiale de la santé
PAL	:	Plan d'Action de Lagos
PAS	:	Programme d'ajustement structurel
PIB	:	Produit intérieur brut
PIB/ha	:	Produit intérieur brut par habitant
PIBR	:	Produit intérieur brut régional
PIDAMLT	:	Plan d'Intégration et de développement de l'Afrique à moyen et long termes
PIGAGRA	:	Programme d'Intégration des grandes ambitions et des grandes réalisations de l'Afrique
PIM	:	Programme d'Intégration minimum
PIMA	:	Programme d'Intégration minimum de l'Afrique
PMMD	:	Programme mondial de développement durable à l'Horizon 2030
PER	:	Programme économique régional
PREF – CEMAC		Programme des réformes économiques et financières de la CEMAC
PRI	:	Programme des réformes institutionnelles

PRIDAMLT	:	Plan rénové d'Intégration et de développement de l'Afrique à moyen et long termes
RDM	:	Reste du Monde
SACU	:	*Southern African Customs Union (Union douanière d'Afrique australe)*
SADC	:	*Southern African Development Community* (Communauté de développement de l'Afrique australe, rebaptisée SADC)
TCI	:	Taxe communautaire d'intégration
TEC	:	Tarif extérieur commun
TVA	:	Taxe sur la valeur ajoutée
UA	:	Union africaine
UEMOA	:	Union économique et monétaire Ouest africaine
UDE	:	Union douanière équatoriale
UDEAC	:	Union douanière et économique de l'Afrique centrale
UE	:	Union européenne
UEAC	:	Union économique de l'Afrique centrale
UEMA	:	Union économique et monétaire africaine
UEMO	:	Union économique et monétaire optimale
UMA	:	Union du Maghreb arabe
UMAC	:	Union monétaire de l'Afrique centrale
UPF	:	Union de la presse francophone
ZEP	:	Zone d'échanges préférentiels
ZIEO	:	Zone d'intégration économique optimale
ZIEPO	:	Zone d'intégration économique et politique optimale
ZIESO	:	Zone d'intégration économique et de Sécurité optimale

ZIPO	:	Zone d'intégration politique optimale
ZLE	:	Zone de libre-échange
ZLEC	:	Zone de libre-échange continentale
ZMO	:	Zone monétaire optimale
ZSO	:	Zone de sécurité optimale

LISTE DES TABLEAUX

LISTE DES GRAPHIQUES

SOMMAIRE

PRÉFACES

La multiplication des blocs commerciaux régionaux a été l'une des caractéristiques principales des relations internationales au cours des deux dernières décennies. En s'engageant dans ce processus, les pays d'Afrique centrale considéraient le renforcement de l'intégration régionale comme un puissant facteur de croissance économique, de développement durable et d'amélioration des conditions de vie des populations. Une analyse des performances réalisées au cours des années récentes par les pays membres de la Communauté économique monétaire de l'Afrique centrale (CEMAC) révèle que celles-ci se sont avérées relativement bonnes au niveau macro-économique. Les pays de la CEMAC connaissent en effet une réelle dynamique de croissance depuis le milieu des années 90, avec une forte accélération du PIB à partir des années 2000, laquelle s'est accompagnée par un assainissement des finances publiques, notamment grâce à la surveillance multilatérale et une évolution favorable des termes de l'échange. Pour autant, la situation reste encore préoccupante au niveau social.

Malgré les importantes mesures d'ajustement prises par les hautes autorités de la CEMAC, l'Afrique centrale a vu s'aggraver sa fragilité depuis 2013 du fait du contexte sécuritaire volatile, des crises sanitaires profondes et des menaces à la stabilité politique. De plus, la plupart des indicateurs sociaux sont préoccupants : taux de chômage élevé, surtout chez les jeunes et les femmes ; espérance de vie à la naissance faible ; taux de mortalité maternelle et infantile très élevés. Les pandémies telles que le VIH/SIDA, le paludisme et la tuberculose pèsent lourdement sur les économies de la Sous-région avec pour corollaire la baisse de la productivité de la main-d'œuvre.

La persistance de ces situations de fragilité a suscité la nécessité d'entreprendre une évaluation rigoureuse de la capacité de la CEMAC à servir de moteur à la création de richesses, ainsi qu'à la production des biens publics communautaires tels que la paix, la sécurité, le développement durable. Un tel choix se fonde sur l'idée selon laquelle une intégration régionale effective devrait permettre de stimuler l'essor des marchés nationaux, d'accroître les flux commerciaux et d'investissements, d'atténuer les déficiences institutionnelles et infrastructurelles et d'impulser une transformation structurelle susceptible de favoriser un développement équitable et durable.

Afin de satisfaire ce besoin, et fort de sa riche expérience dans les domaines de l'analyse des politiques économiques ainsi que de l'audit des organisations d'intégration régionale, M. Joseph Mbita propose un « audit économique et politique » rigoureux et sans complaisance de la CEMAC avec pour finalité la refondation de cette institution communautaire. Cet audit qui s'appuie sur un ensemble de critères d'évaluation tirant leur fondement des principales approches théoriques de l'intégration régionale conduit l'auteur à conclure que la CEMAC n'est pas une communauté économique compétitive et efficiente.

Ce constat l'amène à suggérer trois recommandations majeures en vue de réorienter la politique économique au sein de la Communauté. La première suggère de substituer la pléthore de Communautés économiques régionales existant en Afrique à des blocs économiques régionaux plus grands. L'on pourrait ainsi procéder à la fusion de la CEMAC et de la CEDEAO à l'effet de disposer d'une communauté plus vaste, plus forte, plus crédible aux plans économique et politique, et avec un niveau de diversification du tissu économique plus important.

Pour garantir le succès de cette fusion, la seconde proposition envisage un changement de paradigme dans la conduite de la politique économique dans cet espace communautaire. Ce changement consisterait à renoncer aux politiques économiques extraverties actuelles qui amplifient la dépendance des économies africaines pour adopter des politiques introverties, ayant pour objet d'accroître les échanges intra-africains.

La troisième recommandation envisage la réconciliation entre les sphères politique, diplomatique et économique afin de mieux tirer parti de l'interdépendance structurelle entre ces sphères et ainsi améliorer l'efficacité des politiques d'intégration régionale. Une telle synergie pourrait contribuer à la consolidation et à la pérennisation de la paix dans la Sous-région ; un vœu qui est très cher à S.E.M. Paul Biya, Président de la République du Cameroun.

L'ouvrage de Monsieur Mbita revêt une double importance pour nos administrations publiques. Il constitue d'abord un outil d'analyse pour adresser les problématiques importantes, et d'actualité comme celle relative à l'attitude à adopter face à l'avènement de l'éco, la nouvelle monnaie régionale d'Afrique de l'Ouest. Les analyses contenues dans cet ouvrage pourraient également encadrer le processus de planification stratégique de l'insertion progressive des pays de la zone CEMAC dans le vaste ensemble de la Communauté économique africaine instituée par le traité d'Abuja. Dans cette perspective, il pourrait donc servir d'outil d'aide à la décision pour les Chefs d'État et Ministres en charge du pilotage de la politique d'intégration régionale.

En apportant un éclairage utile sur les pistes de renforcement de l'intégration régionale, les recommandations de cet ouvrage inspireront, j'en suis convaincu, les projets communautaires ayant pour objectif l'amélioration des conditions de vie des populations d'Afrique centrale.

Professeur Jacques FAME NDONGO,
Ministre d'État,
Ministre de l'Enseignement supérieur.

Les Relations internationales ont notamment été marquées au cours des deux dernières décennies, par le Renouveau du Régionalisme, caractérisé par la multiplication des Blocs économiques régionaux.

Cette Renaissance du Régionalisme et cette Régionalisation de la Mondialisation, ont pour principales finalités, l'édification d'une Mondialisation à visage humain, profitable à toutes les régions du Monde, et la mise en place d'un Nouvel Ordre économique international plus juste et plus équitable. Tout cela se justifie par le fait que l'Intégration régionale constitue à la fois un Instrument de Développement, et un Instrument de Redistribution du Pouvoir économique mondial, en faveur des pays pauvres et marginalisés, qui par ce processus peuvent voir leur développement s'améliorer.

L'Afrique, ses Régions et Sous-régions, n'échappent pas à cette Dynamique mondiale de la Renaissance du Régionalisme, qui impose désormais plus de rigueur aux analystes et acteurs de la Scène internationale, dans l'audit des organisations d'intégration régionale, afin de n'en retenir et de n'en promouvoir que celles qui sont performantes, et qui garantissent les meilleures chances de développement pour les pays membres.

C'est pour ces raisons d'efficacité et d'efficience de l'Intégration régionale, que nous avons notamment assisté au début des années 2000, à la transformation de l'OUA en l'Union Africaine, dont l'une des Missions majeures, de par son Acte constitutif, est d'accélérer la mise en place de la Communauté économique africaine (CEA), qui doit sanctionner la réussite de l'Intégration régionale en Afrique.

Cette Communauté économique africaine, instituée par le Traité d'Abuja du 3 juin 1991, était censée se mettre en place en 2034, étant donné que ledit Traité est entré en vigueur en 1994, et que le délai maximum de mise en place de ladite Communauté avait été fixé à quarante (40) ans. Le Processus de mise en place de ladite Communauté accuse par conséquent un grand retard.

Il est important de souligner que cette Dynamique du Renouveau et de l'Assainissement optimal de l'Intégration régionale en Afrique, s'est encore concrétisée ces dernières années, par la création par la Conférence des Chefs d'État de l'Union africaine, à l'occasion du 27e Sommet de ladite Organisation, tenu à Kigali au Rwanda en juillet 2016, de l'Unité de Réforme institutionnelle de l'Union africaine. Cette

Unité est présidée depuis septembre 2017 par le Cameroun, à travers, l'ancien Ministre des Relations extérieures, M. Pierre MOUKOKO MBONJO.

Dans la Sous-région d'Afrique centrale, cette volonté de dynamiser et de rationaliser au mieux l'Intégration régionale s'est notamment manifestée ces dernières décennies par certaines Réformes dont on peut notamment citer :

- La transformation en 1998 de l'Union douanière et économique de l'Afrique centrale (UDEAC), créée en 1964, en la Communauté économique et monétaire de l'Afrique centrale (CEMAC)
- La création depuis 2015 du Comité de Pilotage de la Rationalisation des Communautés économiques de l'Afrique centrale (COPIL/CER-AC), présidé par le Cameroun ;
- La mise en œuvre de 2006 à 2010 par la Conférence des Chefs d'État de la CEMAC, du Programme des Réformes institutionnelles de ladite Communauté, sur la base de l'Audit institutionnel de la CEMAC, réalisé par le Bureau d'Études « Performance Management Consulting, E.C.P.M », à la demande de la Conférence des Chefs d'État.
- La signature par les Chefs d'État d'Afrique Centrale en décembre 2019, du Traité révisé de la CEEAC, qui consacre notamment les réformes institutionnelles de ladite Communauté.

S'agissant particulièrement du Programme des Réformes institutionnelles de la CEMAC, qui avait pour Objectif majeur d'imprimer une Nouvelle Dynamique à la CEMAC, il a notamment eu le mérite de doter ladite Communauté d'une Architecture institutionnelle rénovée, de nature à rehausser les performances managériales des Dirigeants de ladite Communauté, en matière de Gouvernance administrative et institutionnelle.

Cependant, force est de constater que malgré l'application des Réformes institutionnelles, la CEMAC est frappée de plein fouet depuis 2013, par des Crises économique, sécuritaire et sanitaire profondes, qui ne sont pas encore résorbées jusqu'à ce jour, malgré les importantes Mesures d'Ajustement prises à cet effet par les Hautes Autorités de la CEMAC

La persistance de ces Crises semble nous interpeler à aller au-delà de l'Audit institutionnel et des Reformes institutionnelles, pour engager l'Audit économique et politique de la CEMAC

Cet Audit économique et politique, seul, nous permettra de concevoir et de conduire des Réformes économiques et politiques profondes de la CEMAC, de nature à rehausser les Performances de ladite Communauté, et d'en améliorer significativement la Gouvernance économique, politique et stratégique.

Il y a lieu de préciser à cet effet que l'Audit économique et politique de la CEMAC, consiste notamment en l'évaluation rigoureuse de l'efficacité et de l'efficience de ladite Communauté dans le domaine de la Création et de la Multiplication des Richesses, et celui de la Production des Biens publics stratégiques et collectifs, œuvrant pour la Paix, la Sécurité, l'Émergence, et le Développement durable.

L'Analyse qui précède paraît d'autant plus pertinente que dans toute Organisation nationale ou internationale, les Forces économiques et politiques constituent les Forces motrices d'impulsion et de propulsion de l'Organisation.

En conséquence, la limitation des Réformes majeures de la CEMAC au Programme des Réformes institutionnelles implémenté de 2006 à 2010, rendrait ladite Communauté semblable à « un Beau Véhicule sans Moteur, qui ne peut pas se déplacer », ou à un « Éléphant blanc » dans le domaine de l'Intégration régionale.

Il en résulte que le Programme des Réformes institutionnelles appliqué à la CEMAC de 2006 à 2010, ne peut être efficace et efficient, que s'il est complété par un Programme des reformes économiques et politiques profondes, établi sur la base de l'Audit économique et politique de ladite Communauté.

C'est pour cela qu'il y a lieu de se féliciter partiellement de la mise en place par la Conférence des Chefs d'État d'Afrique Centrale du Comité de Pilotage du Programme des Réformes économiques et Financières de la CEMAC (PREF – CEMAC), et du Comité de Pilotage de la Rationalisation des Communautés économiques de l'Afrique centrale (COPIL/CER-AC).

Cependant, à l'analyse, il est constant que ces Structures ne peuvent être efficaces, proactives et donner leur plein rendement dans la

Dynamisation de la CEMAC, que si elles disposent dans leur Actif, d'un Audit économique et politique rigoureux de ladite communauté.

Afin de répondre à cet important besoin d'Expertise incontournable, M. MBITA Joseph, qui est un Haut Fonctionnaire jouissant d'une riche Expérience professionnelle et académique, dans les domaines de l'Analyse des Politiques économiques, et de l'Audit des Organisations d'intégration régionale, nous propose, à travers le présent Ouvrage, un Audit économique et politique de la CEMAC

Cet Audit économique et politique de la CEMAC s'appuie sur une Grille d'Approches et de Critères d'évaluation suffisamment large, représentant les acquis accumulés pendant plus d'un siècle, dans les domaines de l'Intégration régionale et des Relations internationales. Ces acquis se résument aux différentes Approches théoriques de l'Intégration régionale et aux critères théoriques et pratiques de reconnaissance des Unions économiques et monétaires optimales (UEMO).

S'agissant des approches théoriques de l'Intégration régionale, la Grille d'évaluation est constituée essentiellement par l'Approche de l'intégration par le Marché, l'Approche de l'Intégration complexe, et les Approches fonctionnaliste et structuraliste de l'Intégration régionale. Les trois dernières Approches qui sont focalisées sur l'Impact de l'Intégration régionale sur le développement du Potentiel de Production régional et la Transformation structurelle des économies, sont plus appropriées pour les Communautés économiques des pays en voie de développement, à l'instar de la CEMAC.

Quant à la première Approche sur laquelle est malheureusement fondée la CEMAC, elle est plus appropriée pour les Communautés économiques régionales des pays développés. En effet, l'Approche concernée considère essentiellement l'Intégration régionale, comme un instrument d'ajustement à la marge des modèles de production et de consommation des économies régionales, un instrument de facilitation des échanges intra-régionaux, alors que les besoins essentiels des pays en voie de développement, en matière d'intégration, portent sur la transformation structurelle des économies.

En ce qui concerne les Critères théoriques et pratiques de reconnaissance des Unions économiques et monétaires optimales

(U.E.M.O), ils ont essentiellement trait à ceux identifiés par les économistes spécialistes de l'Intégration régionale au cours des soixante dernières années.

Il s'agit, entre autres, des Critères relatifs à, la Mobilité des facteurs de production (MUNDELL.1961), au degré d'Intégration des Politiques économiques et à l'Aptitude à faire face à la Croissance et à l'Instabilité (Bourguinat et Kindleberger-1970), au degré de Solidarité entre les pays membres (André Marchal et Albert Ondo-Ossa. 2000), au degré de Diversification et de Complémentarité des Economies (KENEN) et à la Volonté de bâtir un Destin économique et politique commun (Frankel et Rose-1997).

L'Audit économique et politique de la CEMAC ainsi réalisé au prisme des Approches et Critères d'évaluation susmentionnés conduit l'Auteur à conclure que la CEMAC doit chercher à être davantage une Communauté économique compétitive et efficiente, aux plans scientifique et international.

Il en résulte que la Dynamisation de la CEMAC doit passer nécessairement par sa Refondation et sa Fusion avec les « Communautés sœurs » de l'Afrique du Centre et de l'Ouest, que sont notamment la CEEAC l'UEMOA et la CEDEAO, afin de créer la Communauté économique et monétaire des États d'Afrique centrale et occidentale (CEMEACO).

Cette fusion des Communautés économiques sous-régionales d'Afrique centrale et occidentale, par la mise en place de la CEMEACO, permettra de bâtir une Économie régionale réelle, forte et diversifiée, qui constitue le fondement le plus sûr d'une Monnaie régionale forte.

De l'avis de l'Auteur, la CEMEACO apparaît au niveau de la région d'Afrique centrale et occidentale, comme la seule Communauté économique régionale virtuelle, jugée optimale et compétitive aux plans scientifique et international, au regard des Approches et des Critères d'évaluation utilisés dans cet Ouvrage.

Compte tenu de ce qui précède, la fusion de la CEMAC et de la CEEAC, fortement envisagée ces dernières années par les Chefs d'État d'Afrique Centrale, devrait être encouragée.

Toutefois, cette fusion ne devrait être considérée que comme une étape transitoire et intermédiaire par rapport à la situation idéale et optimale, que constitue la fusion des Communautés économiques sous-régionales d'Afrique centrale et occidentale, pour former la Communauté économique et monétaire des États de l'Afrique centrale et occidentale (CEMEACO).

La mise en place ultime de la CEMEACO permettrait par conséquent d'optimiser l'efficacité et l'efficience du processus de fusion de la CEMAC et de la CEEAC envisagé.

Il y a lieu de souligner qu'en vue de garantir le maximum de chances de succès à la Dynamique du Renouveau et de la Rationalisation optimale de l'Intégration régionale impulsée par l'Union africaine et les Pays africains, l'Auteur suggère un changement de Paradigmes en matière de Développement, notamment en ce qui concerne les Politiques économiques et d'Intégration régionale.

S'agissant des Politiques économiques, il s'agit de renoncer aux Politiques économiques extraverties adoptées par la plupart des pays africains au lendemain des indépendances et de mettre en place des Politiques économiques introverties, dans le but de mettre fin à l'extraversion et à l'extrême dépendance des économies africaines.

Ces Politiques économiques introverties doivent par conséquent être résolument orientées vers la promotion et l'accélération tous azimuts des échanges intra-africains (au détriment de ceux avec le reste du Monde), afin de booster de manière optimale, les Capacités de production des économies africaines et les taux de croissance des produits intérieurs bruts (PIB), aux niveaux national, sous-régional, et continental, et de conduire ainsi nos pays et l'Afrique à l'émergence et au développement durable.

Quant aux Politiques d'Intégration régionale, il s'agit de refonder et de restructurer les Communautés économiques régionales, afin de substituer la pléthore des Communautés économiques sous-régionales et régionales africaines existantes, par des Grands Blocs économiques régionaux plus viables et crédibles, aux plans économique et politique.

Ces Grandes Communautés économiques régionales qui doivent être disjointes sont appelées à se consolider, et à fusionner à terme pour donner naissance à la Communauté économique africaine (C.E.A), instituée pour le Traité d'Abuja du 3 juin 1991, qui constitue, la Finalité ultime de tous les processus d'Intégration en cours sur le Continent.

Il reste entendu que la mise en place de ces Grands Blocs économiques régionaux devrait aller de pair avec la mise en place de la Zone de Libre-Echange continentale (Z.L.E.C.), les deux volets concernés étant deux aspects complémentaires et indissociables de l'Intégration régionale en Afrique.

Il y a lieu de souligner en ce concerne particulièrement la fusion de la CEMAC avec la CEDEAO proposée, pour donner naissance à la CEMEACO, que la CEMAC serait totalement gagnante de cette union.

En effet, cette union, qui a pour point de mire le Nigéria, la porte d'entrée de la CEDEAO et l'un des grands Fournisseurs des pays de la CEMAC, permettra de renforcer la complémentarité économique des pays membres de la CEMEACO, et d'optimiser l'exploitation de leurs avantages comparatifs respectifs. Cette exploitation optimale des avantages comparatifs réciproques et cette complémentarité accrue des économies régionales, permettront en dernier ressort, de booster au maximum les échanges économiques intra-régionaux, dont le niveau moyen est encore significativement faible, aux plans sous-régional, régional et continental.

Dans cette optique, la CEMAC pourrait ainsi devenir le Grenier de l'Afrique centrale et occidentale en ce qui concerne les produits alimentaires et agro-alimentaires industriels, tandis que les pays de la CEDEAO, avec pour chef de file le Nigéria, pourraient devenir les principaux pourvoyeurs des produits industriels semi-finis et finis.

En somme, il s'agit pour l'Auteur, de substituer le Programme d'Intégration minimum de l'Afrique (PIMA), actuellement impulsé par l'Union africaine, par le Programme d'Intégration des Grandes Ambitions et des Grandes Réalisations de l'Afrique (PIGAGRA), qui correspond mieux aux aspirations réelles d'Intégration et de Développement de nos États et de nos Peuples, et à celles des Pères fondateurs de l'OUA et de l'UA.

Soulignons enfin que le présent Ouvrage constitue une contribution certaine à l'amélioration de la Gouvernance globale de l'Intégration régionale, et notamment en ce qui concerne sa Dimension stratégique. En effet, le présent Ouvrage tend à suggérer aux Principaux Acteurs de l'Intégration africaine, que sont notamment l'Union africaine, les Communautés économiques régionales et sous-régionales, et les États, d'effectuer un Saut qualitatif en matière de Gouvernance stratégique de l'Intégration régionale, en réconciliant l'Économie, la Politique et la Diplomatie.

Ce Saut qualitatif dans la Gouvernance stratégique de l'Intégration régionale est d'autant plus appréciable, que la plupart des Expériences d'intégration africaines existantes, aux plans sous-régional et régional, tendent à entretenir une Dichotomie et un Cloisonnement entre l'Intégration économique et l'Intégration politique, ce qui ne permet pas d'exploiter à bon escient l'Interdépendance structurelle entre ces deux domaines d'activités.

Cette Dichotomie et ce Cloisonnement entre l'Economie, la Politique et la Diplomatie sont injustifiés, irréalistes et contre-producteurs, car à l'analyse, l'Economie, la Politique et la Diplomatie, ne sont que trois aspects interdépendants de la même Réalité que constitue « la Bonne Gestion de la Cité ».

Cette Dichotomie et ce Cloisonnement entre l'Économie, la Politique et la Diplomatie se traduit souvent par la divergence de la Zone d'Intégration économique optimale (ZIEO) avec la Zone d'Intégration politique optimale (ZIPO), au plan régional.

Il convient de préciser à cet effet que la Zone d'Intégration économique optimale est considérée ici comme la Zone géographique par excellence, jugée efficace par les États pour la Dynamisation du Processus de création et de multiplication des richesses.

Quant à la Zone d'Intégration politique optimale, elle est définie comme la Zone géographique par excellence, jugée efficace par les États pour la Production des Biens publics collectifs et stratégiques, que sont notamment la Paix, la Sécurité, la Stabilité, et le Développement durable.

A cet égard, on peut dire à titre d'illustration, que pour l'Afrique Centrale, la Zone d'Intégration économique optimale se confond au territoire géographique de la CEMAC, tandis que la Zone d'Intégration politique optimale se confond à la région d'Afrique centrale et occidentale, étant donné que les pays d'Afrique Centrale sont souvent obligés de coaliser avec ceux de l'Afrique de l'Ouest pour lutter contre l'Insécurité majeure (cas de la Lutte contre Boko Haram).

Ainsi que nous l'avons déjà souligné plus haut, cette divergence fréquente en Afrique, de la Zone d'Intégration économique optimale (Z.I.E.C.O.) avec la Zone d'Intégration politique optimale (ZIPO), est une importante source d'inefficacité, pour les Politiques d'Intégration régionale, car elle ne permet pas d'exploiter au mieux la Complémentarité structurelle qui existe entre l'Économie, la Politique et la Diplomatie.

En conséquence, le présent Ouvrage tend à remédier à cette Carence majeure de la Gouvernance stratégique de l'Intégration régionale en Afrique, en posant comme principe majeur de la Conduite des Politiques d'Intégration régionale, la nécessité de la coïncidence et de l'identité de la (ZIEO) et de la (ZIPO). Cette identité de la (ZIEO) et de la (ZIPO), a pour principal avantage de maximiser l'efficacité et l'efficience des Politiques d'Intégration régionale, en exploitant au maximum la Complémentarité et la Synergie qui existent entre l'Économie, la Politique et la Diplomatie.

A cet effet, l'Auteur suggère à l'Union africaine et aux pays africains de privilégier, autant que possible, l'implémentation de « la Conception politique et diplomatique de l'Intégration régionale », qui consiste à placer « la Politique » et « la Diplomatie », au centre des Décisions d'Intégration économique », afin de garantir la Cohérence, l'Harmonie et la Complémentarité entre ces trois domaines.

Cette Cohérence, cette Complémentarité et cette Symbiose entre l'Économie, la Politique et la Diplomatie peuvent notamment être illustrées à travers l'enchaînement logique des relations d'interdépendance mutuelles qui suit :

1. « L'Économie » permet, à travers l'Intégration régionale, d'assurer le bien être des populations, de vaincre la Pauvreté, et de mettre à la disposition de « la Politique », les moyens indispensables pour le Maintien de la Paix et de la Sécurité durables.
2. « L'Economie » permet également, sur la base de la même logique, de doter « la Diplomatie » des moyens nécessaires pour la consolidation et la pérennisation des Accords diplomatiques régionaux de Règlement des conflits et de Maintien de la Paix, étant donné que l'intensification des échanges économiques tend à apaiser et à réduire les Conflits régionaux, les différents pays se sentant dépendants les uns des autres.
3. Inversement, les Contributions de « la Politique » et de « la Diplomatie » au Maintien de la Paix et de la Sécurité régionale à

court et à moyen termes, tendent à améliorer, le Climat des Affaires, et à accélérer « l'Intégration économique régionale ».

Il résulte par conséquent de ce qui précède que l'Interdépendance structurelle entre « l'Économie », « la Politique » et « la Diplomatie » tend à créer une Complémentarité, une Synergie, et une Symbiose hautement bénéfiques entre ces trois domaines. En effet, la complémentarité, la synergie et la symbiose qui existent entre les trois domaines précités ont notamment pour impact bénéfique majeur de maximiser l'efficacité et l'efficience des politiques d'Intégration régionale, et de les transformer en « cercles vertueux », pour l'accélération du Développement et de l'Unité de l'Afrique.

Dans cette optique, il est important de souligner que la Communauté économique et monétaire des États d'Afrique centrale et occidentale (CEMEACO), dont la création est proposée ci-dessus, est bâtie sur le modèle de « la Conception politique et diplomatique de l'Intégration régionale », qui privilégie la Cohérence et la Complémentarité entre l'Économie, la Politique et la Diplomatie.

Cette Communauté est par conséquent appelée à jouer au moins trois Fonctions stratégiques, au sein de la région d'Afrique centrale et occidentale :

- Une Fonction économique consistant en la Dynamisation du Processus de création et de multiplication des Richesses au plan régional, en vue de vaincre la Pauvreté et d'améliorer significativement les conditions de vie de nos populations.
- Une Fonction politique, consistant en la mise à la disposition des États et de la Région des moyens indispensables pour le Maintien de la Paix et de la Sécurité, à court, moyen et long termes.
- Une Fonction diplomatique, en matière d'Apaisement des Conflits régionaux et de Consolidation et de Pérennisation des Accords diplomatiques, relatifs au Maintien de la Paix, et au Règlement des Conflits.

Compte tenu de ce qui précède, il est notamment escompté de la création de la CEMEACO, qu'elle contribue efficacement à la Consolidation et à la Pérennisation des Acquis des Accords de Green Tree de 2006 relatifs au Règlement pacifique du différend frontalier de Bakassi, et qu'elle consolide la Paix entre le Nigéria et le Cameroun, conformément aux vœux de l'Auteur, des deux Chefs d'État concernés, et des autres Partenaires desdits Accords.

Ces vœux ont notamment été exprimés par S.E.M. Paul BIYA, Président de la République du Cameroun, le 21 août 2008, à l'occasion de son Discours à la Nation et à la Communauté internationale, au lendemain de l'aboutissement heureux et définitif du Règlement pacifique du différend frontalier de Bakassi en ces termes :

« Il va de soi que le Cameroun et le Nigéria doivent désormais tout mettre en œuvre pour consolider le Règlement intervenu, et saisir les Opportunités qui s'offrent à eux pour développer leurs Relations dans tous les domaines ».

« Ainsi donc mes compatriotes, il est permis de penser qu'une Ere nouvelle est en train de s'ouvrir entre le Nigéria et le Cameroun, une Ere de Paix et de Fraternité qui nous permettra de mener main dans la main, les Vrais Combats, ceux du Progrès et du Développement ».

En définitive, la CEMEACO est appelée à consolider et à pérenniser la Paix dans les régions d'Afrique centrale et occidentale, et à rendre la Guerre quasiment impossible entre le Nigéria et le Cameroun, les deux Pôles économiques fédérateurs respectifs de l'Afrique occidentale, et de l'Afrique Centrale.

La CEMEACO est par conséquent appelée à jouer le même rôle qu'a joué la Communauté européenne du Charbon et de l'Acier (C.E.C.A.), pour l'Europe occidentale, au lendemain de la Seconde Guerre mondiale, dans la mesure où la C.E.C.A. a permis à la fois de consolider la Paix en Europe occidentale, et de rendre la Guerre quasiment impossible entre la France et l'Allemagne, antérieurement enclines à des conflits récurrents.

De surcroît, la France et l'Allemagne sont devenues aujourd'hui le Couple moteur de l'Union européenne, qui a pris le relais de la Communauté économique européenne (CEE) et de la C.E.C.A, comme pourraient le devenir le Nigéria et le Cameroun pour la CEMEACO

L'Auteur est conscient des obstacles et des embûches susceptibles de compromettre la mise en place d'une grande organisation régionale comme la CEMEACO, compte tenu de la possibilité d'intérêts divergents entre certains de ses États membres. Toutefois, il a la ferme conviction que l'histoire et la volonté politique des Chefs d'État et des populations concernés peuvent permettre de surmonter ces difficultés, à l'instar des obstacles que l'Union européenne a franchis avec succès, pour sa création et son développement.

En résumé, le mérite du présent Ouvrage qui est perfectible, est de proposer une Approche innovante de l'Intégration régionale, inspirée des Sciences économiques et politiques, et des Relations internationales, qui tend à faire de l'Intégration régionale, une Science, une Technique et un Art, qui obéissent à des Normes scientifiques et universelles. Il tend par conséquent en définitive, à appliquer « la Démarche Qualité », à l'Intégration régionale, afin d'en optimiser les performances économiques et politiques.

Le présent Ouvrage revêt à notre avis, une double importance pour nos Administrations publiques, la Sous-région d'Afrique Centrale et l'Afrique.

Il constitue d'abord un Outil d'Analyse à la disposition de nos États, de notre Sous-région et de l'Afrique, pour adresser des Problématiques importantes d'actualité, telles que celles relatives au maintien ou à la sortie des pays de la CEMAC de la Zone franc, ou à l'attitude à adopter face à l'avènement de la Monnaie régionale de l'Afrique de l'Ouest qu'est l'ECO.

Il constitue enfin un Instrument de Planification stratégique de l'Intégration régionale proposé à notre Sous-région et à l'Afrique, afin de permettre notamment à notre sous-région, de « jouer harmonieusement sa Partition », dans « la Symphonie africaine exécutée par toutes les Sous-régions et Régions », en vue de l'accélération et de la rationalisation optimales de l'Intégration et de l'Unité africaines.

Dans cette optique, le présent Ouvrage est en harmonie avec la Zone de Libre-Echange continentale (ZLEC), entrée en vigueur le 1er janvier 2021. Il constitue par conséquent un complément indissociable de ladite Zone, dans la perspective de l'accélération et de la rationalisation optimales de l'Intégration et de l'Unité africaines.

Cette accélération et cette rationalisation optimales de l'Intégration et de l'Unité africaines, visent notamment, la mise en place progressive de la Communauté économique africaine instituée par le Traité d'Abuja, la Consolidation de l'Agenda 2063 de l'Union africaine et du Panafricanisme, et l'atteinte par notre Continent des Objectifs de Développement durable à l'Horizon 2030.

Le présent Ouvrage constitue par conséquent un précieux Outil d'Aide à la décision pour les principaux décideurs que sont notamment nos Chefs d'État et nos Ministres, dans le Pilotage des Politiques d'Intégration régionale et de Refondation de nos Communautés économiques sous-régionales et régionales.

Il constitue également un précieux instrument pédagogique pour les enseignants et les étudiants des Universités, dans un Contexte historique où les nécessités de Promotion de l'Unité et de l'Intégration africaines, et du Panafricanisme, nous interpellent à ériger « L'Intégration régionale et l'Unité africaines », dans la Catégorie des Unités d'Enseignement transversales des Universités africaines.

Pr Germain NDJIEUNDE,
Professeur agrégé des Sciences économiques, Lauréat des Facultés, Ancien Président des Jurys d'Agrégation, Commandeur de l'Ordre international des Palmes académiques (O.I.P.A.) du CAMES.

INTRODUCTION

Depuis le début des années soixante du XXe siècle qui a vu notamment l'accession de la plupart des pays africains à l'indépendance politique et la montée d'un fort courant de remise en cause de l'hégémonie économique des États-Unis sur les Pays du Reste du Monde, l'intégration économique régionale est devenue l'un des thèmes de débat et d'action politique le plus prisé, sur le plan international.

Ce renouveau du Régionalisme, cette Régionalisation de la mondialisation sont notamment confirmés par les statistiques de l'Organisation mondiale du Commerce (O.M.C.) qui montrent notamment qu'entre 1948 et 1994, le GATT a reçu 124 notifications d'Accords commerciaux régionaux (ACR) dans le domaine du commerce et des marchandises, et que depuis la création de l'O.M.C. en 1995, plus de trois cents Accords additionnels de même type ont été notifiés à cette Organisation.

Cette renaissance du régionalisme et cette régionalisation de la mondialisation qui ont pour finalité de mettre en place une mondialisation à visage humain, profitable à toutes les régions du Monde, sont dues à trois raisons principales :

La première raison tient au fait que le phénomène de l'intégration économique régionale représente sur le plan scientifique, un progrès remarquable dans la mesure où il constitue une remise en cause de la théorie dominante jusqu'à la fin de la première moitié du XXe siècle, à savoir celle de l'optimalité du libre-échange sur le plan des relations économiques internationales.

Il était en effet admis jusqu'alors que le libre-échange fondé sur l'application de la théorie des coûts comparatifs de RICARDO était la seule solution pour l'accélération du commerce mondial et le développement de l'économie mondiale.

Malheureusement sur le plan pratique, l'application du libre-échange s'est traduite par l'échange inégal et l'aggravation des écarts de développement entre pays riches et pays pauvres, ce qui a largement contribué à sa remise en cause et à la conception des politiques d'intégration économique régionale, qui s'assignent pour double objectifs d'accroître le commerce régional et mondial, mais aussi de garantir plus d'équité dans la répartition de la plus-value du commerce régional et mondial.

La seconde raison est liée au fait que l'intégration économique régionale se présente comme un instrument privilégié, souple et pacifique permettant de modifier rapidement et favorablement les rapports de forces sur la scène internationale, et partant la distribution des richesses entre pays riches et pays pauvres.

La troisième raison tient au fait que l'intégration économique régionale ou l'intégration de proximité, est perçue par la majorité des pays en voie de développement comme un moyen privilégié de promotion d'un développement autocentré et endogène, leur permettant de devenir de véritables partenaires sur la scène internationale et de sortir par conséquent du statut de marginalisés auquel ils ont été confinés par le libre-échange international, depuis le début du XXe siècle.

Outre les trois raisons qui précèdent, l'intégration économique régionale revêt pour l'Afrique une importance toute particulière, pour deux raisons supplémentaires.

D'une part, la Communauté économique Africaine (C.E.A) qui est censée sanctionner la réussite de l'intégration économique en Afrique, et qui a été instituée par le Traité d'ABUJA du 3 juin 1991 et reconduite par l'Acte constitutif de l'Union africaine (UA) du 11 juillet 2000, est considérée par les Chefs d'État et les Peuples africains, comme le premier instrument stratégique indissociable de l'UA, mis à sa disposition pour créer une Unité et une Solidarité fonctionnelles et permanentes entre les Peuples africains.

D'autre part, confrontée aux multiples crises que sont la crise de l'endettement, la crise économique, la crise de l'insécurité, la crise de la marginalisation sur la scène internationale, la crise des valeurs, l'Afrique perçoit l'intégration économique comme la seule solution efficiente pour le redressement et le développement durables de son économie et la stabilité de ses institutions.

Cette gravité de la situation socio-économique en Afrique qui ne peut laisser indifférentes les élites mondiales et notamment africaines quant aux importants défis à relever, et aux initiatives courageuses et généreuses à prendre, est attestée par les indicateurs macro-économiques ci-après qui datent pour la plupart de 2010 et qui restent d'actualité pour l'essentiel :

- La population africaine est estimée à 967 millions d'habitants avec un taux de croissance annuel de 2,4 % et représente 14,4 % de la population mondiale[3] ;
- Le produit national brut en parité des pouvoirs d'achat par habitant en Afrique en 2007 était de 2417 $, soit 19 fois environ moins que celui des États-Unis (45 845 $), et plus de 4 fois inférieur à la moyenne mondiale qui s'établit à 10 000 $ environ ;
- Le PIB de l'Afrique était évalué en 2007 à 1092 milliards de dollars américains, soit à peine 2 % du PIB mondial[4] ;
- Plus de 300 millions d'Africains gagnent moins d'un $ par jour (soit moins de 600 F CFA environ par jour)[5] ;
- Une vingtaine de Pays africains sur 53 ont un revenu national brut par tête inférieur à 1500 $, et figurent parmi les 41 pays les plus pauvres et les plus endettés de la planète ;
- La production industrielle de l'Afrique représente à peine 1 % de la production industrielle mondiale[6] ;
- La part de l'Afrique dans le Commerce mondial n'excède pas 2,3 % des échanges globaux ;
- Sur la période 1970-1998, sur 32 pays dans le Monde qui ont eu une croissance moyenne annuelle négative, 25 sont africains, et sur les 43 qui ont eu une croissance comprise entre 0 % et 2 %, 19 sont en Afrique[7].
- De 1979 à 1999, la croissance du PIB réel par habitant a été négative en Afrique subsaharienne. [8]

Dans la même optique, le rapport ONU-SIDA pour l'année 2007, révèle que les 2/3 des 33 millions de malades séropositifs du Monde

---

[3] Daniel Ben Yahmed et Nicole Houstin – Atlas of Africa Éditions du JAGUAR – 2010 – P.42

[4] Idem.

[5] Atlas of Africa Éditions du JAGUAR – 2000 – P.32

[6] Idem.

[7] Mr Emile Robert Perrin SGA du Haut Conseil de la Coopération internationale - L'Afrique et le Développement – juin 2001 – P.1

[8] Ibid 2010 – P.42

vivent en Afrique, alors que celui de l'OMS révèle qu'en 2005, 90 % des 900 000 décès au titre du malaria enregistrés dans le Monde concernaient des ressortissants africains.

En outre, chaque année, des centaines d'émigrés clandestins africains, qui ne sont autres que des réfugiés économiques, déçus par la situation économique difficile du Continent, et tentés par l'exode vers l'Europe occidentale, meurent par naufrage en mer au large des côtes africaines et européennes, administrant ainsi la preuve au quotidien, que la situation de pauvreté critique du Continent, constitue aujourd'hui une véritable catastrophe humanitaire.

Soulignons enfin pour compléter ce tableau économique sombre du Continent, que selon les estimations des Experts de l'ONU, l'Afrique devrait atteindre 1,4 milliards d'habitants à l'horizon 2025 et 2 milliards d'habitants à l'horizon 2050, le Continent devrait alors accroître sa production actuelle d'au moins dix fois d'ici 2025, pour satisfaire les besoins vitaux de cette population, alors qu'il a été incapable de réaliser ce niveau de performances économiques au cours des trente (30) dernières années.

En somme, au regard des multiples crises et défis présents et avenir auxquels fait actuellement face le Continent africain, l'Intégration économique régionale, apparaît comme l'un des principaux remèdes de choc susceptibles de lui permettre de résorber avec efficacité et efficience les différentes crises en cause, de relever les principaux défis, et de propulser l'Afrique sur le sentier de la Croissance et de la Paix durables.

Dans ce contexte économique et politique préoccupant de l'Afrique qui interpelle vivement les Chefs d'État et les Peuples africains à accélérer l'Intégration économique régionale, la Communauté économique et monétaire d'Afrique centrale (CEMAC), se présente comme la principale Force motrice de promotion et d'accélération de l'Intégration régionale en Afrique Centrale.

Cependant, en dépit des importants espoirs ainsi placés en la CEMAC en matière d'accélération de l'Intégration et du Développement de l'Afrique Centrale, force est de constater que ladite Communauté est entrée dans des Crises économique, sécuritaire et sanitaire profondes, depuis l'année 2013 jusqu'à ce jour.

Ces crises économique, sécuritaire et sanitaire profondes ont notamment été provoquées et amplifiées par la baisse drastique des prix des matières premières agricoles et minières, les actions terroristes de la Secte Boko Haram en Afrique centrale et occidentales, et les activités terroristes des sécessionnistes dans les régions du Nord-ouest et du Sud-ouest du Cameroun.

À cet effet, afin de remédier à ces crises économique, sécuritaire et sanitaire profondes de la CEMAC, la Conférence des Chefs d'État de ladite Communauté a déjà convoqué cinq (5) Sommets extraordinaires en moins de cinq (5) ans. Le premier, le quatrième et le cinquième sommet extraordinaire se sont tenus à Yaoundé respectivement le 23/12/2016, le 22/11/2019 et le 18/08/21, à l'initiative de S.E.M. Paul BIYA, Président de la République du Cameroun. Quant au second et au troisième sommet extraordinaire, ils se sont tenus respectivement le 31/10/2017 et le 25/10/2018 à N'Djamena, à l'initiative de S.E.M. Idriss DEBY ITNO, Président de la République du Tchad.

Ces crises économique, sécuritaire et sanitaire profondes de la CEMAC, qui persistent jusqu'à ce jour, malgré la convocation des cinq sommets extraordinaires de la conférence des Chefs d'État susévoqués, interpellent à notre avis, les Chefs d'État et les Peuples concernés, à procéder à un Audit scientifique rigoureux, et sans complaisance de ladite Communauté.

Cet Audit scientifique rigoureux de la CEMAC, qui doit être fait sur la base des approches théoriques de l'Intégration régionale et des critères théoriques et pratiques de reconnaissance des unions économiques optimales, devrait notamment permettre de résorber efficacement les crises économique, sécuritaire et sanitaire profondes en cours et de rehausser de manière significative les performances économiques et politiques de la CEMAC.

Cet Audit scientifique rigoureux de la CEMAC devrait en outre, permettre de procéder, le cas échéant, à la refondation de ladite Communauté, afin de lui permettre de relever les principaux défis économiques et politiques qui s'imposent à elle en ce début du XXIe siècle.

Compte tenu des grandes ambitions que s'assigne ainsi notre Ouvrage, dans un contexte africain qui interpelle à l'accélération de l'édification de l'Unité et de l'Intégration africaines, notre cheminement intellectuel d'évaluation de la CEMAC et de définition des perspectives d'avenir de ladite Communauté, s'articulera autour de cinq chapitres, à savoir :

- La présentation des principales approches de l'Intégration régionale et des critères de reconnaissance des unions économiques optimales (Chapitre I), afin de mettre en évidence les principaux critères scientifiques et pratiques de reconnaissance des expériences d'intégration régionales et des unions économiques et monétaires régionales performantes, au plan international.
- La situation économique préoccupante de l'Afrique, et la nécessité d'accélérer et de maîtriser l'Intégration régionale (Chapitre II), afin de mieux appréhender les principaux défis du Continent africain et du Monde, au sein desquels évolue la CEMAC.
- La Genèse, les Missions et le Programme des réformes institutionnelles de la CEMAC (chapitre III), afin de mieux s'imprégner de l'architecture institutionnelle et des missions stratégiques de la CEMAC, et des récents efforts de modernisation de la Gouvernance institutionnelle et administrative de ladite Communauté.
- Les principales faiblesses de la CEMAC (Chapitre IV), afin de mieux s'imprégner des faiblesses de ladite Communauté aux plans fonctionnel et managérial et au plan économique, et de mettre en évidence les principales nécessités qui pourraient justifier la Dynamisation et la Refondation de cette Communauté
- Les Perspectives de Dynamisation et de Refondation de la CEMAC (chapitre V), afin de jeter les bases de la refondation de ladite Communauté, à la lumière des crises économique, sécuritaire et sanitaire en cours et des principaux défis du XXIe siècle, qui interpellent l'Afrique en général, et l'Afrique Centrale en particulier.

CHAPITRE I :

LES PRINCIPALES APPROCHES DE L'INTÉGRATION RÉGIONALE ET LES CRITÈRES ET ÉLÉMENTS DE RECONNAISSANCE DES UNIONS ÉCONOMIQUES OPTIMALES

Le présent chapitre vise à mettre en évidence les principales approches conceptuelles et théoriques de l'intégration régionale, ainsi que les critères et éléments théoriques et pratiques de reconnaissance des unions économiques et monétaires optimales, afin de nous permettre de disposer « d'une grille sommaire de critères d'évaluation » des expériences d'intégration économique régionales, performantes et compétitives au plan international.

Il s'articule par conséquent autour de trois centres d'intérêt, à savoir :

- le concept de l'intégration économique régionale, ses motivations et ses catégories ;
- les différentes approches de l'intégration régionale au regard des théories des relations internationales ;
- les critères et éléments théoriques et pratiques de reconnaissance des unions économiques humanitaires optimales.

SECTION I : LE CONCEPT DE L'INTÉGRATION ÉCONOMIQUE RÉGIONALE, SES MOTIVATIONS ET SES CATÉGORIES

Nos développements sur ce premier volet relatif aux approches conceptuelles de l'intégration régionale porteront sur le concept de l'intégration régionale et ses motivations d'une part, et sur les catégories de l'intégration régionale d'autre part.

I. LE CONCEPT DE L'INTÉGRATION RÉGIONALE ET SES MOTIVATIONS

L'expression « intégration économique régionale » est polysémique. Elle désigne un état et un processus et est définie par le Professeur

Philippe Hugon, comme un processus global caractérisé par des interdépendances durables entre les économies (au niveau des flux de marchandises, d'informations et de facteurs de production), par des coordinations des politiques économiques nationales et par la mise en œuvre des projets de coopération régionale et d'un minimum de structures institutionnelles.

Les objectifs globaux poursuivis dans la mise en œuvre des politiques d'intégration économique régionale au plan mondial sont notamment :

- l'élargissement des marchés garantissant la mise en place de projets viables et permettant de lever la contrainte que constitue l'étroitesse des marchés nationaux et sous-régionaux sur les possibilités de croissance des économies nationales et des entreprises ;
- l'accroissement de la production par une meilleure spécialisation ;
- l'accroissement de l'efficacité économique au plan régional face à la concurrence et la mondialisation des échanges ;
- l'accroissement de la capacité de négociation sur la scène internationale par le jeu des coalitions ;
- la réduction de la dépendance économique vis-à-vis du reste du monde ;
- l'optimisation de l'allocation des ressources sur un vaste marché régional permettant d'exploiter au mieux les avantages comparatifs des différents pays partenaires du processus d'intégration, en matière de production des biens et services ;
- le renforcement de la paix, de la sécurité et de la stabilité politique au niveau régional, dans la mesure où l'interdépendance accrue des économies nationales, a une incidence positive sur la paix et la stabilité régionales.

Il convient de souligner, dans le souci d'une appréhension plus précise du concept de l'intégration, que l'optimum de l'intégration est atteint, lorsque la liberté totale du jeu de la concurrence et du marché est obtenue. Ainsi, pour Raymond Aron (1953), deux unités économiques sont intégrées si les transactions entre deux individus placés dans chacune des deux unités s'assimilent à des transactions entre individus de la même unité.

En conséquence, le développement d'un pays doit bénéficier à d'autres pays membres de la zone d'intégration selon le principe de la solidarité, et ce résultat ne peut être atteint dans le cadre d'une zone de libre-échange, d'une union douanière ou d'un marché commun.

L'intégration véritable, c'est l'intégration des économies et non l'intégration des marchés qui n'est en fin de compte qu'une pseudo-intégration[9].

Une véritable intégration n'est concevable qu'au niveau d'une union économique, lorsqu'on accède à l'imbrication des économies nationales, accompagnée de changements structurels.

L'égalité des chances, « c'est faire en sorte qu'au milieu de ce réseau complexe de liaisons qui rassemble les unités en présence autrefois séparées, aucune d'elles ne puisse prendre le pas sur les autres et les dominer[10].

Un ensemble intégré existe lorsque les liens de solidarité entre ces divers éléments sont tels que la liberté totale des échanges ne nuit à personne et profite à tous ».

Le concept de l'intégration ayant été ainsi élucidé à travers les éclairages multidimensionnels de plusieurs économistes, qu'en est-il des catégories de l'intégration régionale ?

I. LES CATÉGORIES DE L'INTÉGRATION ÉCONOMIQUE RÉGIONALE

On distingue quatre grandes catégories d'intégration économique régionale : l'intégration par le marché, par la production, par le pouvoir et l'intégration organisationnelle.

II.1. L'intégration par le marché

Selon le degré d'approfondissement croissant du processus d'intégration, la typologie des intégrations par le marché distingue quatre principales formes d'intégration, à savoir :

- la zone de libre-échange qui implique l'abolition des droits de douane et des barrières non tarifaires entre les pays signataires et une indépendance des politiques tarifaires extérieures ;

---

[9] A. Marchal, *L'Europe solidaire*, tome I, CUJAS, 1964, pp. 182-191.
[10] Ibid., pp. 182-191.

- l'union douanière qui est une zone de libre-échange accompagnée d'un tarif extérieur commun ;
- le marché commun qui est une union douanière complétée par la libre circulation des facteurs de production (travail, capital, etc.) à l'intérieur de l'espace régional. Il suppose l'absence d'obstacles non douaniers et des moyens permettant d'imposer les règles de la concurrence ;
- l'union économique et monétaire qui est un marché commun accompagné d'une unification, d'une harmonisation ou d'une coordination des politiques économiques, financières, sociales et monétaires des pays membres. Elle suppose la même anticipation, les mêmes taux de substitution de marché à marché, la comparabilité des coûts et une possibilité de localisation optimale.

La séquence précédente est largement conforme à la mise en place programmée des institutions sous-régionales africaines créées au lendemain des Indépendances. On la retrouve également dans le calendrier des institutions intergouvernementales créées par la CEA (Communauté économique des États de l'Afrique centrale – CEEAC -, Communauté économique des États de l'Afrique de l'Ouest – CEDEAO –, Zone d'Échanges préférentiels pour l'Afrique orientale et australe – Z.E.P. –).

II.2. L'Intégration par la production

Contrairement à l'intégration par le marché qui met l'accent sur l'élargissement et l'unification des marchés des partenaires du processus d'intégration, l'intégration par la production met un accent particulier sur la mise en commun des moyens de production, notamment par la création des communautés et de sociétés régionales de production (cas de la CECA pour la CEE). Elle met également l'accent sur la spécialisation des partenaires à l'intégration dans les secteurs de production prédéterminés et complémentaires (cas des pays de l'UDEAC dans les premières années de création de cette organisation).

II.3. L'Intégration par le pouvoir

Dans ce troisième cas de figure, l'intégration économique des partenaires du processus d'intégration est essentiellement le résultat de la volonté politique des membres qui la concrétisent par des décisions politiques de manière à unifier leurs marchés et leurs moyens de production. C'est par exemple le cas de la création de fédérations d'États (États-Unis d'Amérique, États-Unis d'Afrique, etc.) et des unions d'États.

Il convient de souligner ici, pour une bonne appréhension de la portée de l'intégration par le pouvoir, que les États et les fédérations d'États, ne sont en réalité à l'analyse que des communautés économiques et monétaires d'un type particulier dans la mesure où l'union économique et monétaire est simplement complétée par l'union politique.

C'est pour cela qu'il est permis sur le plan de l'analyse économique de faire des comparaisons entre les États et les fédérations d'États d'une part, et les unions économiques et monétaires régionales d'autre part (par exemple, la comparaison de l'U.E. avec les États-Unis d'Amérique).

L'intégration par le pouvoir peut donc à la fois être considérée comme le moyen de réalisation de l'union économique et monétaire ou comme l'aboutissement dudit processus.

II.4. L'Intégration organisationnelle

Dans ce dernier cas, l'accent est mis sur une meilleure organisation et coordination des politiques économiques des partenaires du processus d'intégration, sur la concertation permanente des membres dans la prise des décisions économiques et sur une meilleure organisation de l'espace économique communautaire.

À cet égard, on peut notamment souligner que l'Organisation pour l'Harmonisation du Droit des Affaires en Afrique (OHADA) est un exemple pertinent d'intégration organisationnelle.

Les principales motivations et les grandes catégories de l'intégration économique régionale étant ainsi identifiées, que pouvons-nous retenir des différentes perceptions de l'intégration régionale, au regard des théories des relations internationales ?

SECTION II : LES DIFFÉRENTES PERCEPTIONS DE L'INTÉGRATION ÉCONOMIQUE RÉGIONALE AU REGARD DES THÉORIES DES RELATIONS INTERNATIONALES

Notre ambition, dans cette articulation consacrée aux différentes perceptions de l'intégration régionale à la lumière des théories des relations internationales, est de tenter de saisir les logiques qui fondent et expliquent la mise en œuvre des processus d'intégration régionaux.

Pour ce faire, il est important de souligner que la plupart des théories de l'intégration régionale ont véritablement été développées après la Deuxième Guerre mondiale par des analystes dont la préoccupation principale était la consolidation de la paix. Ces auteurs envisagent les guerres comme des chocs de souveraineté et ils jugent qu'une paix durable ne saurait être garantie par une seule organisation internationale comme celle des Nations Unies.

Cette approche novatrice des relations internationales constituait en elle-même une remise en cause fondamentale de la vision dominante jusqu'aux années 1930, partagée par la plupart des théoriciens des sciences politiques, qui se sont longtemps focalisés sur les organisations internationales, l'interdépendance des États Nations et la promotion de la coopération internationale dans plusieurs domaines.

Il nous incombe par conséquent de revisiter les évolutions de ces approches conceptuelles de l'intégration régionale, en mettant notamment en relief leurs traits significatifs et leurs agencements. De ce fait, nous procèderons en deux étapes. Nous examinerons d'abord la typologie des approches des théories et des politiques de l'intégration régionale, avant de terminer par la présentation des conceptions de l'intégration régionale.

I. LA TYPOLOGIE DES APPROCHES DES THÉORIES ET DES POLITIQUES DE L'INTÉGRATION ÉCONOMIQUE RÉGIONALE

Afin de rendre notre analyse plus intelligible, nous présenterons d'abord les différentes approches des théories de l'intégration régionale, avant de nous intéresser à la typologie des politiques dans ce domaine.

I.1. La typologie des approches des théories de l'intégration régionale

Dans le souci de mieux saisir l'évolution de la pensée économique et politique dans le domaine de l'intégration régionale, nous partirons des approches conceptuelles les plus anciennes telles que l'approche par le marché d'inspiration néoclassique, à celles plus récentes, dont l'approche structuraliste d'inspiration néokeynésienne, en passant par celles de l'intégration complexe et fonctionnaliste.

Il convient de souligner à toutes fins utiles que les approches précitées ont été amplement développées par le Professeur Alfredo Suarez[11] de l'université de Picardie Jules Vernes (Amiens). Qu'en est-il plus exactement de ces différentes approches de l'intégration régionale ?

I.1.1. L'approche de l'intégration par le marché

Elle s'appuie sur la taille limitée des marchés d'un grand nombre de pays du monde et sur les effets statiques de l'intégration, pour proposer aux pays appartenant à une même région, la création des communautés économiques régionales.

Le marché régional protégé est censé assurer :

- une large utilisation des économies d'échelle conduisant à augmenter les investissements (particulièrement l'entrée des capitaux étrangers) et une plus grande efficacité de la capacité industrielle installée ;
- une meilleure allocation des ressources, car les investissements se déplacent vers les zones les plus favorisées à l'intérieur du bloc régional, améliorant la concurrence économique au sein de ladite région et éliminant les productions inefficaces au sein de l'espace économique concerné ;
- une amélioration des relations commerciales des pays de la région avec les pays tiers comme conséquence d'une meilleure position de négociation de la région intégrée (Allen, 1961, pp. 315-318) ;

Il convient de souligner qu'au début des années 1960, la plupart des auteurs a accordé à l'intégration par le marché une grande crédibilité, considérant qu'elle ouvrait des perspectives importantes de

[11] A. Suarez, *Intégration régionale. Évolution d'un concept*, Hachette Supérieur, juillet 2009, pp. 104-114.

développement, aussi bien pour les pays développés que pour ceux en voie de développement.

Cependant, dès la fin des années 1960, cette approche de l'intégration par le marché dans sa forme originale a été vivement critiquée par plusieurs théoriciens estimant que ce modèle d'intégration n'est pas adapté aux conditions de production et de commerce des pays en voie de développement et qu'il ne rendait pas suffisamment compte des difficultés et des résultats d'intégration enregistrés par lesdits pays[12].

Les travaux de ces théoriciens ont notamment montré qu'avec un faible niveau de commerce intrarégional, les bénéfices de la libéralisation commerciale au niveau sous-régional seraient rapidement épuisés, en même temps que la suppression des mesures commerciales protectionnistes au sein des groupements d'intégration régionaux était de nature à dégrader la position des pays membres les moins développés, à travers une distribution inégale des bénéfices de l'intégration.

Ces critiques justifiées de l'approche de l'intégration par le marché (sous sa forme originelle et pure) lui ont fait perdre progressivement sa crédibilité et son universalité et ont suscité la mise en place de nouvelles approches, tendant à rendre compte des difficultés d'intégration dans les pays en voie de développement, à l'instar de l'approche de l'intégration complexe. Qu'en est-il exactement ?

I.1.2. L'approche de l'intégration complexe

La perception théorique de l'intégration régionale par le biais de l'approche de l'intégration complexe se traduit par un saut qualitatif par rapport à celle de l'économie de marché, matérialisée par l'incorporation de deux éléments nouveaux aux préoccupations des chercheurs, à savoir :

- l'intégration entre pays en voie de développement possède des caractéristiques spécifiques très différentes de l'intégration entre pays développés ;

[12] Ces résultats ont été notamment enregistrés au sein de la Communauté est-africaine (EAC) et du Marché commun d'Amérique centrale (M.C.A.C)

- l'hétérogénéité des niveaux de développement entre pays en voie de développement qui est tellement significative qu'elle pose de nouveaux défis à la théorie de l'intégration.

Dès lors, la différence de nature entre l'intégration entre pays développés et celle entre pays en développement devient perceptible. Dans les économies développées, le processus d'intégration se construit sur la base de l'interdépendance déjà existante et du niveau technologique élevé de la production. La fonction de l'intégration dans ces économies est de créer un cadre d'ajustement à la marge aux modèles de production et de consommation.

S'agissant par contre des économies en développement, la fonction première de l'intégration est d'assurer les changements structurels fondamentaux et de dynamiser la croissance économique[13]. Plus précisément, le processus d'intégration est induit au lieu d'être un résultat du niveau de développement.

La réflexion sur l'intégration entre pays en voie de développement s'affranchit ainsi des limites de la théorie des unions douanières. Elle s'élargit vers une approche interdisciplinaire et établit un véritable lien avec la théorie du développement.

L'attention n'est plus focalisée sur les aspects relatifs au commerce extérieur (suivant le degré de modification de l'hypothèse des effets statiques de l'intégration), mais sur tous les segments du système socioéconomique qui pourraient être concernés et sur l'ensemble des instruments de l'économie et, en partie la politique sociale, qui pourraient contribuer à une intégration réussie.

L'approche de l'intégration par le marché n'accordait pas une importance particulière à la question de la distribution équitable des coûts-avantages entre les pays partenaires, alors que dans l'intégration complexe, de nombreux auteurs insistent sur une approche réaliste et développent des modèles des effets de l'intégration sur les pays pris individuellement. La réflexion se porte alors sur la distinction des niveaux de développement économique entre les pays membres d'un groupement régional.

Afin d'éviter l'approfondissement des différences intrarégionales, plusieurs mesures ont été proposées (dont l'octroi des préférences

---

[13] A. Suarez, *Intégration régionale. Évolution d'un concept*, Hachette Supérieur, juillet 2009, pp. 106.

commerciales réciproques, des priorités dans l'allocation des fonds communs d'investissement et des compensations directes aux pays de moindre développement relatif).

Au début des années 1960, un nombre réduit d'auteurs soulignait la nécessité d'une forte intervention économique de l'État, tandis que la majorité d'entre eux prévoyait que le marché régional optimiserait lui-même le processus de développement économique. Par la suite, un nombre croissant d'économistes commence à considérer le rôle de l'État comme l'une des conditions préalables à une intégration réussie. Toutefois, cet examen du rôle de l'État au sein du groupement régional est principalement lié à sa fonction de redistribution dont la mission est de réduire les effets de polarisation (les « contre-effets » de l'intégration selon l'expression de Myrdal).

Si le développement économique ne peut être atteint sans modifier la structure interne des pays en voie de développement ainsi que leurs relations extérieures, le marché élargi n'est pas suffisant pour garantir la réussite de l'intégration (nationale ou régionale). En effet, l'expansion du marché ne contribue pas nécessairement à accélérer l'industrialisation, à moins que les conditions de production ne soient améliorées en même temps.

Le rôle de l'État dans la politique d'intégration est d'autant plus indispensable que le niveau de développement des pays concernés est faible et les différences nationales importantes.

Dans l'approche de l'intégration par le marché, les pays en développement étaient confrontés à certains problèmes, notamment en raison de la libéralisation des échanges (systèmes de négociation, dynamique et rythme de la libéralisation tarifaire, etc.). Avec la « complexification » des problèmes de l'intégration, plusieurs questions stratégiques sont apparues : priorité à l'intégration sous-régionale ou régionale ; priorité à l'intégration partielle, sectorielle ou générale ; choix de la vitesse et de la dynamique du processus d'intégration.

Concernant la couverture géographique, c'est-à-dire le nombre optimal de pays, la plupart des auteurs ont privilégié l'intégration sous-régionale. Parmi les secteurs, la priorité a été donnée à l'industrie, ainsi qu'à certaines activités d'infrastructures. Parmi les domaines de l'intégration partielle, la plus grande attention a été consacrée aux unions monétaires et de paiements.

En ce qui concerne la dynamique d'intégration, les auteurs tendent à privilégier les communautés économiques (au lieu des zones de libre-échange, unions douanières, ou marchés communs), sans étape transitoire si possible. La création d'industries régionales a été proposée dans le cadre de la coopération industrielle, afin de promouvoir la spécialisation, de réaliser les économies d'échelle, et d'accroître l'interdépendance des pays concernés.

En somme, l'approche de l'intégration complexe se traduit par une plus grande prise en compte des problèmes d'intégration des pays en voie de développement. Dans la même optique et guidés par le même souci, d'autres théoriciens ont mis en place l'approche fonctionnaliste de l'intégration.

I.1.3. L'approche fonctionnaliste de l'intégration

David Mitrany (1888-1975), historien et théoricien politique est à la base de la théorie fonctionnaliste des relations internationales, connue également sous le nom d'institutionnalisme libéral. Cet auteur soutient que la paix durable peut être garantie (car les individus ont un comportement rationnel), si les nations bénéficient du bien-être socioéconomique.

L'approche fonctionnaliste considère que les nations peuvent maximiser leurs intérêts grâce à l'assistance d'organisations internationales fondées sur des principes fonctionnels et non pas territoriaux. En conséquence, cette approche encourage le renforcement des organisations fonctionnelles déjà en place et la coordination de leurs activités. Lors d'une phase future (qui reste indéterminée), cette coordination serait prise en charge par un « Gouvernement international » qui se développerait graduellement à partir d'une structure technique vers un organe politique.

La proposition de David Mitrany pour garantir la paix est d'intégrer l'ensemble des États dans une grande fédération. Mais étant pragmatique et conscient de l'impossibilité de création immédiate de cette fédération, il suggère une alternative fonctionnaliste qui consiste à envelopper les divisions politiques d'un « tissu d'activités et d'agences internationales dans lesquelles et grâce auxquelles, les intérêts et existences de toutes les nations seraient progressivement intégrés »[14].

---

[14] D. Mitrany,

La création d'une institution centrale serait inutile, mais celle-ci surgira par nécessité, compte tenu du fait que la fonction engendre les organes (le problème à résoudre détermine l'institution à mettre en place).

La création d'une organisation d'intégration régionale ou internationale doit procéder de la logique du raisonnement : « oui, si une nécessité fonctionnelle apparaît ». Le projet consiste à organiser certaines activités au plan international, selon les besoins du moment et de l'intérêt général. Ces activités seraient exécutées par des organisations spécialisées, dans les domaines économique, social ou culturel. Les formes d'organisations s'adaptent aux nécessités fonctionnelles. La voie politique vers l'intégration est trop ambitieuse. Il faut nécessairement passer par l'économie et l'intégration économique construira les fondements d'une union politique garante de la paix.

À cet égard, Jean Monnet, l'un des grands bâtisseurs de la communauté européenne, s'inspirant du fonctionnalisme et face aux négociations devant conduire au Conseil de l'Europe ou à l'Organisation européenne de la Coopération économique (OECE), a proposé un système qui consiste à « commencer par des réalisations plus pragmatiques et plus ambitieuses ». Il s'agit selon lui d'attaquer « les souverainetés nationales avec plus d'audace sur un point limité »[15]. Le traité du 18 avril 1951 créant la Communauté européenne du Charbon et de l'Acier (CECA) en est la concrétisation.

L'échec de la Communauté européenne de la Défense (CED) marque la fin des ambitions fédérales et le repli sur une logique plus sectorielle (marché commun). Il convient de souligner que cette approche fonctionnaliste de l'intégration a été complétée par une approche néo-fonctionnaliste, dont l'un des principaux chefs de file a été Ernst Haas. Cet auteur accorde plus d'importance aux institutions que Mitrany. Selon lui, « l'intégration fonctionnelle » consiste dans l'action volontariste d'une institution centrale qui donne l'impulsion décisive pour provoquer la dynamique d'intégration qui a des effets induits.

En outre, Ernst Haas estime que l'intégration est un processus à étudier les conditions initiales favorables, l'aboutissement et les

[15] A. Suarez, « Intégration régionale. Évolution d'un concept », Hachette supérieur, 2009, p. 67.

moyens nécessaires à son succès. Ce processus peut réussir sous certaines conditions qui comprennent essentiellement, la taille des États, les niveaux de transactions, le pluralisme et la complémentarité des élites.

L'approche fonctionnaliste a contribué comme celle de l'intégration complexe à mieux prendre en compte la dynamique et les problèmes d'intégration des pays en voie de développement, dans la mesure où la plupart des auteurs de cette nouvelle approche soulignent d'emblée l'insuffisance de la pensée économique standard, pour intégrer les changements nécessaires dans l'économie internationale, afin d'assurer la réussite de l'intégration régionale entre pays en développement.

À cet effet, les principales caractéristiques de l'approche fonctionnaliste sont les suivantes :

- une prise de conscience de la complexité des raisons qui sont à l'origine des résultats décevants de l'intégration (pas seulement de l'intégration économique) ;
- une définition plus réaliste des avantages que les pays en voie de développement peuvent tirer de l'intégration ;
- une élaboration détaillée (et une application souple) des stratégies et instruments alternatifs d'intégration.

Il convient de souligner à cet égard qu'à la fin des années 1970, l'intégration économique dans toutes les régions en développement se trouvait à des degrés divers, en crise grave. Trois phénomènes caractérisaient cette crise : l'intégration était délaissée en tant qu'outil dans une politique de développement ; les résultats n'étaient pas à la hauteur des attentes ; par conséquent, l'intégration des pays en voie de développement offrait de faibles perspectives. Ces trois aspects de la crise étaient interdépendants.

Ayant à l'esprit la nécessité d'une plus grande autonomie collective des pays en développement et les limites pour éliminer un grand nombre d'obstacles à l'intégration régionale, les partisans de l'approche fonctionnaliste se sont efforcés de se libérer des modèles théoriques de l'intégration fondés sur la théorie et la pratique des pays développés. Ces auteurs précisent que l'intégration régionale n'est pas une fin en soi, et qu'elle ne résout pas l'ensemble des problèmes socioéconomiques des pays en voie de développement. Toutefois, l'intégration régionale est un jalon important sur le chemin du développement économique interne, et d'une intégration internationale réussie. De même, l'intégration entre pays en voie de développement peut améliorer leur position dans l'économie mondiale, seulement si elle constitue un élément de transformation socioéconomique (B. W. Mutharika, 1977)[16].

En somme, alors que les adeptes de l'intégration pure par le marché soulignent les avantages potentiels des effets statiques, les partisans de l'intégration complexe accordent la priorité aux effets dynamiques, tandis que ceux de l'approche fonctionnelle, définissent les gains potentiels sur une base beaucoup plus large, de sorte qu'ils couvrent pratiquement tous les aspects internes et externes du développement socioéconomique :

- élargissement de la portée et du contenu du modèle technologique et de production, par le biais, de la production conjointe qui approfondit qualitativement le potentiel de développement local ;
- élargissement de la souveraineté et renforcement du pouvoir de décision vis-à-vis des pays tiers ;
- accélération des aspirations au développement, ainsi que des possibilités de leur réalisation.

En conséquence, l'approche fonctionnaliste ne réfute pas entièrement les effets statiques et dynamiques de l'intégration classique et néoclassique, mais elle les soumet à des objectifs stratégiques de développement plus larges, envisagés comme une transformation qualitative des structures économiques, sociales et politiques.

La théorie fonctionnaliste de l'intégration entre pays en voie de développement envisage l'hétérogénéité comme un critère central dans l'élaboration des stratégies alternatives qui seraient applicables à des situations différentes.

Fort des acquis de l'approche de l'intégration complexe et de celle fonctionnaliste, l'approche structuraliste de l'intégration régionale tente d'affiner ces deux approches pour mieux expliquer et maîtriser les processus d'intégration dans les pays en voie de développement. Qu'en est-il plus exactement ?

---

[16] Mutharika B. W., "Multinational corporations in regional integration", The african experience, in Simai M. et GAROM K. (eds), 1977, p. 323.

I.1.4. L'approche structuraliste de l'intégration régionale

Elle reprend les enseignements majeurs qui influent les processus d'intégration dans le tiers-monde, et elle les développe sous l'angle sociologique en privilégiant l'analyse des acteurs sociaux. Les facteurs considérés peuvent être de nature endogène ou exogène ; économique, sociale ou politique ; de court, moyen et long termes. Cette approche se caractérise essentiellement par l'identification des facteurs déterminants de la réussite ou de l'échec des processus d'intégration entre pays en voie de développement, et par la démarche méthodologique utilisée.

I.1.4.1. Les facteurs déterminants de la réussite ou de l'échec des processus d'intégration dans les pays en voie de développement

Les théoriciens structuralistes distinguent principalement les facteurs économiques d'une part, et les facteurs politiques et institutionnels d'autre part.

I.1.4.1.1. Les facteurs économiques

Les principaux facteurs économiques déterminants pour la réussite ou l'échec des processus d'intégration entre pays en voie de développement sont les suivants :

- le niveau de développement global de la région et les différences de développement entre les pays membres ;
- le niveau d'interdépendance existant entre les pays membres ;
- la nature des relations économiques des pays membres avec les pays tiers et la position occupée par les compagnies étrangères au sein des économies nationales du groupement régional (en particulier, les firmes multinationales) ;
- l'optimisation de la nouvelle zone économique avec une référence particulière à la complémentarité des ressources et des facteurs de production ;
- la pertinence du modèle d'intégration choisi et des types de politiques d'intégration par rapport à la situation réelle dans le groupe.

I.1.4.1.2. Les facteurs politiques et institutionnels

Les principaux facteurs politiques et institutionnels retenus par les théoriciens structuralistes sont les suivants :

- le niveau de la volonté politique et la stabilité institutionnelle ;
- le degré d'homogénéité politique du groupe, en particulier l'impact des différences de systèmes sociopolitiques des pays membres ;
- l'efficacité des institutions communes et nationales, leur viabilité et leurs possibilités d'adaptation aux changements en cours, ainsi que leur potentiel de mobilisation de l'intérêt commun au sein du groupement ;
- la configuration des relations étrangères des pays membres, en particulier avec les superpuissances et les anciennes métropoles.

S'il en est ainsi des facteurs déterminants de la réussite ou de l'échec des processus d'intégration dans les pays en voie de développement, que pouvons-nous retenir de la démarche méthodologique de l'approche qui suit ?

I.1.4.2. La démarche méthodologique de l'approche structuraliste

En ce qui concerne l'approche structuraliste et indépendamment de la région étudiée, la méthodologie d'analyse de l'intégration entre pays en voie de développement doit mettre en relief les interrelations des groupes sociaux, et des États-nations, aux niveaux national et international. Ce type d'analyse nécessite l'établissement des bases opérationnelles permettant d'expliquer l'interaction des processus internes et externes.

En somme, selon l'approche structuraliste, la genèse de l'intégration régionale dans le monde en développement est conditionnée par la conjoncture des années 1960-1970. Elle est le résultat d'une construction historique, d'un système politique qui contient les différents systèmes politiques nationaux et, en quelque sorte, qui les dépasse. L'intégration régionale entraine l'émergence d'un nouvel acteur historique, impliquant le rapprochement entre les systèmes nationaux, par la multiplication et l'approfondissement de leurs rapports et le transfert de pouvoir vers un centre communautaire.

Cette définition de l'intégration régionale inclut une dimension structurelle (Johan Galtun, 1969) et une dimension fonctionnelle (Ernst B. Hass, 1970). Pour le premier, l'intégration est un processus à travers lequel deux ou plusieurs acteurs créent un nouvel acteur. Pour le second, l'intégration implique essentiellement une délégation de pouvoir vers un centre communautaire.

Les projets d'intégration régionale dans le tiers-monde apparaissent dans un contexte international et régional qui les conditionne et les détermine. Ces projets dès leur conception intègrent deux paramètres : d'abord, la satellisation de la région considérée autour d'un pouvoir hégémonique (ancienne métropole) ; ensuite, le caractère extraverti du modèle de croissance de la plupart des pays membres, qui privilégie l'exportation des produits primaires et l'importation des produits finis en provenance de l'ancienne métropole.

En somme, les actes et les évènements significatifs d'un processus historique d'intégration et de sa mise en application ont trait aux structures qui les conditionnent et qu'ils affectent, et aux acteurs sociohistoriques qui sont à la fois conditionnés et orientés par ces structures. Ces acteurs sociaux peuvent être définis comme des « systèmes empiriques d'action » et on peut ainsi disposer de variétés de systèmes.[17]

Nous sommes ainsi parvenus avec ces derniers développements à la fin de la revue des approches conceptuelles de l'intégration régionale. Il ressort notamment de cette revue que l'approche de l'intégration par le marché dans sa forme originelle est plus appropriée pour expliquer la dynamique d'intégration dans les pays développés.

Quant à l'approche de l'intégration complexe et à celles fonctionnaliste et structuraliste, elles permettent de mieux cerner les problèmes d'intégration dans les pays en voie de développement et de mieux élucider les dynamiques d'évolution desdits processus.

Il nous incombe de compléter cette première phase consacrée à la revue des perceptions théoriques de l'intégration régionale, par la présentation de la typologie des politiques d'intégration régionale. Qu'en est-il plus exactement ?

I.2. La typologie des politiques de l'intégration régionale

Les politiques d'intégration économique régionale sont des instruments mis à la disposition des États membres d'une zone

---

[17]Parsons T. E., Harper and Row, *Toward a general theory of action. Theoretical foundations of social sciences*, New York, 1962, p. 56.

d'intégration régionale pour bâtir une union économique et monétaire régionale, bref un marché commun régional unifié.

Ces politiques d'intégration économique régionale peuvent être subdivisées en deux grandes catégories, à savoir :

- les politiques d'intégration de libéralisation du marché communautaire ;
- les politiques d'intégration de régulation de l'activité économique régionale et d'harmonisation des politiques économiques nationales.

En ce qui concerne les politiques de libéralisation du marché communautaire, elles ont pour principal objectif d'améliorer la fluidité des échanges sur le marché régional, notamment par la suppression ou la diminution des obstacles tarifaires et institutionnels (suppression des barrières douanières, élimination des barrières non tarifaires, amélioration des infrastructures régionales de transport, homogénéisation des politiques fiscales, mise en place d'une monnaie unique, etc.).

Quant aux politiques communautaires de régulation de l'activité économique régionale, elles constituent un ensemble de politiques communes en liaison avec les échelons nationaux et régionaux visant à réguler l'activité économique régionale, en vue d'une croissance optimale et harmonisée de l'économie régionale. On peut notamment citer parmi ces politiques communes, celles agricoles, industrielles, monétaires, environnementales et régionales d'infrastructures, etc.

Il est important de souligner que l'édification d'un marché commun régional unifié digne de ce nom nécessite l'utilisation combinée et en synergie des politiques d'intégration de libéralisation du marché d'une part, et des politiques communes de régulation de l'activité économique régionale d'autre part, ainsi que le suggère la crise relativement récente de la zone euro. En effet, cette crise semble révéler qu'au cours des dernières années, l'accent a été mis sur les politiques de libéralisation du marché régional européen, alors que les politiques de régulation de l'économie régionale et des politiques économiques nationales ont été plus ou moins délaissées.

S'il en est ainsi de la typologie des approches conceptuelles et des politiques d'intégration régionale, qu'en est-il de celle qu'on se fait de l'intégration économique régionale ?

II. LA TYPOLOGIE DES CONCEPTIONS DE L'INTÉGRATION ÉCONOMIQUE RÉGIONALE :

Il convient de souligner d'entrée de jeu, avant d'apporter un éclairage sur la typologie des conceptions de l'intégration économique régionale, que le renouveau des processus d'intégration régionale (régionalisme), observé depuis le début des années 80, est intimement lié au phénomène de la globalisation.

Ainsi pour certains, le régionalisme constitue une réponse à la dynamique de la mondialisation qui se traduit par une tendance « unificatrice et homogénéisante ». Pour d'autres, le régionalisme est davantage une condition indispensable et un préalable essentiel « à l'intégration, à la mondialisation, et à l'adaptation à l'évolution de l'économie mondiale ».

C'est une « étape » qui conduit à la libéralisation multilatérale, tout en évitant le risque d'une marginalisation accrue (philosophie de l'Accord de libre-échange nord-américain – ALENA – par exemple).

Par ailleurs, l'intégration régionale révèle désormais le renouveau de la question de l'État-nation dans le contexte de la mondialisation. Elle entraine un abandon plus ou moins important et partiel de la souveraineté. Elle s'apparente ainsi à « un pool de souveraineté » et dénote les limites de l'État à exercer toute sa souveraineté sur l'ensemble du territoire national.

Ces préalables étant posés, le Professeur Philippe Hugon (2003) distingue cinq conceptions de l'intégration régionale, à savoir les conceptions libérale, volontariste, industrielle ou territoriale, institutionnelle et politique ou diplomatique.

II.1. La conception libérale de l'intégration régionale

C'est une libéralisation des échanges et des facteurs de production par le marché qui est consécutive à l'intégration commerciale dans le cadre d'une intégration mondiale. Elle est analysée au regard de l'intégration internationale et du libre-échange et est considérée comme un moyen de réduire les distorsions des politiques nationales, et de se rapprocher du marché mondial à travers le déplacement des frontières.

L'analyse statique de ce type d'intégration met en avant les créations et les détournements de trafic (Viner, 1950) et insiste sur l'optimum de second rang. Les effets dynamiques de ce type d'intégration commerciale sont mesurés au niveau des économies d'échelle, de la concurrence, de l'évolution des termes de l'échange et des dotations factorielles. Ce type d'intégration est susceptible d'accroître le rendement des facteurs de production qui débouche sur une croissance accrue.

De même, la diminution des tarifs douaniers, la libéralisation du secteur financier, la baisse des coûts de transactions sont de nature à promouvoir l'investissement régional et l'investissement direct étranger.

II.2. La conception volontariste de l'intégration régionale

C'est une intégration régionale qui s'appuie sur la construction d'un système productif plus ou moins déconnecté des prix internationaux et vise à se protéger de la mondialisation qui est source de marginalisation pour beaucoup de pays en voie de développement.

C'est une conception qui suppose un cadre d'analyse des sociétés dépendantes et extraverties et dont l'industrialisation ne peut se réaliser dans un cadre national. Les objectifs assignés à ce type d'intégration régionale sont la création d'un vaste marché, l'accroissement du pouvoir de négociation, la diminution de l'extraversion, la compensation des déséquilibres territoriaux.

Cette forme d'intégration qui utilise les instruments de l'économie administrée, a recours à une grande protection au niveau régional et met l'accent sur les projets exerçant un effet de polarisation. Elle est le type d'intégration régionale soutenu par certaines organisations internationales (la Commission économique pour l'Amérique latine – CEPAL –, la CEA, le Plan d'action de Lagos de 1980), qui l'ont longtemps défendu. Le Conseil d'Assistance économique mutuelle – COMECON – qui s'est appuyé sur des accords bilatéraux et multilatéraux et s'est fondé sur un système déconnecté des avantages comparatifs et des signaux des prix mondiaux, en est un exemple parfait.

Ce type d'intégration régionale volontariste semble beaucoup plus approprié pour l'Afrique, dans la mesure où l'économie africaine est caractérisée par une grande extraversion et une grande dépendance vis-à-vis du reste du monde.

La production industrielle de l'Afrique atteint à peine 1 % de la production industrielle mondiale, la part de l'Afrique dans le commerce mondial n'excède pas 2,3 % des échanges globaux[18]. Dans ce contexte, la mise en place d'un modèle d'intégration régionale volontariste devrait permettre à l'Afrique de mettre en place un système productif régional, lui permettant à la fois de réduire sa dépendance économique vis-à-vis du reste du monde et de participer plus activement et intensément à la production et au commerce mondial.

Par contre, une mondialisation et une libéralisation tous azimuts du commerce avec le reste du monde ne feraient que maintenir le statu quo qui est celui de l'extrême dépendance et de l'extraversion de l'économie africaine.

II.3. La conception industrielle ou territoriale de l'intégration régionale

C'est une forme d'intégration qui s'appuie sur la stratégie des acteurs dans un espace hétérogène et dans une situation de concurrence imparfaite. C'est une sorte d'intégration régionale qui résulte des relations d'internationalisation au sein des firmes multinationales et qui est conduite par de grands conglomérats qui déroulent leurs stratégies dans un cadre régional, ayant des intérêts convergents (protection de l'environnement, exploitation en commun des ressources, etc.). Des effets d'agglomération et de polarisation importants sont exercés par ce genre d'intégration.

Ainsi, on constate une réduction des distances en relation avec les progrès technologiques, et le développement des échanges immatériels dans le cadre de systèmes productifs d'une certaine taille et des produits diversifiés ; d'où les effets de contagion et de diffusion de la croissance au moyen de la réduction des coûts de transport, du transfert de technologies et de la baisse des coûts de transactions.

Selon Krugman (1997), une concentration géographique à la suite d'une intégration territoriale dans un contexte de globalisation se traduit par des économies d'échelle (baisse des coûts de transport et des transactions) qui assurent une compétitivité internationale.

II.4. La conception institutionnelle de l'intégration régionale

C'est une intégration qui est fondée sur un système commun de règles socioéconomiques, mises en place dans des conditions historiques par les pouvoirs publics, en relation avec les acteurs privés.

---

[18] *Atlas of Africa*, Les Éditions du Jaguar, 2000, p. 32.

Les institutions permettent de stabiliser et de sécuriser l'environnement et de garantir une certaine crédibilité en diluant les préférences.

Ces institutions visent également à se transformer en écran vis-à-vis de l'économie internationale, en favorisant les protections régionales et en suscitant les transferts de souveraineté vers ces institutions régionales. Ce type d'intégration régionale se traduit par une harmonisation des législations fiscales, sociales, et des affaires, etc.

II.5. La conception politique ou diplomatique de l'intégration régionale

C'est une forme d'intégration régionale qui se traduit par un transfert de souveraineté et qui vise la prévention des conflits et tente de réintroduire la politique au centre des décisions économiques. La convergence d'intérêts économiques, la production des biens publics à une échelle régionale apparaissent comme des facteurs essentiels pour atténuer les rivalités politiques et ethniques régionales.

Ce genre d'intégration régionale constitue une façon de mieux gérer l'incompatibilité entre les espaces des pouvoirs économiques et politiques, de faciliter le dialogue et d'atténuer les antagonismes politiques. Celle-ci permet également d'adapter les systèmes de régulation politique et sociale et les cadres institutionnels dépassant l'aspect national, aux multiples réseaux d'échanges et d'investissements transnationaux.

Toutes les formes d'intégration régionale qui précèdent ont, à des degrés divers, des dimensions politiques. La plupart d'entre elles regroupent des pays qui ont fait la guerre entre eux. En effet, les négociations régionales et les dialogues sont au cœur de l'intégration régionale et les convergences d'intérêts économiques et politiques qui en découlent sont de nature à neutraliser les conflits régionaux. La sécurité et la confiance sont de mise avec le développement des échanges commerciaux.

Les principaux concepts, les justificatifs, les approches, les politiques et les conceptions relatifs à l'intégration régionale étant déjà présentés, il nous incombe maintenant de compléter notre grille des critères et des repères théoriques d'évaluation des expériences d'intégration économique et monétaire performantes par la mise en évidence des critères et éléments de reconnaissance des UEMO.

SECTION III : LES CRITÈRES ET ÉLÉMENTS THÉORIQUES ET PRATIQUES D'APPRÉCIATION DE LA COMPÉTITIVITÉ ET DE L'EFFICIENCE DES UNIONS ÉCONOMIQUES ET MONÉTAIRES OPTIMALES

Nous examinerons d'abord les critères théoriques d'appréciation de la compétitivité et de l'efficience des CER, puis nous mettrons en évidence les critères pratiques d'efficience et de compétitivité desdites communautés, avant de terminer par la présentation des étapes théoriques d'approfondissement de l'intégration régionale par le marché, selon Bela Belassa.

I. LES PRINCIPAUX CRITÈRES DE RECONNAISSANCE DES UNIONS ÉCONOMIQUES ET MONÉTAIRES OPTIMALES

Au fil de l'histoire, la théorie économique a dégagé un certain nombre de critères permettant d'identifier les unions économiques et monétaires régionales, efficientes et compétitives ou optimales. Afin de lever toute équivoque, il est important de souligner que ces critères théoriques de reconnaissance des unions économiques et monétaires optimales ne sont en réalité qu'un approfondissement des approches fonctionnalistes, néo-fonctionnalistes et structuralistes de l'intégration, ainsi que de celle de l'intégration complexe examinées précédemment.

Cette précision étant faite, il nous incombe d'une part de définir sommairement ce qu'est une union économique et monétaire optimale, et d'autre part de mettre en évidence les critères théoriques de reconnaissance de toutes ces unions.

I.1. Définition d'une union économique et monétaire régionale optimale

Il semble logique avant d'aborder la présentation des critères théoriques des unions monétaires optimales, de définir très sommairement les terminologies abordées à savoir : union monétaire et union monétaire optimale.

En ce qui concerne la première terminologie, il est important de souligner qu'il n'existe pas de définition universellement acceptée d'une telle union. D'une manière générale, une union monétaire régionale est une union qui regroupe au moins deux pays ayant en commun l'usage d'une même monnaie.

Toutefois, il est reconnu, selon la conception gradualiste de l'intégration monétaire qui l'appréhende comme un processus (Balassa, 1975), qu'il existe des degrés d'intégration monétaire avec une priorité accordée à l'intégration réelle des économies concernées.

Cet enseignement n'écarte pas la prise de décisions politiques au-delà des faits techniques pour constituer une union monétaire, lorsque le secteur réel a atteint une certaine cohérence entre les pays membres d'un espace économique. En réalité, il existe des conditions économiques indispensables et préalables à une coopération monétaire renforcée sous forme d'une union monétaire intégrale, avec des caractéristiques telles que l'existence d'une monnaie commune et d'une politique monétaire commune.

Quant à l'union monétaire optimale, c'est Snider qui semble avoir donné une meilleure définition de la zone monétaire optimale, en tant que zone à l'intérieur de laquelle l'ajustement optimal a lieu avec des taux fixes, tandis que du point de vue des relations de cette zone avec les autres zones, l'ajustement optimal implique de préférer des taux de change variables.

D'une manière générale, on peut donc maintenant définir une union monétaire optimale comme une zone qui comprend au moins deux pays et qui se caractérise comme suit :

À l'intérieur de la zone, les taux de change sont fixes, les monnaies sont convertibles entre elles ; il existe une monnaie commune, les réserves extérieures sont mises en commun et il existe une Banque centrale et d'autres organismes communs chargés de la politique économique et monétaire commune. Vis-à-vis de l'extérieur, les taux de change flottants sont adoptés.

En outre, l'une des caractéristiques fondamentales de l'union monétaire optimale est qu'elle doit, de par ses modalités de constitution et la délimitation de ses frontières, garantir aux pays membres et à l'économie régionale, les meilleures chances de croissance et de développement à court, moyen et long termes, relativement en coûts et délais.

Cette troisième caractéristique fondamentale d'une union monétaire optimale découle en effet de la définition même de « l'union optimale », qui n'est autre que la meilleure union possible, étant donné les circonstances du moment de référence et les défis éventuels à relever pour l'avenir.

Ces précisions étant données sur l'union monétaire et l'union monétaire optimale, il nous incombe maintenant de mettre en relief les principaux critères théoriques des unions monétaires optimales identifiées au fil de l'histoire par les différents économistes qui se sont intéressés à cette question.

I.2. Les critères théoriques des Unions économiques et monétaires optimales

Il est important de souligner d'entrée de jeu que les nombreux critères identifiés par les économistes pour reconnaître une UEMO tirent leur fondement de cette déclaration de Ernst Haas (1958), précurseur de l'approche néo-fonctionnaliste de l'intégration : « L'intégration est ainsi un processus dont il faut étudier les conditions initiales favorables, l'aboutissement, et les moyens nécessaires pour son succès. Ce processus peut réussir sous certaines conditions qui comprennent essentiellement, la taille des États, les niveaux des transactions, le pluralisme et la complémentarité des élites »[19].

Par cette déclaration, Haas affirme sans ambages qu'il est illusoire de penser que toutes les unions économiques et monétaires régionales possibles sont optimales et efficientes. Dans cette optique, les principaux critères théoriques retenus par les économistes pour reconnaître une union économique et monétaire régionale optimale au fil de l'histoire se résument notamment à/au :

- la mobilité régionale des facteurs de production (capital, travail, liens, etc.) ;
- degré d'intégration des politiques économiques et l'identité des préférences en matière de croissance durable et de stabilité macro- économique ;
- degré de solidarité entre les États membres de l'union monétaire ;
- degré de diversification et de complémentarité des économies ;

[19] A. Suarez, « Intégration régionale. Évolution d'un concept », Hachette supérieur, 2009, p. 67.

- la volonté politique de bâtir un destin économique et politique commun, matérialisée par l'adoption d'une monnaie et la création d'un marché commun régional.

Il nous incombe dans l'analyse qui suit d'expliciter ces différents critères.

I.2.1. Le critère de la mobilité des facteurs de production (capital, travail, etc.) de Mundell (1961)

La mobilité des facteurs de production et notamment du facteur travail est selon Mundell, l'une des conditions fondamentales pour l'existence d'une zone monétaire optimale. En fait, Mundell a adopté pour le besoin de la théorie le postulat de Ricardo sur le commerce international : la mobilité des biens équivaut à la mobilité des facteurs de production. Pour lui, la mobilité du travail entre les pays réduit la nécessité d'une variation du taux de change en tant qu'instrument pour restaurer la compétitivité externe et pour éliminer les déséquilibres internes. Cette mobilité du travail des régions tendrait vers la convergence des salaires et des coûts (égalité du facteur prix).

Par ailleurs, le degré de mobilité des facteurs peut être lié à la distance géographique, ce qui explique que ce critère est souvent utilisé comme fondement des unions monétaires entre États voisins.

Ainsi, pour se résumer, une zone monétaire optimale selon Mundell peut se définir lorsque la mobilité des facteurs à l'intérieur de la zone est plus forte que celle qui apparaît de l'extérieur. On ne peut maintenir le change fixe que lorsqu'il y a mobilité interne des facteurs. La formule des changes flexibles sera plus avantageuse dans le cas où la mobilité des facteurs (travail) serait plus faible à l'intérieur de la zone.

En somme, l'application de ce critère théorique de la mobilité des facteurs de production de Mundell est à l'origine du principe de la liberté de circulation des hommes, des biens, des services et des capitaux, qui constitue la condition fondamentale à remplir pour l'édification d'un marché commun ou d'une union économique et monétaire régionale digne de ce nom.

I.2.2. Le degré d'intégration des politiques économiques : Bourguinat et Kindleberger (1970)

Il ne s'agit pas ici des critères qui sont portés vers l'arbitrage « changes fixes-changes flexibles ». Autrement dit, il n'est pas question d'éléments qui concernent l'arbitrage entre union monétaire et autonomie ou les conditions de réalisation d'une véritable union monétaire comme le pense Mundell, mais plutôt d'autres propositions qui sont avancées par Bourguinat et Kindleberger, Ingram (1969), Haberler (1970) et Tower et Willet (1970). Ces auteurs stipulent que ce ne sont pas les critères économiques qui sont importants dans la définition d'une zone monétaire optimale, mais la compatibilité des politiques économiques des pays membres et leur aptitude à faire face à l'inflation et à la croissance.

Soulignons à cet effet que l'incompatibilité des politiques économiques a été reconnue comme l'une des principales causes de l'échec des tentatives d'intégration économique, surtout en Afrique. Ce critère se présente donc comme une condition nécessaire à la réalisation d'une zone monétaire optimale.

Henri Bourguinat (1973) pense par conséquent qu'il faut soumettre tout projet d'union monétaire à une sorte d'indicateur d'opportunité qui repose sur deux conditions :

- la circulation d'un actif acceptable à l'intérieur de la zone ;
- la communauté ou au moins la proximité des préférences nationales en matière d'évolutions significatives : taux d'inflation, salaire réel, productivité, politiques à court, moyen et long termes en vue de l'instauration du développement équilibré et durable des pays membres, etc.

Le postulat de Bourguinat repose sur l'idée selon laquelle, en dehors d'un consensus sur les déterminants essentiels et les évolutions significatives de leurs économies, tout processus de monnaie unique est quasiment impossible. Kindleberger (1986) va retenir les critères suivants :

- l'intensité des échanges ;
- l'existence de préférences identiques aussi bien pour les biens et services que les pays échangent que pour les biens collectifs eux-mêmes (paix, stabilité, croissance durable, etc.).

De ce fait, aux conditions nécessaires d'une union monétaire qui seraient les critères de mobilité des facteurs et d'ouverture des économies, il ajoute une condition qu'il juge suffisante : l'existence d'un accord institutionnalisé entre les pays membres sur une ou plusieurs grandes préférences, relatives aux objectifs clés qui commandent l'avenir, c'est-à-dire la convergence en matière d'objectifs de stabilité interne.

Ces analyses de Bourguinat et de Kindleberger fixent ainsi les conditions d'optimalité d'une zone monétaire. Il est important de souligner que l'une des implications des critères d'optimalité de ces auteurs est que toute UEMO doit notamment permettre aux États membres de relever le défi de la croissance durable. À cet effet, toute union optimale doit notamment posséder à son actif des mécanismes d'auto-ajustement efficients permettant de résorber les crises et de retrouver le sentier de la croissance durable.

I.2.3. Le degré de solidarité entre les pays d'une zone monétaire optimale : André Marchal et Albert Ondo Ossa (2000)

Pour André Marchal, économiste français, la solidarité entre les États membres est une condition fondamentale de la réussite de tout processus d'intégration, ainsi que le confirme cette déclaration :

« L'intégration véritable, c'est l'intégration des économies, non l'intégration des marchés, qui n'est au total qu'une pseudo-intégration. Le développement d'un pays doit bénéficier à d'autres membres, selon le principe de la solidarité, et ce résultat ne peut être atteint dans le cadre d'une zone de libre-échange, d'une union douanière, ou d'un marché commun. Une véritable intégration n'est concevable qu'au niveau d'une union économique lorsqu'on accède à l'imbrication des économies nationales, accompagnée des changements structurels.

L'égalité des chances, c'est faire en sorte qu'au milieu de ce réseau complexe des liaisons qui rassemble les unités en présence autrefois séparées, aucune d'elle ne puisse prendre le pas sur les autres et les dominer. Un ensemble intégré existe lorsque les liens de solidarité entre ces divers éléments sont tels que la liberté totale des échanges ne nuit à personne et profite à tous »[20].

Quant au Professeur Albert Ondo Ossa (2000), il s'est appesanti sur ce nouveau critère d'optimalité reposant sur la solidarité entre les pays candidats à une zone monétaire optimale[21]. Il définit la solidarité comme une communauté de responsabilités qui traduit un sentiment qui pousse deux économies à se porter assistance. Elle mesure l'aptitude

---

[20] Marchal A., « L'Europe solidaire », Tome I, Cujas, 1964, pp. 182-191.

[21] A. Ondo Ossa, *Théorie des zones monétaires à la lumière de l'expérience et des perspectives de la zone Franc africaine*, AFRC, 2000.

d'un pays à accepter le coût de gestion d'un autre. Le meilleur exemple de solidarité est celui qui existe entre deux régions d'un même pays. En effet, tout pays membre d'une zone solidaire est redevable des actes posés par les autres membres, autrement dit de leurs excédents et de leurs déficits. Ainsi, pour qu'il y ait monnaie unique entre deux pays (ou pour que le taux de change de leurs monnaies ne se modifie pas), il faut que le déficit de l'un puisse être compensé par l'excédent de l'autre. Et pour ce faire, les deux pays doivent convenir de politiques et d'un mode de gestion de leurs avoirs extérieurs capables de restaurer l'équilibre de leurs balances de paiement.

Comme l'analyse de Bourguinat et de Kindleberger, celle d'André Marchal et d'Albert Ondo Ossa, qui met l'accent sur la solidarité des intérêts et des préférences présentes et à venir, a le mérite de nous rappeler qu'une union monétaire optimale, ne devrait jamais être une génération spontanée. Elle ne doit être ni un héritage de l'histoire ni résulter d'une simple évaluation des coûts et des avantages courants de l'intégration monétaire. Une union économique et monétaire optimale doit plutôt être le fruit d'une conception rationnelle d'un projet de société communautaire, destiné à permettre aux pays membres de relever les principaux défis présents et à venir, en matière de croissance durable, de stabilité et de paix régionales.

I.2.4. Le degré de diversification et de complémentarité des économies : Kenen

Pour Kenen, une nation peut d'autant plus avoir un taux de change fixe à l'intérieur d'une zone monétaire que son économie est très diversifiée. Il pense qu'une économie diversifiée a les moyens de compenser les effets néfastes de l'instabilité de certains produits (inflation, chômage). En effet, une telle économie pourrait réduire l'impact d'un choc négatif affectant un produit et prévenir le besoin de variation dans les prix relatifs à travers le taux de change. Cette analyse conduit à considérer qu'un pays doit entrer dans une union monétaire si son commerce extérieur est suffisamment diversifié aux plans géographique et sectoriel.

Par contre, une région à production restreinte devrait adopter des taux flottants.

Il découle de ces propositions, des vertus attribuées à l'économie diversifiée : la stabilité des termes de l'échange et le coût réel faible de l'ajustement face aux déséquilibres externes par restriction de sa demande. Kenen donne un seul choix aux pays à spécialisation étroite, alors que les taux de change fixes ajustables atténuent les pertes réelles en cas de déficit externe. Ce critère s'oppose aussi à la réalité puisqu'il amène à la conclusion que les grandes économies devraient adopter des taux fixes et les petites des taux flexibles. Ce critère apparaît aussi peu plausible dans les Unions économiques et monétaires africaines (UEMA) de la zone Franc dont les pays membres sont pour la plupart des monocultures d'exportation (A. Ondo Ossa, 1999).

En somme, Kenen met l'accent sur la condition de la diversité et de la complémentarité des économies des pays composant l'Union, en tant que condition essentielle de son efficience et de sa compétitivité internationale.

I.2.5. La volonté politique de bâtir un destin économique et politique commun, matérialisée par l'adoption d'une même monnaie et la création d'un marché régional : Frankel et Rose (1997)

Frankel et Rose pensent que les critères d'optimalité et d'efficience des unions économiques et monétaires énumérés par les précédents auteurs sont trop rigoureux, limitatifs et exogènes. Selon eux, il faut mettre en avant, dans tout processus d'intégration économique et monétaire régional, la volonté politique des pays membres qui doit être matérialisée notamment par l'ambition de créer une monnaie commune et de mettre en place un marché régional unifié. En somme, les critères de reconnaissance des UEMO sont en réalité endogènes.

Les implications d'un tel résultat sont importantes. En effet, l'aptitude de certaines régions du monde à constituer des zones monétaires optimales devrait être nécessairement reconsidérée à la hausse. Si la satisfaction des critères d'optimalité n'est pas avérée avant l'unification des monnaies (ex ante), il est assez probable qu'elle le devienne ex post, suite aux effets bénéfiques multidimensionnels de l'union monétaire. La création d'une monnaie commune et la volonté politique de créer un marché régional sont de nature à accélérer l'intégration des économies des États membres de l'Union et à promouvoir l'avènement d'une UEMO.

Les critères des Zones monétaires optimales – ZMO – seraient en vérité endogènes de sorte qu'un examen naïf des données historiques donnerait une fausse idée de l'habileté d'un pays à rejoindre une union monétaire.

L'approche de Frankel et de Rose est fondamentalement novatrice par rapport aux approches traditionnelles des ZMO qui mettent plus l'accent sur le déterminisme historique et économique dans les critères de définition d'une zone monétaire optimale, et semblent exclure la volonté politique des partenaires de bâtir un destin économique et monétaire commun.

La création d'une monnaie commune est avant tout un acte de foi, un acte politique, un pari raisonnable sur l'avenir. En effet, Frankel et Rose dans leur approche novatrice valorisent les initiatives des pays en voie de développement en général, et des pays africains en particulier qui, confrontés à des problèmes économiques communs tels que la pauvreté et la marginalisation, s'engagent à créer des blocs économiques et monétaires régionaux à la dimension des ambitions réelles de développement de leurs peuples.

Ces nouvelles communautés économiques et monétaires émergentes des pays en voie de développement, bien que non optimales au regard des critères traditionnels au moment de leur création, sont appelées à le devenir à terme, par la volonté politique desdits pays de bâtir un destin économique et monétaire commun.

Il y a lieu de souligner que les critères théoriques de reconnaissance des UEMO, identifiés ci-dessus sont complémentaires, dans la mesure où une UEMO idéale doit satisfaire l'ensemble des critères concernés.

Ces éléments ainsi présentés, il importe également de mettre en évidence les critères supplémentaires retenus par la science économique au plan pratique.

II. LES CRITÈRES D'APPRÉCIATION DE L'EFFICIENCE ET DE LA COMPÉTITIVITÉ DES UNIONS ÉCONOMIQUES ET MONÉTAIRES RÉGIONALES AU PLAN PRATIQUE

Les autres critères pratiques utilisés par les économistes pour identifier les unions économiques et monétaires optimales se résument notamment à/aux :

- la capacité de l'Union à créer un espace géographique où règnent la paix, la sécurité et la stabilité ;

- la capacité de l'Union à attirer les investissements directs étrangers ;
- la capacité de l'Union à garantir la maximisation des échanges intrarégionaux ;
- tailles économiques absolue et relative de l'Union au regard des expériences d'intégration en cours dans le monde.

Il importe d'apporter quelques précisions sur ces critères pratiques d'appréciation.

II.1. La capacité de l'Union à créer un espace où règnent la sécurité, la paix et la stabilité :

Ce critère est important parce que la paix, la sécurité et la stabilité conditionnent dans une large mesure la réussite des processus d'intégration engagés. Ce critère est particulièrement important en Afrique où plusieurs expériences d'intégration régionales sont minées par l'insécurité et l'instabilité politiques.

Afin de permettre aux différentes unions économiques et monétaires de remplir ce critère, les experts préconisent généralement d'intégrer dans chaque union régionale qui se veut crédible, un pays leader dont la puissance économique, politique et militaire, permettra de maintenir la paix, la sécurité et la stabilité au sein du territoire de l'Union.

Il est toutefois important de distinguer la paix et la stabilité ex ante (avant le démarrage des activités de l'Union) et la paix et la stabilité ex post (après l'aboutissement du processus d'intégration).

S'agissant du premier point, la paix et la stabilité doivent résulter de la volonté politique et de l'implication des États membres, à travers l'utilisation de leurs forces de défense et de sécurité.

Quant à la paix et la stabilité ex post, elles sont renforcées et entretenues par la réussite du processus d'intégration régionale qui apporte une contribution significative à l'instauration d'une paix et d'une stabilité durables au sein de l'Union, grâce au croisement des intérêts économiques régionaux et extérieurs, et eu égard à l'impact significatif de l'intégration sur la réduction de la pauvreté.

Il résulte de cela que les mesures politiques de maintien de la paix et de la stabilité régionale doivent être menées en concomitance avec l'intégration économique régionale, qui constitue la véritable clé pour l'instauration d'une paix et d'une sécurité régionales autoentretenues et durables. Cette vision stratégique est d'autant plus justifiée eu égard à l'impact positif et significatif de l'intégration économique régionale sur la réduction de la pauvreté et le renforcement de la paix et de la stabilité régionales.

II.2. La capacité de l'Union à attirer les investissements directs étrangers

L'intégration économique régionale n'est pas une fin en soi, elle constitue un moyen de développement. C'est pour cela que l'optimalité des unions économiques régionales doit être appréciée par rapport à leur capacité à attirer les investissements directs étrangers dont les grands marchés régionaux (U.E., États-Unis, Chine), constituent actuellement les principaux pourvoyeurs et les principaux bénéficiaires.

Ce critère est très important pour les pays en voie de développement qui accusent un déficit structurel important en ce qui concerne l'épargne indispensable pour le financement de la croissance soutenue et durable, d'autant plus que les investissements directs étrangers constituent une solution alternative plus saine, par rapport à l'endettement.

II.3. La capacité de l'Union à maximiser le volume des échanges intrarégionaux

Ce critère est beaucoup plus utilisé par les organisations d'intégration des pays développés comme l'U.E., où le processus d'intégration concerne des économies industrialisées et « mûres ». Toutefois, nous pensons que la faiblesse structurelle des échanges intrarégionaux dans les communautés économiques et monétaires des pays en voie de développement doit plutôt être considérée comme un indicateur de la nécessité de refondation et de restructuration desdites communautés, dans le sens de leur élargissement optimal.

II.4. Les tailles économiques absolue et relative de l'Union régionale, au regard des expériences d'intégration dans le monde

Sur le plan pratique, la taille économique absolue appréhendée notamment par le PIB régional, constitue un critère important d'appréciation de la compétitivité d'une union économique et monétaire régionale. En effet, les tailles économiques absolue et relative du marché régional déterminent à la fois :

- la capacité de l'Union à attirer les investissements directs étrangers qui constituent une précieuse ressource de financement du développement ;
- le volume des avantages économiques potentiels escomptés de la réussite du processus d'intégration ;
- la capacité de l'Union à modifier les rapports de force sur la scène économique internationale, et à promouvoir un nouvel ordre économique plus juste et plus équitable ;
- la probabilité de réussite du processus d'intégration économique et monétaire engagé au plan régional, qui est déterminée en grande partie par le volume des avantages potentiels escomptés de l'Union.

Toutes ces données confirment que ce qui est plus important en matière d'intégration, ce n'est pas le rythme et l'efficience absolus de l'intégration, c'est le rythme et l'efficience relatifs du processus d'intégration engagé, par rapport aux expériences d'intégration en cours dans le monde.

Il ne saurait d'ailleurs en être autrement, car le processus d'intégration régional ne constitue pas une fin en soi. Il est en réalité un moyen d'émancipation économique et politique vis-à-vis du reste du monde. Il constitue ni plus ni moins un instrument privilégié d'émergence économique et politique de la région concernée.

Il en résulte que la vitesse et l'efficience comparatives des processus d'intégration économique régionaux conditionnent fondamentalement leur rendement économique et leur compétitivité au plan international, ainsi que leur capacité à modifier les rapports de force sur la scène économique internationale, et à promouvoir un nouvel ordre économique international plus juste et plus équitable.

Rendu au terme de la présentation des critères théoriques et pratiques d'appréciation de la compétitivité et de l'efficience des Unions économiques et monétaires régionales, il convient pour nous de compléter notre grille d'évaluation par la présentation des étapes théoriques d'approfondissement de l'intégration régionale selon Bela Balassa.

III. LES ÉTAPES THÉORIQUES D'APPROFONDISSEMENT DE L'INTÉGRATION RÉGIONALE PAR LE MARCHÉ SELON BELA BALASSA

Bela Balassa (1962) distingue cinq degrés d'approfondissement de l'intégration économique régionale qu'il classe par ordre d'intensité croissante. Chaque degré est constitué du degré précédent auquel s'additionne un élément nouveau.

Le tableau n° 1 ci-dessous résume les étapes théoriques d'approfondissement de l'intégration économique régionale selon Balassa.

Tableau n° 1 : Étapes d'approfondissement de l'intégration régionale selon B. BALASSA

Mesures / Étapes	Élimination des tarifs et des quotas	Tarif extérieur commun	Libre circulation des facteurs de production	Harmonisation de la politique économique	Unification politique et institutionnelle
Zone de libre-échange	X				
Union douanière	X	X			
Marché commun	X	X	X		
Union économique	X	X	X	X	
Union politique	X	X	X	X	X

Il apparaît au regard de ce tableau que tout bloc économique régional (toute CER) digne de ce nom doit avoir une cohérence logique propre en ce qui concerne la structure de son économie réelle, indépendamment de la monnaie.

En d'autres termes, le bloc économique régional doit être constitué de manière à intégrer des États membres ayant des économies complémentaires et diversifiées, de manière à garantir à l'ensemble économique régional en constitution une crédibilité et une viabilité économiques certaines. Cette conclusion implicite du précédent tableau est très importante, car l'union monétaire n'est en réalité qu'une étape d'approfondissement du processus d'intégration économique régional, ce qui implique que tout Bloc économique régional doit avoir une cohérence logique fonctionnelle propre, en ce qui concerne l'analyse de son économie réelle.

Les principales approches théoriques de l'intégration régionale étant déjà présentées ainsi que les principaux critères de reconnaissance des UEMO performantes et compétitives aux plans scientifique et international, il nous incombe de compléter le cadre théorique et environnemental d'évaluation de la CEMAC, par la présentation de l'état des lieux de l'économie et de l'intégration régionale en Afrique.

CHAPITRE II :

LA SITUATION ÉCONOMIQUE PRÉOCCUPANTE DE L'AFRIQUE ET LA NÉCESSITE DE MAÎTRISER ET D'ACCÉLÉRER L'INTÉGRATION ÉCONOMIQUE RÉGIONALE

Dans le souci de mieux mettre en évidence la situation économique préoccupante de l'Afrique et le retard considérable qu'elle accuse dans le domaine de l'intégration régionale, nous examinerons successivement dans le cadre de ce chapitre :

- la situation économique préoccupante de l'Afrique ;
- les contraintes du développement et de l'émergence nationale et continentale ;
- l'état des lieux de l'intégration économique régionale en Afrique.

En conséquence, afin de remédier à la situation préoccupante de l'économie et de l'intégration africaines, nous clôturerons nos analyses du présent chapitre par une dernière articulation axée sur la nécessité et l'urgence de la mise en place d'un plan prioritaire d'intégration et de développement de l'Afrique à moyen et long termes.

SECTION I : LA SITUATION ÉCONOMIQUE PRÉOCCUPANTE DE L'AFRIQUE

La situation économique de l'Afrique de l'avis de nombreux observateurs avertis est préoccupante, ainsi que l'attestent les indicateurs macro-économiques ci-après, qui datent de 2010 et qui restent d'actualité pour l'essentiel :

- la population africaine est estimée à 967 millions d'habitants avec un taux de croissance annuel de 2,4 % et représente 14,4 % de la population mondiale ;
- le produit national brut en parité des pouvoirs d'achat par habitant en Afrique en 2007 était de 2417 $, soit 19 fois environ moins que celui des États-Unis (45 845 $), et plus de 4 fois inférieur à la moyenne mondiale qui s'établit à 10 000 $ environ ;

- le PIB de l'Afrique était évalué en 2007 à 1092 milliards de dollars américains, soit à peine 2 % du PIB mondial[22] ;
- plus de 300 millions d'Africains gagnent moins d'un dollar par jour (soit moins de 600 francs CFA environ par jour) ;
- une vingtaine de pays africains sur 53 ont un revenu national brut par tête inférieur à 1500 $, et figurent parmi les 41 pays les plus pauvres et les plus endettés de la planète ;
- la production industrielle de l'Afrique représente à peine 1 % de la production industrielle mondiale[23] ;
- la part de l'Afrique dans le commerce mondial n'excède pas 2,3 % des échanges globaux ;
- sur la période 1970-1998, sur 32 pays dans le monde qui ont eu une croissance moyenne annuelle négative, 25 sont africains, et sur les 43 qui ont eu une croissance comprise entre 0 % et 2 %, 19 sont en Afrique[24] ;
- de 1979 à 1999, la croissance du PIB réel par habitant a été négative en Afrique subsaharienne.

Dans la même optique, le rapport ONU-SIDA pour l'année 2007 révèle que les 2/3 des 33 millions de malades séropositifs du monde vivent en Afrique, alors que celui de l'Organisation mondiale de la Santé (OMS) révèle qu'en 2005, 90 % des 900 000 décès causés par la malaria enregistrés dans le monde concernaient des ressortissants africains.

En outre, chaque année, des centaines d'émigrés clandestins africains qui ne sont autres que des réfugiés économiques, déçus par la situation économique difficile du continent, et tentés par l'exode vers l'Europe occidentale, meurent par naufrage en mer au large des côtes africaines et européennes, donnant ainsi la preuve, au quotidien, de ce que la situation de pauvreté critique du continent constitue une véritable catastrophe humanitaire.

Soulignons enfin pour compléter ce tableau économique sombre du continent que selon les estimations des experts de l'ONU, l'Afrique devrait atteindre 1,4 milliard d'habitants à l'horizon 2025 et 2 milliards

---

[22] D. Ben Yahmed et N. Houstin, 2010, *op cit.*, p. 42.
[23] Ibid, 2000, p. 32
[24] É. Robert Perrin, SGA du Haut Conseil de la Coopération internationale, *op. cit.* juin 2001, p. 1.

d'habitants à l'horizon 2050. Le continent devrait alors accroître sa production actuelle d'au moins dix fois d'ici 2025 pour satisfaire les besoins vitaux de cette population, alors qu'il a été incapable de réaliser ce niveau de performances économiques au cours des 30 dernières années.

À cet égard, il est important de souligner que ce pessimisme quant à la situation économique et aux perspectives économiques de l'Afrique a notamment été confirmé par la Déclaration de Paul Biya, devant la tribune des Nations-Unies, le 21 septembre 2010, en ces termes :

« Les Nations-Unies et l'UA relèvent que si l'Afrique, pour ne parler que d'elle, a accompli des progrès remarquables dans la réalisation des OMD, le rythme, voire la qualité des réalisations n'incitent pas à l'optimisme, mais au mieux à une satisfaction mesurée.

J'en profite aussi pour saluer la position africaine commune, qui devrait nous rappeler à tous que l'Afrique est le seul Continent qui risque de ne pas atteindre les OMD à l'échéance convenue »[25]

Cette situation préoccupante de l'économie africaine semble indiquer à notre avis que le temps des solutions de routine et de facilité est révolu et doit laisser place à celui des réformes radicales des politiques économiques aux plans national, régional et continental, au risque de la pérennisation de la pauvreté et de la marginalisation internationale de l'Afrique.

Il convient de relever que ce point de vue est partagé par la majorité de l'élite intellectuelle africaine ainsi que le confirment les propos respectifs ci-après de l'informaticien Jacques Bonjawo et des économistes de talent Eugène Nyambal, Conseiller principal au FMI et Paul K. Fokam, Docteur en Sciences de Gestion :

« La gravité de la situation commande de recourir à la thérapie de choc, de mettre en œuvre des politiques de réforme radicale, afin de préserver les générations futures. Faute de s'être adaptée à la nouvelle donne qui a émergé à partir de la fin du XXe siècle, l'Afrique court aujourd'hui un risque de marginalisation totale. C'est dire qu'il est urgent que le continent prenne son destin en main et engage les

---

[25] Ibid., p. 4.

réformes nécessaires afin de sortir de cette crise. Ce défi peut être relevé »[26].

« À l'issue de cette analyse, je suis arrivé à la conclusion que les politiques du consensus de Washington constituent une escroquerie intellectuelle, car aucun pays développé n'a mis en place de telles politiques pour se moderniser. Ces pays se sont organisés pour relier leurs villes et leurs campagnes, produire l'essentiel de ce qu'ils consomment et créer une classe moyenne capable suffisamment large pour alimenter la poursuite de la croissance. Un tel constat invite les Africains à un changement radical de politiques pour renouer avec des politiques de développement plus ambitieuses après la réduction de la dette »[27].

« L'Afrique doit repenser la politique de développement. Il est nécessaire de former des blocs au niveau de l'Afrique pour affronter les grands blocs tels que le Nord-Américain autour des États-Unis, le Sud-Américain autour du Brésil, l'Asiatique autour du Japon, l'Européen autour de la France et l'Allemagne. Il faudrait, dis-je, envisager des blocs africains, l'un autour du Nigéria sans doute, un autre autour de l'Égypte, un troisième autour du Cameroun et de la Côte d'Ivoire, le quatrième autour de l'Afrique du Sud. Ces ensembles devront évoluer progressivement pour atteindre un niveau qui permettrait à l'Afrique de créer à l'avenir au maximum deux ensembles, capables si ce n'est de concurrencer, du moins, de traiter d'égal à égal avec les grands blocs occidentaux »[28].

S'il est vrai que la situation économique préoccupante du continent invite les Chefs d'État et de gouvernement africains à la refondation de leurs politiques économiques et d'intégration régionale, qu'en est-il des interpellations relatives aux contraintes de l'émergence nationale et continentale ?

La réponse à cette question est d'une importance capitale, étant donné que la réussite de l'intégration économique régionale est censée conduire l'Afrique et les pays africains vers l'industrialisation, l'émergence et le développement durable. Elle est également censée

---

[26] J. Bonjawo, *L'Afrique du XXIe siècle, l'Afrique de nos volontés*, Karthala, juillet 2005, pp. 181-182.

[27] E. Nyambal, « Afrique : les voies de la prospérité. Dix clés pour sortir de la pauvreté », 2e édition, L'Harmattan, juin 2008, p. 24, p. 56, p. 57, p. 58.

[28] P. K. Fokam, « Et si l'Afrique se réveillait ? », les éditions du Jaguar pp. 23-24.

permettre à l'Afrique et aux pays africains de lever et de satisfaire les principales contraintes de l'industrialisation, de l'émergence et du développement durable.

SECTION II : LES CONTRAINTES DU DÉVELOPPEMENT ET DE L'ÉMERGENCE NATIONALE ET CONTINENTALE

Il nous incombe ici de définir de manière succincte les concepts de développement et d'émergence et les termes connexes, afin de mettre notamment en évidence les principales contraintes liées à ces deux concepts. Nous commencerons par l'examen des contraintes du développement avant de terminer par celles de l'émergence nationale et continentale.

I. LES CONTRAINTES DU DÉVELOPPEMENT

Nous nous limitons ici à définir brièvement le concept du développement et les termes connexes d'une part, et à présenter le Programme mondial de Développement durable à l'horizon 2030 adopté par l'Organisation des Nations en septembre 2015.

I.1. Le développement et les termes connexes

Nous définissons essentiellement ici le développement, et les termes connexes que sont : le développement autocentré, le développement extraverti, le développement inégal, le développement durable et le développement humain.

I.1.1. Le développement

Selon la définition du Professeur François Perroux (1903-1987), le développement est la combinaison des changements mentaux et sociaux d'une population qui la rendent apte à faire croître cumulativement et durablement son produit réel global (*L'Économie réelle du XXe siècle*, 1961).

A. Sen (Prix Nobel en 1998) pour sa part, appréhende le développement comme un processus intégré d'expansion des libertés substantielles, en corrélation les unes avec les autres. Cette approche permet d'apprécier de façon simultanée, le rôle vital des structures par nature, diverses dans le processus de développement, qu'il s'agisse des marchés et des institutions qui s'y rattachent, des Gouvernements ou des autorités locales, des partis politiques, du système éducatif, ou des possibilités de débat et de dialogue ouvert.

En somme, on peut dire que le développement est une croissance soutenue et durable du PIB national ou régional, accompagnée d'une transformation structurelle de l'économie, et d'une amélioration significative des indicateurs de développement social (taux d'alphabétisation, revenu par habitant, nombre de médecins par habitant, etc.).

I.1.2. Le développement autocentré

Il s'agit d'une stratégie de développement économique qui privilégie la création, puis le renforcement d'un système productif national ou continental pour satisfaire le marché intérieur, avant d'affronter les marchés internationaux.

Cette stratégie s'accompagne la plupart du temps de la mise en place temporaire du protectionnisme. Les stratégies de développement autocentrées se sont souvent heurtées à l'étroitesse du marché national qui rend difficile la réalisation d'économies d'échelle. La compétitivité des industries nationales reste alors insuffisante, ce qui rend nécessaire le maintien des barrières protectionnistes.

I.1.3. Le développement extraverti

Le développement extraverti est une stratégie de développement des pays en voie de développement qui privilégie l'insertion sur les marchés mondiaux (ouverture à la concurrence et liberté des mouvements des capitaux). Une stratégie d'extraversion est préconisée par les libéraux qui s'appuient sur la théorie des avantages comparatifs pour justifier le choix des créneaux d'exportation.

I.1.4. Le développement durable

C'est « un développement qui répond aux besoins des générations présentes sans compromettre la capacité des générations futures à répondre aux leurs » selon la formulation consacrée par le rapport Brundtland « Notre avenir à tous » (1987).

Le développement durable a trouvé, depuis les années 1990, un large écho dans la communauté internationale. Ce concept s'articule autour de trois piliers majeurs et interdépendants :

- La prise en compte de l'environnement. Le nécessaire équilibre entre la satisfaction des besoins humains et l'équilibre des écosystèmes doit intégrer une modification des façons de produire et de consommer, pour assurer la maîtrise de la consommation d'énergie et des ressources naturelles, une diminution des rejets polluants dans l'atmosphère, une lutte contre le déboisement, la désertification et la sécheresse. Il doit également intégrer la protection de la biodiversité, des forêts, des montagnes, des ressources halieutiques, la promotion d'une agriculture respectueuse de l'environnement et de la santé et l'usage des énergies renouvelables.
- Une place plus équitable des pays en voie de développement dans l'économie mondiale. Cela doit conduire à une coopération internationale et à un développement d'un commerce équitable entre le Nord et le Sud.
- La lutte contre la pauvreté et la faim. L'amélioration des conditions de vie implique un accès plus démocratique à la santé et à l'éducation des populations les plus défavorisées, une protection contre l'exploitation des enfants et le renforcement des groupes sociaux s'engageant dans la lutte contre la pauvreté (syndicats, ONG, autres associations, femmes, etc.).

À ces trois piliers, s'ajoute la notion de « bonne gouvernance » définie par le Programme des Nations Unies pour le développement (PNUD).

I.1.5. Le développement inégal

Le concept de développement inégal a été développé par les auteurs néomarxistes (Samir Amin, A. G. Franck), dans les années 1960. Pour eux, l'accumulation du capital à l'échelle mondiale produit à la fois, le développement pour les pays du Centre et le développement du sous-développement pour la périphérie.

I.1.6. Le développement humain

Selon le premier rapport du PNUD publié en 1990 « le développement humain est un processus qui conduit à l'élargissement de la gamme des possibilités qui s'offrent à chacun », lesquelles impliquent que soient réalisées trois conditions essentielles : vivre longtemps et en bonne santé, acquérir un savoir et avoir accès aux ressources nécessaires pour jouir d'un niveau de vie convenable. Si ces conditions ne sont pas satisfaites, de nombreuses possibilités restent inaccessibles.

Le développement humain englobe également des notions capitales (telles que la liberté politique, économique ou sociale) et aussi importantes que la créativité, la productivité, le respect de soi et la garantie des droits humains fondamentaux. Cette définition est inspirée des travaux de A. Sen (Prix Nobel, 1998).

S'il en est ainsi du développement et des termes connexes, que pouvons-nous retenir du Programme que nous allons présenter dans notre prochaine analyse ?

I.2. Le Programme mondial de Développement durable à l'horizon 2030

Le PMDD[29] à l'horizon 2030 adopté par l'Assemblée générale des Nations Unies en septembre 2015, en remplacement de celui adopté en septembre 2000 par la même Organisation, qui comportait huit objectifs stratégiques OMD, se résume à 17 ODD fixés comme suit :

Objectif 1 : Éliminer la pauvreté sous toutes ses formes et partout dans le monde.

Objectif 2 : Éliminer la faim, assurer la sécurité alimentaire, améliorer la nutrition et promouvoir l'agriculture durable.

Objectif 3 : Permettre à tous de vivre en bonne santé et de promouvoir le bien-être de tous à tout âge.

Objectif 4 : Assurer l'accès de tous à une éducation de qualité, sur un pied d'égalité et promouvoir les possibilités d'apprentissage tout au long de la vie

Objectif 5 : Parvenir à l'égalité des sexes et autonomiser toutes les femmes et les filles.

Objectif 6 : Garantir l'accès de tous à l'eau et à l'assainissement, et assurer une gestion durable des ressources en eau.

Objectif 7 : Garantir l'accès de tous à des services énergétiques fiables, durables et modernes à un coût abordable.

Objectif 8 : Promouvoir une croissance économique soutenue, partagée et durable, le plein emploi productif et un travail décent pour tous.

---

[29] Source : ONU, « Cameroun Tribune » N° 11185/7384 du 23 septembre 2016, p. 4.

Objectif 9 : Bâtir une infrastructure résiliente, promouvoir une industrialisation durable qui profite à tous, et encourager l'innovation.

Objectif 10 : Réduire les inégalités dans les pays et d'un pays à un autre.

Objectif 11 : Faire en sorte que les villes et les établissements humains soient ouverts à tous, sûrs, résilients et durables.

Objectif 12 : Établir des modes de consommation et de production durables.

Objectif 13 : Prendre d'urgence des mesures pour lutter contre les changements climatiques et leurs répercussions.

Objectif 14 : Conserver et exploiter de manière durable les océans, les mers et les ressources marines aux fins du développement durable.

Objectif 15 : Préserver et restaurer les écosystèmes terrestres en veillant à les exploiter de façon durable ; gérer durablement les forêts, lutter contre la désertification, enrayer et inverser le processus de dégradation des terres et mettre fin à l'appauvrissement de la biodiversité.

Objectif 16 : Promouvoir l'avènement des sociétés pacifiques et ouvertes à tous aux fins du développement durable, assurer l'accès à la Justice, et mettre en place à tous les niveaux des institutions efficaces, responsables et ouvertes à tous.

Objectif 17 : Renforcer les moyens de mettre en œuvre le partenariat mondial pour le développement durable et le revitaliser.

En somme, le PMDD à l'horizon 2030 qui est sous-tendu par 17 ODD, a pour principal mérite de prendre en considération la problématique du développement dans toutes ses dimensions, à savoir : sécuritaire, économique, sociale, humaine et environnementale. Soulignons enfin que ce nouveau programme interpelle la communauté internationale et notamment l'Afrique à l'action et à l'engagement tous azimuts, afin d'éviter à ce projet, le même sort que celui des OMD fixés en septembre 2000 par l'ONU.

Cette position est partagée par la majorité des élites mondiales et notamment africaines, ainsi que le confirme à juste titre cette déclaration récente de Paul Biya, président de la République du Cameroun devant la tribune des Nations-Unies :

« Comme vous le voyez, Monsieur le Président, ce n'est plus une affaire de promesses. C'est le temps de l'engagement. C'est le temps de l'action. Alors, les ODD deviendront réellement cette dynamique transformatrice du monde d'aujourd'hui, en un monde de paix et de prospérité partagées ».[30]

S'il en est ainsi des contraintes liées au développement, qu'en est-il des autres identifiées dans cet ouvrage ?

II. LES CONTRAINTES DE L'ÉMERGENCE NATIONALE ET CONTINENTALE

Il est important de préciser d'entrée de jeu que l'émergence est d'abord un concept économique avant d'être un slogan politique. À cet effet, afin d'éviter que l'émergence ne devienne un slogan politique vide de sens, il faut présenter d'une part les tenants et les aboutissants de l'émergence économique nationale et continentale, et d'autre part les normes de qualité des plans d'émergence nationale et continentale.

II.1. Les tenants et les aboutissants de l'émergence nationale et continentale

L'émergence économique nationale et continentale se résume à une transformation structurelle et qualitative de l'économie nationale et continentale, matérialisée notamment par :

- l'amélioration des indicateurs macro-économiques de croissance, notamment le taux de croissance économique national ou continental qui peut passer d'un chiffre à deux chiffres ;
- la transformation structurelle de l'économie nationale et continentale qui signifie une modification de l'importance relative des différents secteurs dans l'économie, matérialisée dans la plupart des cas par la substitution du secteur agricole par le secteur industriel, dans le rôle de principal moteur de la croissance nationale ;
- la transformation de la structure du commerce extérieur de l'économie nationale et continentale, caractérisée notamment par la diminution de la part relative des produits primaires agricoles et miniers et des produits industriels bruts dans les exportations,

[30] P. Biya, Chef de L'État, Déclaration à la tribune des Nations-Unies à New York le 29 septembre 2016, *in* « Cameroun Tribune » N° 11185/7384 du 29 septembre 2016, p. 4.

et l'accroissement significatif de celle des produits industriels finis et semi-finis, porteurs de valeur ajoutée ;
- l'amélioration significative et palpable des conditions de vie des populations, appréhendée notamment par l'augmentation soutenue du PIB par habitant, à moyen et long termes et l'amélioration du pouvoir d'achat des consommateurs.

Après avoir présenté ces contraintes, il sera à présent question d'aborder les notions de normes de qualité, de plans d'émergence nationale et continentale.

II.2. Les normes de qualité des plans d'émergence nationale et continentale

Compte tenu de la diversité des plans d'émergence nationale et continentale, nous insisterons essentiellement sur les normes de portée générale, à savoir :

- la priorisation de la formation du capital humain par le plan d'émergence ;
- la maîtrise des moyens de financement des plans d'émergence par les pays initiateurs ;
- le fondement des plans d'émergence sur un programme économique régional élaboré avec une organisation d'intégration régionale crédible.

S'agissant de la priorisation de la formation du capital humain par les plans d'émergence nationale et continentale, elle s'impose du fait que l'homme constitue le principal acteur et le principal bénéficiaire du développement. Cela est d'autant plus vrai pour les programmes d'émergence qui visent en dernier ressort, à mettre en place un nouvel ordre économique international, dans un environnement mondial devenu de plus en plus compétitif et concurrentiel. En somme, dans la mise en place des programmes d'émergence économique nationale, il est nécessaire que les pays africains prennent conscience du fait que le capital humain constitue le premier projet structurant le plus important et le plus rentable pour l'atteinte des objectifs d'émergence escomptés.

Pour ce qui est de la maîtrise des moyens de financement des programmes d'émergence nationale par les pays initiateurs, elle est d'une importance capitale, car plusieurs plans de développement nationaux et régionaux ont connu des échecs flagrants en Afrique à cause de la non-maîtrise des moyens de financement par les pays bénéficiaires. L'échec du Plan d'Action de Lagos (PAL) au début des années 1980 constitue une illustration suffisamment éloquente dans ce domaine.

En effet, les plans d'émergence nationale et continentale ayant pour finalité la mise en place d'un nouvel ordre économique international plus favorable aux pays africains, il serait illusoire et utopique pour les pays concernés de prétendre se libérer du joug économique occidental, en comptant sur les moyens des pays occidentaux qui dominent actuellement la scène économique internationale.

Il est par conséquent de la plus haute importance que l'essentiel des financements des plans d'émergence nationale et continentale repose sur des financements nationaux ou régionaux africains. De ce fait, les fonds souverains dont la création s'intensifie dans les pays africains pourraient être une source de financement efficiente et crédible pour les plans d'émergence nationale et continentale.

S'agissant du dernier point, il s'appuie comme cela a été souligné plus haut sur le fait que la maîtrise de l'intégration régionale constitue le facteur déterminant de la crédibilité des politiques d'émergence nationale et continentale en Afrique, au regard des données économiques et géographiques de notre continent.

En effet, on peut dire qu'en Afrique, plus qu'ailleurs, les décollages économiques individuels relèvent de l'utopie. Seuls les décollages économiques groupés s'avèrent crédibles dans le contexte mondial actuel, marqué par le regroupement de la plupart des pays dans de grands ensembles économiques et monétaires régionaux, et par la faiblesse notoire de la force de négociation des pays africains pris individuellement.

Face à l'impératif historique de provoquer un renversement significatif des tendances des indicateurs macro-économiques de l'économie africaine, qui sont globalement défavorables, l'intégration régionale apparaît comme l'un des principaux leviers dont l'efficience potentielle est avérée, eu égard aux principales données géographiques, historiques et économiques du continent africain qui sont les suivantes :

- La colonisation a balkanisé l'Afrique en une multiplicité de micro-États dont une importante partie n'est pas viable économiquement.

- 28 des 54 États que compte le continent ont moins de 12 000 000 d'habitants, alors que la population est l'un des principaux déterminants de la dimension économique du marché national.
- 15 États sont enclavés et ne disposent pas par conséquent de façade maritime.
- L'exiguïté des marchés nationaux et la faiblesse des revenus par habitant rendent le jeu des économies d'échelle insignifiant et inefficace au niveau national et font de l'intégration régionale la seule solution à moyen et long termes pour la relance durable des économies nationales et de l'économie continentale.
- Les dix premières économies africaines (Afrique du Sud, Nigéria, Algérie, Égypte, Maroc, Angola, Libye, Soudan, Tunisie, Kenya) produisent plus de 90 % du PIB de l'Afrique[31], ce qui implique que sans intégration régionale, le reste des 44 pays africains serait condamné à la pauvreté et à la marginalisation.

En somme, on peut dire qu'en Afrique plus que dans les autres continents, le marché régional (ou marché de proximité) est à l'économie nationale, ce qu'est un moteur pour un véhicule, car la plupart des États africains ne sont pas viables économiquement.

Il résulte de ce qui précède que toutes les politiques de relance et d'émergence durables et crédibles des économies nationales doivent se fonder sur la maîtrise et l'édification rationnelle des marchés régionaux, c'est-à-dire sur l'intégration régionale. En conséquence, l'intégration régionale apparaît comme le facteur stratégique le plus important et le moteur des vraies politiques d'émergence nationale et continentale.

Cette vision est d'autant plus pertinente que la plupart des pays qui dominent le commerce international sont caractérisés par des marchés nationaux ou régionaux de proximité importants, qui jouent pour eux le rôle de rampes de lancement sur la scène économique internationale.

Dans cette optique, toutes les politiques crédibles d'émergence nationale et continentale en Afrique devraient se fonder sur la maîtrise de l'intégration régionale. En outre, toutes les politiques d'émergence nationale crédibles devraient être harmonisées au niveau régional, eu égard au déterminisme irréfragable de l'économie régionale sur les économies nationales. L'observation de cette exigence nous épargnerait la cacophonie actuelle des programmes d'émergence économique

---

[31] D. Ben Yahmed et N. Houstin, 2010, *op. cit.*, p. 43.

nationaux, marqués par des horizons temporels souvent divergents, qui sont notamment la manifestation d'un micro-nationalisme exacerbé et d'un manque d'organisation économique solide des pays africains, aux niveaux sous-régional, régional et continental.

En somme, il ressort de tout ce qui précède que seules la maîtrise et la réussite de l'intégration économique régionale sont susceptibles de permettre à l'Afrique et aux pays africains de lever les principales contraintes de l'émergence et du développement, et de les conduire au développement et à l'émergence durables.

En effet, seule l'intégration économique régionale, au regard de ses nombreux atouts présentés précédemment, est capable de garantir à l'Afrique et aux pays africains l'indispensable changement de paradigme en matière de stratégie de développement en ce début de millénaire.

Il s'agit en fait de passer d'une stratégie de développement extraverti en vigueur depuis les indépendances africaines, à une stratégie de développement autocentré et introverti qui s'impose aujourd'hui pour l'industrialisation, le développement et l'émergence durables de l'Afrique et des pays africains.

Soulignons à cet effet que cette vision stratégique est partagée par de nombreuses élites africaines, ainsi que le confirme à juste titre cette déclaration de Makon Ma Pondi : « l'Afrique doit sortir progressivement de l'extraversion qui la caractérise depuis toujours, pour prendre résolument son destin en main, c'est la voie incontournable de son émergence »[32].

S'il est constant que la situation économique préoccupante de l'Afrique, les contraintes du développement et de l'émergence économique, nationale et continentale militent fortement pour une refondation des politiques économiques et d'intégration régionale des Gouvernements africains, qu'en est-il des interpellations relatives à la situation de l'intégration régionale du continent ?

---

[32] Makon Ma Pondi, *Coopération économique entre le Nigéria et le Cameroun, un enjeu majeur*, *in* « Cameroon Tribune » N° 11140 /7339 du 20 juillet 2016, p. 5.

SECTION III : L'ÉTAT DES LIEUX DE L'INTÉGRATION ÉCONOMIQUE RÉGIONALE EN AFRIQUE

De l'avis de la majorité des observateurs avertis et comparativement à l'Europe occidentale qui a engrangé des succès notables au cours des cinquante dernières années, les résultats de l'intégration économique régionale en Afrique au cours des cinq dernières décennies sont décevants et médiocres, en raison des nombreuses faiblesses que recèlent les processus d'intégration engagés sur le continent. Afin d'avoir une appréciation plus objective de ces faiblesses, il est nécessaire de se faire une idée sur la distribution géographique des organisations d'intégration économique régionale en Afrique.

En outre, compte tenu du fait que le continent africain compte deux principales catégories d'organisations d'intégration régionale à savoir, celles caractérisées par l'antériorité de l'intégration monétaire (CEMAC, UEMOA) et celles caractérisées par l'antériorité de l'intégration de l'économie réelle (CEEAC, CEDEAO, etc.), il importe de mettre en évidence les faiblesses particulières de ces deux catégories d'organisations, ainsi que les faiblesses de portée générale.

En conséquence, les développements qui vont suivre porteront successivement sur :

- la distribution géographique des organisations d'intégration régionale ;
- les faiblesses de portée générale des organisations d'intégration régionale ;
- les faiblesses des organisations d'intégration régionale caractérisées par l'antériorité de l'intégration monétaire ;
- les faiblesses des organisations d'intégration régionale caractérisées par l'antériorité de l'intégration de l'économie réelle.

I. LA DISTRIBUTION GÉOGRAPHIQUE DES ORGANISATIONS D'INTÉGRATION ÉCONOMIQUE RÉGIONALE

Il est important d'avoir une bonne connaissance du dispositif organisationnel existant actuellement en Afrique dans le domaine de l'intégration économique régionale, afin de mieux apprécier les faiblesses des processus d'intégration régionaux engagés sur le continent, et de mieux appréhender les défis de l'intégration régionale.

Il convient en outre de préciser que dans notre énumération des organisations d'intégration régionale, nous considérons l'expression « organisation d'intégration régionale » dans son acception large. L'organisation d'intégration régionale se définit par conséquent comme un groupe d'États menant des politiques communes de développement et d'aménagement de l'espace régional, utilisant un minimum de moyens financiers, et dotés d'un organe exécutif qui assure la permanence de l'organisation. À cet égard, la carte géographique des organisations d'intégration économique régionale en Afrique se résume à une quatorzaine d'organisations d'intégration économique régionale.

Il s'agit de/du :

1-) l'Union du Maghreb arabe (UMA) qui regroupe le Maroc, l'Algérie, la Tunisie, la Mauritanie et la Libye et dont la création date de 1992 ;

2-) *Cross Border Initiative* (*CBI*) qui regroupe 14 pays : le Burundi, les Comores, Le Kenya, Madagascar, le Malawi, l'île Maurice, la Namibie, le Rwanda, les Seychelles, le Swaziland, la Tanzanie, l'Ouganda, la Zambie et le Zimbabwe ;

3-) la Communauté économique de l'Afrique de l'Est (*East African Cooperation*) qui regroupe le Kenya, la Tanzanie et l'Ouganda ;

4-) la CEMAC, qui date de 1999 et qui regroupe le Cameroun, la République centrafricaine, le Congo, le Gabon, la Guinée équatoriale et le Tchad ;

5-) la CEEAC, qui date de 1983 et qui regroupe onze États : l'Angola, le Burundi, la République centrafricaine, le Gabon, le Cameroun, la République du Congo, la République démocratique du Congo, la Guinée équatoriale, le Sao Tomé et Principe, et le Tchad et le Rwanda ;

6-) l'UEMOA qui date de 1994 et qui regroupe huit pays : le Bénin, le Burkina Faso, la Côte d'Ivoire, la Guinée-Bissau, le Mali, le Sénégal, le Togo et le Niger ;

7-) la Communauté économique des États de l'Afrique de l'Ouest (CEDEAO) qui date de 1995 et qui regroupe 16 pays : le Bénin, le Burkina Faso, le Cap-Vert, la Côte d'Ivoire, la Gambie, la Guinée-Conakry, la Guinée-Bissau, le Ghana, le Libéria, le Mali, la Mauritanie, le Niger, le Nigéria, la Sierra Leone, le Sénégal et le Togo ;

8-) la commission de l'Océan indien (*Indian Ocean Commission – IOC*), qui date de 1982 et qui regroupe quatre pays : les Comores, la République de Madagascar, l'île Maurice et les Seychelles ;

9-) l'Union douanière de l'Afrique australe (*Southern African Customs Union - SACU)* qui date de 1910 et qui regroupe cinq pays : le Botswana, le Lesotho, la Namibie, l'Afrique du Sud et le Swaziland ;

10-) la Communauté de Développement de l'Afrique australe (*Southern African Development Community - SADC*) qui date de 1980 et qui regroupe 14 pays : l'Angola, le Botswana, le Lesotho, le Malawi, le Mozambique, le Swaziland, la Tanzanie, la Zambie, le Zimbabwe (1990), la Namibie (1994), l'Afrique du Sud (1995), l'île Maurice (1998), la République démocratique du Congo et les Seychelles ;

11-) la Communauté économique des Pays des Grands Lacs (CEPGL) qui date de 1976 et qui regroupe trois pays : le Burundi, la République démocratique du Congo et le Rwanda ;

12-) Marché commun d'Afrique orientale et australe (*Common Market for Eastern and Southern Africa - COMESA*) qui date de 1993 et qui regroupe 20 pays : l'Angola, le Burundi, les Comores, Djibouti, l'Égypte, l'Érythrée, Madagascar, l'Éthiopie, le Kenya, le Lesotho, le Malawi, l'île Maurice, le Mozambique, le Rwanda, la Somalie, le Soudan, le Swaziland, l'Ouganda, la Zambie et le Zimbabwe ;

13-) la Communauté des États sahélo-Sahariens (CEN-SAD), qui date de 1998 et qui regroupe 29 pays : le Burkina Faso, la Libye, le Mali, le Niger, le Soudan, le Tchad (1998), la République centrafricaine, l'Érythrée (1999), Djibouti, Gambie, le Sénégal (2000), l'Égypte, le Maroc, le Nigéria, la Somalie, la Tunisie (2001), le Bénin, le Togo (2002), la Côte d'Ivoire, la Guinée-Bissau, le Libéria (2004), le Ghana, la Sierra Leone (2005), les Comores, la Guinée-Conakry (2007), le Kenya, Sao Tomé et Principe, la Mauritanie (2008) et le Cap-Vert (2009).

14-) L'Autorité Intergouvernementale pour le Développement (International Governmental Authority on Development, I.G.A.D.) est un Groupement régional créé le 21 mars 1996 et associant sept Pays est-africains : Djibouti, Éthiopie, Kenya, Somalie, Soudan, Soudan du Sud et Ouganda. Elle a son siège à Djibouti, et se fixe désormais pour mission la mise en œuvre de la coopération régionale et de l'intégration économique régionale entre les États membres.

Compte tenu de ce qui précède, la carte géographique des organisations d'intégration économique régionale en Afrique se présente comme décrite par le graphique N° 1 qui suit.

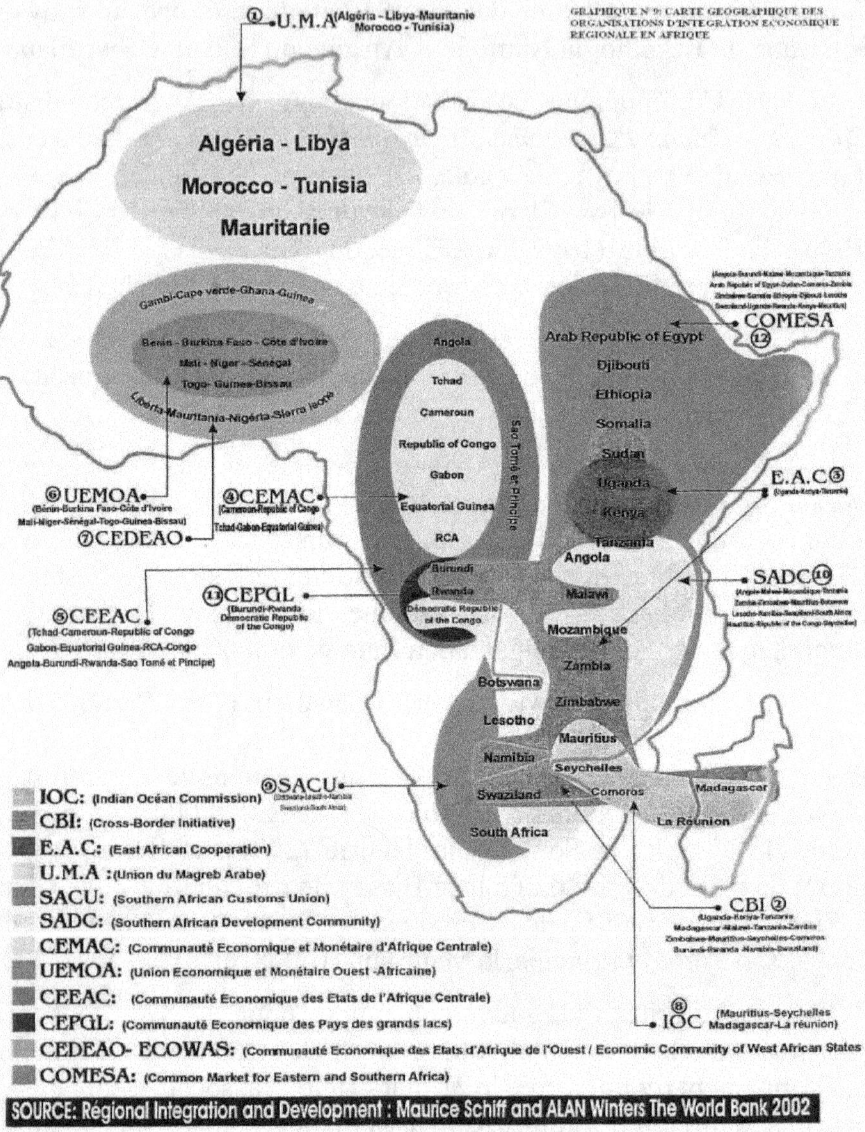

Graphique n° 1 : Carte géographique des Organisations d'Intégration économique régionale de l'Afrique.

La distribution géographique des organisations d'intégration économique régionale étant ainsi présentée, qu'en est-il de leurs faiblesses ?

II. LES FAIBLESSES DE PORTÉE GÉNÉRALE DES ORGANISATIONS D'INTÉGRATION ÉCONOMIQUE RÉGIONALE

Les principales faiblesses de portée générale des organisations présentées précédemment peuvent se résumer à plusieurs données :

1) L'insuffisance de volonté politique des dirigeants et de rationalisation des processus d'intégration engagés, qui est caractérisée notamment par l'inexistence de normes de dimensionnement économique et géographique des organisations d'intégration régionale et l'insuffisance criarde des moyens de financement.

2) La création et l'édification des communautés économiques et monétaires régionales africaines sont en déphasage total avec les grandes évolutions sur le plan international qui tendent à la constitution de grands ensembles économiques et monétaires régionaux. L'efficience macro-économique internationale des CER, qui mesure leur capacité relative à être des instruments efficaces d'intégration au plan international et qui prend notamment en compte les populations et les PIB régionaux, est de 3 % en moyenne pour les communautés africaines contre 67,5 % pour l'U.E. ; 79 % pour la Chine, 60 % pour les États-Unis et 54 % pour l'Inde[33] ;

3) Les organisations concernées sont de très petites tailles au plan économique, lorsqu'on prend en compte le PIB régional et la population régionale, si bien que leur impact sur le développement des pays membres et la compétitivité internationale des régions concernées est très faible ;

4) La pléthore des organisations de coopération intergouvernementale dont le nombre est estimée à 180 pour toute l'Afrique, et qui font pratiquement double-emploi avec la quatorzaine d'organisations d'intégration économique régionale ;

5) Les chevauchements constatés entre plusieurs organisations d'intégration régionale sont caractérisés par l'appartenance des États à

---

[33] J. Mbita, « Conditions de mise en place de l'Union économique et monétaire africaine », Thèse de Doctorat Ph. D. en Sciences économiques, juin 2012, p. 405.

plusieurs organisations d'intégration régionale faisant partie d'une même zone régionale d'intégration, ce qui conduit souvent à des incompatibilités de certaines règles (exemples de la *Southern African Development Community – SADC* – et de la ZEP ; de l'UEMOA et de la CEDEAO ; de la CEMAC et de la CEEAC) ;

6) Le coût de l'intégration régionale en Afrique est prohibitif et est dû notamment aux chevauchements entre les organisations d'intégration régionale et à l'insuffisance de rationalisation des processus d'intégration économique, aux plans régional et continental, dont l'un des traits distinctifs est la non-détermination de la taille économique optimale des organisations d'intégration économique régionale ;

7) Le non-recoupement observé des espaces d'intégration de fait autour des trois principaux pôles économiques et industriels fédérateurs, que sont l'Afrique du Sud, le Nigéria et l'Égypte, avec les organisations d'intégration régionale institutionnalisées, ce qui est source d'inefficience pour les organisations d'intégration régionale ;

8) Les zones d'intégration régionale en Afrique, contrairement aux prédictions de la théorie économique, sont caractérisées par une faible attractivité en matière d'IDE, contrastant avec les performances dans ce domaine des principaux pôles économiques et industriels fédérateurs de l'Afrique que sont, l'Afrique du Sud, le Nigéria et l'Égypte ;

9) Les dysfonctionnements des organisations d'intégration économique régionale, dus notamment à l'insuffisance des institutions communautaires, aux moyens financiers limités, à la politisation des postes et à la bureaucratisation des procédures ;

10) Les échanges intra-africains sont faibles et leur moyenne plafonne à 11 % en ce qui concerne les échanges extérieurs des pays africains ;

11) Les retards répétés des organisations d'intégration régionale et des États membres à mettre en œuvre les échéanciers des plans d'intégration économique et monétaire arrêtés de commun accord (cas de la CEMAC pour la liberté de circulation des personnes), sont observés ;

12) Les mécanismes de compensation mis en place, en vue de la redistribution de la plus-value de l'intégration économique régionale sont dysfonctionnels ;

13) L'irrégularité des États membres dans le paiement de leurs contributions au budget de fonctionnement des organisations d'intégration régionale est assez fréquente ;

14) Il y a absence d'harmonie et de complémentarité entre les plans d'intégration économique et monétaire mis en œuvre par les organisations d'intégration, sur les plans régional et continental ;

15) Le traité d'Abuja du 3 juin 1991, instituant la CEA, qui constitue aujourd'hui le seul instrument juridique international disponible pour définir les modalités d'édification de l'UEMA est inefficient, en raison notamment du fait qu'il consacre la division de l'Afrique en cinq régions, alors que cette division devrait reposer sur le concept économique de « région d'intégration économique et monétaire optimale » ;

16) L'insuffisance de rationalisation des processus d'intégration économique régionaux, qui se traduit notamment par la pléthore des organisations de coopération intergouvernementale, des chevauchements et des doubles-emplois entre plusieurs organisations d'intégration économique régionale, par le non-recoupement des zones régionales d'intégration avec les zones monétaires, etc.

À cet égard, le graphique N° 2 qui suit illustre à dessein l'une des principales faiblesses des organisations d'intégration régionale en Afrique, que constituent les chevauchements des blocs régionaux.

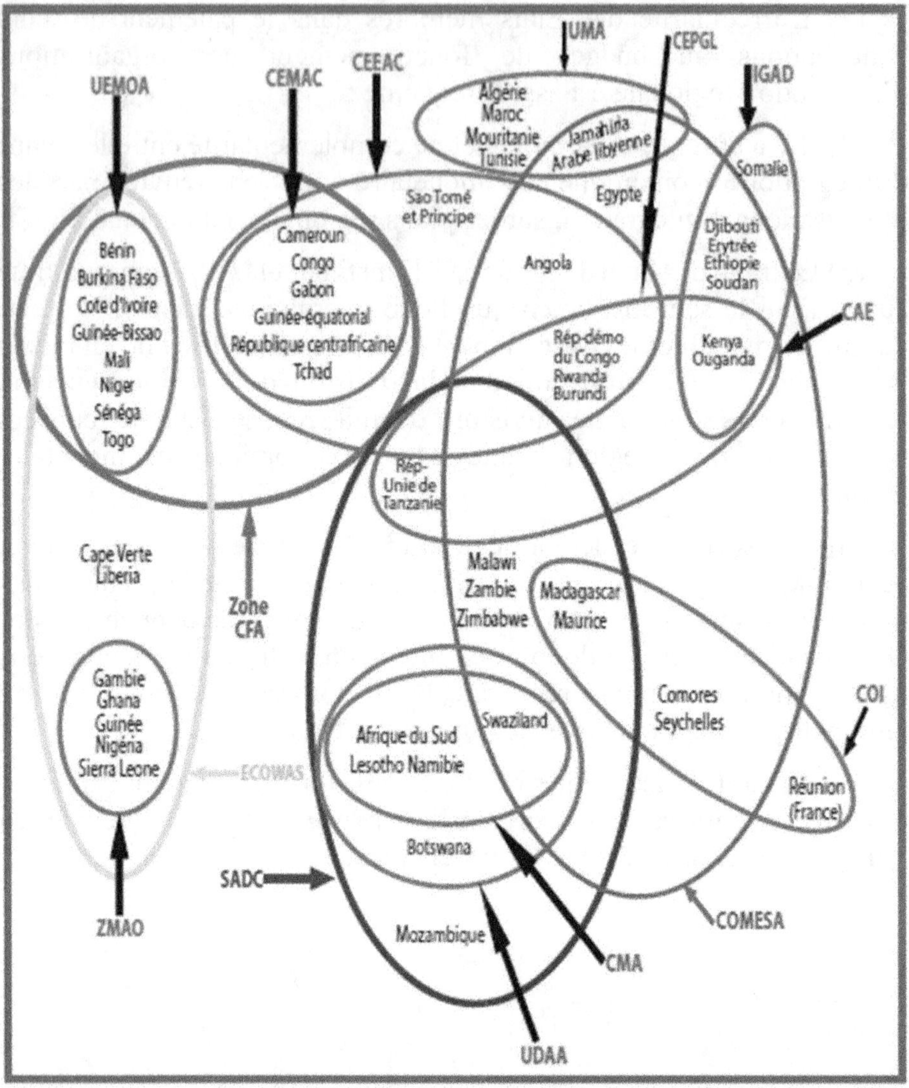

Source : Graphique conçu par NGAKAWA TAYA (Chercheur cartographe, Expert en SIG et Géomatique (INC)) à partir des éléments géographiques et techniques figurant dans l'Étude de la Commission Économique des Nations Unies pour l'Afrique (État de l'intégration régionale en Afrique – 2004) pp : 31 et 32.

Graphique N° 2 : Chevauchements des blocs régionaux en Afrique

Sur les 54 États africains, seuls sept sont membres d'un seul regroupement régional, 27 sont membres de deux blocs régionaux et

18 autres appartiennent à trois regroupements régionaux. Un pays (le Congo démocratique) appartient à quatre regroupements régionaux.[34]

En somme, la pléthore des communautés économiques sous-régionales et régionales africaines et les nombreux chevauchements entre lesdites communautés, illustrés notamment par le graphique n° 2 ci-dessus, confirment sans ambages que la plupart de ces communautés, ont été créées sur la base de l'approche de l'intégration par le marché. Cette approche est malheureusement inappropriée pour les pays en voie de développement, ce qui interpelle les Chefs d'État et les Peuples africains à la refondation et à la rationalisation optimales des communautés concernées.

Les faiblesses de portée générale des organisations d'intégration économique régionale en Afrique étant ainsi présentées, il est à présent question de mentionner celles spécifiques aux organisations d'intégration caractérisées par l'antériorité de l'intégration monétaire.

III. LES FAIBLESSES DES ORGANISATIONS D'INTÉGRATION RÉGIONALE CARACTÉRISÉES PAR L'ANTÉRIORITÉ DE L'INTÉGRATION MONÉTAIRE

Les principales faiblesses de ces institutions (CEMAC et UEMOA) peuvent se résumer à plusieurs données :

Les bases de constitution de ces organisations reposent sur des affinités historiques (appartenance à un même espace colonial) et non sur un régionalisme fonctionnel et efficient au plan économique, visant le développement endogène et durable des pays membres ;

Les modalités de mise en place de ces organisations ne sont pas rigoureusement compatibles avec les étapes théoriques de développement de l'intégration régionale, dans la mesure où l'intégration monétaire a précédé l'intégration économique au sein de l'UEMOA et de la CEMAC ;

La dévaluation du franc CFA de 1994 et les différentes mesures d'ajustement internes adoptées au sein de la zone Franc africaine au cours des dernières décennies n'ont pas permis de déclencher un processus de croissance soutenue et durable des économies de ladite

---

[34] S. M. Fouda, *L'intégration régionale en Afrique centrale. Des arrangements institutionnels pour une véritable intégration régionale en Afrique : quelques pistes*, Karthala, 2003, p. 190.

zone, confirmant ainsi son incapacité à permettre aux pays concernés de relever le défi du développement durable ;

La plupart des critères théoriques de reconnaissance des unions monétaires optimales ne sont pas vérifiés au sein des unions économiques et monétaires de la zone Franc africaine, à savoir :

- la complémentarité des économies,
- la liberté de circulation des hommes et des biens,
- la capacité de l'Union à déclencher à partir des mesures d'ajustement internes, un processus de croissance soutenue et durable des économies de la zone d'intégration.
- les organisations concernées sont de très petites tailles aux plans économique et démographique, comparativement aux grands ensembles économiques régionaux existants ou en constitution dans le monde, si bien que leur impact économique sur le développement régional et la compétitivité internationale des économies est négligeable.

Par ailleurs, les organisations d'intégration caractérisées par l'antériorité de l'intégration de l'économie réelle ont aussi leurs faiblesses.

IV. LES FAIBLESSES DES ORGANISATIONS D'INTÉGRATION CARACTÉRISÉES PAR L'ANTÉRIORITÉ DE L'INTÉGRATION DE L'ÉCONOMIE RÉELLE

Ces organisations présentent de nombreuses faiblesses :

1) Le déficit institutionnel est réel dans la mesure où l'organe exécutif de la plupart de ces organisations se réduit à un secrétariat exécutif, en lieu et place d'une commission, ce qui confirme que le transfert formel des compétences économiques des États vers l'organisation régionale qui est pourtant indispensable n'est pas effectif ;

2) Il y a un déficit démocratique, dans la mesure où la plupart des organisations concernées ne disposent pas d'une institution communautaire représentant les peuples, alors que les importants enjeux économiques en cause commandent d'évoluer rapidement vers une intégration des États et des peuples ;

3) Les moyens financiers desdites organisations sont inadéquats dans la mesure où le tableau N° 2 qui suit indique que les besoins financiers de ces organisations ne sont couverts qu'à 15 % au maximum ;

4) Le rythme et l'efficience des processus d'intégration engagés sont d'une faiblesse notoire par rapport aux évolutions dans le reste du monde, confirmé par le tableau N° 3 ci-dessous :

Tableau N° 2 : Projections des besoins financiers et des recettes provenant des quotes-parts des États membres pour la CEMAC, le *COMESA* et la *SADC* (en millions de dollars)

Année	2000	2001	2002	2003	2004
Besoins financiers à moyen terme	176,1	180,7	185,7	198,7	204,5
Contributions des États mises en recouvrement	22,7	24,8	26,7	28,8	30,0
Pourcentage des besoins financiers couverts	12,9	13,7	14,4	14,5	14,7

N.B. : Taux de change du dollar : 1 $ = 700 francs CFA

Source : Commission économique pour l'Afrique – État de l'intégration régionale en Afrique, p. 47, mai 2004.

Tableau N° 3 : Performances des organisations d'intégration africaines caractérisées par l'antériorité de l'intégration de l'économie réelle

Communauté et date de création	**Membres**	**Objectif fixé**	**Réalisations**
Union du Maghreb arabe (UMA) – (1989)	Algérie, Libye, Maroc, Mauritanie, Tunisie	Union économique totale	Zone de libre-échange non réalisée, mais conventions en vigueur pour les investissements, les paiements et le transport terrestre
Marché Commun de l'Afrique orientale et australe (COMESA) – (1993) -20 pays	Angola, Burundi, Comores, Djibouti, Égypte, Érythrée, Éthiopie, Kenya, Madagascar, Malawi, Maurice, Namibie, Ouganda, République démocratique du Congo, Rwanda, Seychelles, Soudan, Swaziland, Zambie, Zimbabwe	Marché commun	- Mise en place d'une zone de libre-échange sur le territoire de neuf membres en octobre 2000. - Union douanière prévue pour décembre 2004. - Définition des critères de convergence des politiques macro-économiques.
Communauté économique des États d'Afrique centrale (CEEAC) – (1983) - 10 pays	Angola, Burundi, Cameroun, Congo, Gabon, Guinée équatoriale, République centrafricaine, République démocratique du Congo, Rwanda, Sao Tomé et Principe, Tchad	Union économique totale	- Étude sur la zone de libre-échange examinée pour sa mise en œuvre. - Mise en place des mécanismes de maintien de la paix et de la sécurité.

La Communauté des États de l'Afrique de l'Ouest (CEDEAO) – (1995)- 16 pays	Bénin, Burkina Faso, Cap Vert, Côte d'Ivoire, Gambie, Guinée-Conakry, Guinée-Bissau, Ghana, Libéria, Mali, Mauritanie, Niger, Nigéria, la Sierra Leone, Sénégal, Togo	Union économique totale	- Suppression des droits de douane pour les produits non transformés. - Élimination partielle des droits de douane pour les biens industriels. - Mise en place d'une seconde zone monétaire et de l'Eco, monnaie régionale à partir de 2020. - Convergence des politiques macro-économiques. - Mise en place des mécanismes de maintien de la paix et de la sécurité.
La Communauté de Développement de l'Afrique australe (*SADC*) – (1980)	Afrique du Sud, Angola, Botswana, Lesotho, Malawi, Maurice, Mozambique, Namibie, Seychelles, Swaziland, Tanzanie, Zambie, Zimbabwe	Union économique totale	- Lancement de la zone de libre-échange en septembre 2000. - Mise en place du réseau régional d'interconnexion. - Mise en place des mécanismes de maintien de la paix et de la sécurité.
La Communauté des États sahélo-sahariens (29 pays)	Burkina Faso, Libye, Mali, Niger, Soudan, Tchad, République centrafricaine, Érythrée, Djibouti, Gambie, Sénégal, Égypte, Maroc, Nigéria, Somalie, Tunisie Bénin, Togo, Côte d'Ivoire, Guinée-Bissau, Libéria, Ghana, Sierra Leone, Comores, Guinée-Conakry, Kenya, Sao Tomé et Principe, Mauritanie et Cap-Vert.	Union économique globale basée sur : - une stratégie à travers un plan de développement cohérent et complémentaire avec les plans nationaux, la liberté de circulation ; - la liberté de circulation des personnes, des capitaux et des services ; - l'harmonisation des systèmes éducatifs des différents cycles.	- Lancement de l'étude de faisabilité d'une zone de libre-échange régionale - Mise en place d'un mécanisme de règlement et de prévention des conflits

Source : État de l'intégration régionale en Afrique, Commission économique pour l'Afrique, pp. 31-32, mai 2004.

Nous attirons notamment l'attention des uns et des autres sur le tableau N° 3 qui évalue les performances des organisations d'intégration régionale caractérisées par l'antériorité de l'intégration de l'économie réelle, après une durée moyenne de vingt-cinq (25) ans d'intégration, qui aboutit à plusieurs conclusions décevantes :

- La plupart des organisations d'intégration régionale étudiées n'ont pas pu mettre en place une zone de libre-échange digne de ce nom (première des quatre étapes d'édification d'une union économique et monétaire régionale).
- Aucune organisation n'a pu mettre en place une union douanière régionale.
- La liberté de circulation des hommes et des biens n'est pas effective dans la plupart des organisations d'intégration régionale.

En somme, l'état des lieux de l'intégration économique régionale en Afrique, qui précède, révèle de manière irréfragable que les processus d'intégration engagés sur le continent présentent de nombreuses faiblesses et des performances économiques médiocres, qui contrastent avec l'efficience reconnue à l'intégration régionale au plan mondial, en tant qu'instrument de développement. Ce diagnostic préoccupant confirme également s'il en était besoin, que la situation de pauvreté criarde et de marginalisation à outrance de l'Afrique au plan international ne résulte pas seulement de la domination et de l'exploitation des puissances économiques occidentales, mais aussi du déficit d'organisation interne du continent.

En effet, l'Afrique semble perdre de vue le fait que la bonne organisation et l'unité sont les facteurs de production invisibles les moins coûteux, mais les plus efficients dans la mesure où ils contribuent à maximiser le rendement et l'efficience de tous les autres facteurs de production (capital, travail, progrès technique, etc.).

Ce point de vue est partagé par de nombreuses élites africaines ainsi que le confirme cette déclaration d'Eugène Nyambal, administrateur principal au FMI :

« Alors que l'ensemble de l'organisation politique et sociale est en contradiction flagrante avec l'impératif de création des richesses, les Africains continuent à expliquer leur retard par la persistance de la crise économique mondiale, la détérioration des termes de l'échange et les effets cumulatifs de l'esclavage et de la colonisation[35].

Ayant abandonné le champ de la compétition économique aux autres peuples, les Africains font souvent peu de lien entre l'étendue des ressources perdues du fait de leur inorganisation et l'insignifiance de l'aide qui leur revient en retour. Dans la plupart des cas, les pays donateurs tirent davantage profit des flux de l'aide que les pays récipiendaires, à travers le contrôle de leurs économies. La culture de l'aide a annihilé la capacité des Africains à se projeter dans l'espace et dans le temps comme entités autonomes ».[36]

À cet égard, le déficit d'organisation économique interne de l'Afrique ainsi dénoncé est notamment attesté par les nombreuses faiblesses que recèlent les processus d'intégration en cours sur le continent, énumérées ci-dessus et illustrées notamment par les graphiques N° 1 et N° 2. Ces derniers confirment notamment que l'Afrique vit dans un désordre économique avéré, en contradiction avec les exigences économiques de production des richesses à grande échelle.

En conséquence, ce diagnostic de l'intégration régionale en Afrique n'est pas de nature à militer pour l'ouverture commerciale tous azimuts du continent, notamment par la signature des APE, au risque de fragiliser et de phagocyter les processus d'intégration en cours, qui sont encore à leur état embryonnaire et léthargique.

Cet état des lieux préoccupant de l'intégration en Afrique semble plutôt interpeller les Africains à la mise en place urgente et à l'exécution d'un plan prioritaire d'intégration et de développement de l'Afrique à long terme, afin d'imprimer une nouvelle dynamique à l'intégration régionale, à la hauteur des aspirations réelles de développement de nos peuples.

---

[35] E. Nyambal, « Afrique : les voies de la prospérité. Dix clés pour sortir de la pauvreté », *op cit.*, juin 2008, p. 24, pp. 56-58.

[36] Ibid., p. 24, p. 56, p. 57, p. 58.

SECTION IV : LA NÉCESSITÉ ET L'URGENCE DE LA MISE EN PLACE D'UN PLAN PRIORITAIRE D'INTÉGRATION ET DE DÉVELOPPEMENT DE L'AFRIQUE À MOYEN ET LONG TERMES

La situation de pauvreté criarde du continent africain, l'état léthargique de son intégration régionale et le fait que celle-ci constitue un précieux instrument d'accélération du développement dont l'efficacité est éprouvée aux plans théorique et mondial indiquent clairement que cette intégration constitue le principal levier sur lequel il faut agir pour changer le destin économique de l'Afrique. À cet effet, il nous incombe de mettre en évidence, les deux principaux aspects de la nouvelle dynamique d'intégration à imprimer au continent, à savoir :

- la nécessité et l'urgence de la mise en place d'un plan prioritaire d'intégration et de développement de l'Afrique ;
- la présentation de l'économie dudit plan à moyen et long termes.

I. LA NÉCESSITÉ ET L'URGENCE DE LA MISE EN PLACE D'UN PLAN PRIORITAIRE D'INTÉGRATION ET DE DÉVELOPPEMENT DE L'AFRIQUE

Nonobstant le fait que l'intégration régionale enregistre jusqu'ici des résultats médiocres en Afrique, l'efficacité de cet instrument de promotion et d'accélération du développement régional ne fait l'ombre d'aucun doute, en raison des multiples avantages que procure l'intégration régionale aux plans théorique et pratique. Il s'agit notamment de/du :

- l'élargissement des marchés garantissant la mise en place de projets viables et permettant de lever la contrainte que constitue l'étroitesse des marchés nationaux et sous-régionaux sur les possibilités de croissance des économies nationales et des entreprises ;
- l'accroissement de la production par une meilleure spécialisation ;
- l'accroissement de l'efficacité économique au plan régional face à la concurrence et la mondialisation des échanges ;
- l'accroissement de la capacité de négociation sur la scène internationale par le jeu des coalitions ;

- la réduction de la dépendance économique vis-à-vis du reste du monde ;
- l'optimisation de l'allocation des ressources sur un vaste marché régional permettant d'exploiter au mieux les avantages comparatifs des différents pays partenaires du processus d'intégration, en matière de production des biens et services ;
- renforcement de la paix, de la sécurité et de la stabilité politique au niveau régional, dans la mesure où l'interdépendance accrue entre les économies nationales a une incidence positive sur la paix et la stabilité régionales ;
- l'amélioration significative de la capacité d'attraction des investissements directs étrangers de la région concernée.

Compte tenu des multiples avantages susmentionnés que procure la maîtrise de l'intégration régionale, la zone d'intégration régionale est considérée à juste titre par la majorité des économistes comme « une aire de multiplication des opportunités économiques d'investissement, de production et de consommation » et donc comme « une aire par excellence de création des richesses ».

En conséquence, face à l'impératif de provoquer un renversement significatif des tendances des indicateurs macro-économiques de l'économie africaine qui sont globalement défavorables, l'intégration régionale apparaît comme l'un des principaux leviers dont l'efficience potentielle est avérée. Cette primauté dans la promotion du développement accéléré et durable de l'Afrique est d'autant plus pertinente au regard des multiples carences des processus d'intégration engagés sur le continent, énumérées ci-dessus et eu égard aux données géographiques, historiques et économiques de l'Afrique :

- La colonisation a balkanisé l'Afrique en une multiplicité de micro-États dont une importante partie n'est pas viable économiquement ;
- 28 des 54 États que compte le continent ont moins de 12 000 000 d'habitants, alors que la population est l'un des principaux déterminants de la dimension économique du marché national ;
- 15 États sont enclavés et ne disposent donc pas de façade maritime ;
- L'exiguïté des marchés nationaux et la faiblesse des revenus par habitant rendent le jeu des économies d'échelle insignifiant et

inefficace au niveau national, voire sous-régional, et font de l'intégration régionale la seule solution à moyen et long termes pour la relance durable des économies nationales et de l'économie continentale ;

- Les dix premières économies africaines (Afrique du Sud, Nigéria, Algérie, Égypte, Maroc, Angola, Libye, Soudan, Tunisie, Kenya) produisent plus de 90 % du PIB de l'Afrique[37], ce qui implique que sans intégration régionale, les 44 pays africains restants seraient condamnés à la pauvreté, à la marginalisation et à l'insécurité.

En somme, on peut dire qu'en Afrique plus que dans les autres continents, le marché régional (ou marché de proximité) est à l'économie nationale ce qu'est un moteur pour un véhicule, car la plupart des États africains ne sont pas viables économiquement.

Compte tenu de ce qui précède, il est de la plus haute importance que les dirigeants politiques africains conçoivent et mettent en œuvre dans la diligence un plan prioritaire d'intégration et de développement à long terme, afin d'imprimer une nouvelle dynamique à l'intégration régionale en Afrique et d'utiliser pleinement le potentiel d'efficacité que recèle cet instrument de développement.

S'il est constant que la nécessité et l'urgence de la conception et de la mise en œuvre d'un plan en l'Afrique sont avérées, qu'en est-il de son économie ?

II. L'ÉCONOMIE DU PLAN PRIORITAIRE D'INTÉGRATION ET DE DÉVELOPPEMENT DE L'AFRIQUE À MOYEN ET LONG TERMES

Il y a lieu de rappeler que les Chefs d'État africains, s'appuyant sur les textes fondateurs de l'ancienne OUA, qui font de l'Unité africaine la finalité de l'ensemble des processus d'intégration sur le continent et convaincus du fait que l'accélération et la maîtrise de l'intégration régionale constituent le passage obligé du développement en Afrique, ont signé le 3 juin 1991 à Abuja le traité instituant la CEA Celui-ci est la manifestation la plus éloquente de la volonté politique des Chefs d'État africains de mettre d'abord l'accent sur l'accélération et la maîtrise de l'intégration économique régionale, afin de bâtir progressivement L'Unité africaine. Ce traité est porteur du Plan

[37] D. Ben Yahmed et N. Houstin, 2010, *op. cit.*, p. 43.

Prioritaire d'Intégration et de Développement de l'Afrique à Moyen et Long Termes (P.P.I.D.A.M.L.T).

Cependant, ce plan initial d'intégration et de développement de l'Afrique, en raison des carences techniques et pratiques enregistrées dans son processus d'exécution, a fait l'objet d'une rénovation, au cours des dernières années par les économistes, destinée à le dépouiller de ses principales faiblesses et à en améliorer l'opérationnalité et l'efficience.

Il nous incombe par conséquent de présenter dans les développements suivants :

- l'économie du plan prioritaire d'intégration et de développement de l'Afrique issu du traité d'Abuja ;
- l'économie du plan prioritaire rénové d'intégration et de développement de l'Afrique issu du même traité.

II.1. L'économie du plan prioritaire d'intégration et de développement de l'Afrique issu du traité d'Abuja

Le traité d'Abuja du 3 juin 1991 s'est assigné pour objectif majeur, la mise en place de la CEA dans un délai maximum de 40 ans, à compter de la date de sa ratification (article 6), comportant les principales étapes ci-après :

1) la fusion de la multiplicité des organisations d'intégration sous-régionales et régionales existantes avec les organisations de coopération sous-régionales et régionales ;

2) la fusion des organisations d'intégration sous-régionale et régionale africaines existantes, pour former les cinq Communautés économiques et monétaires régionales intermédiaires pilotes (CEMRIP) ayant pour territoires de compétence respectifs : l'Afrique australe, l'Afrique orientale, l'Afrique centrale, l'Afrique occidentale et l'Afrique du Nord ;

3) la réalisation de la cohésion et de la convergence économique et monétaire des cinq communautés précédentes ;

4) la fusion des cinq communautés précédentes de manière à mettre en place progressivement la Communauté économique et monétaire africaine qui constitue la finalité du traité d'Abuja.

Il y a lieu de souligner que malgré la volonté affichée de ce traité d'accélérer et de rationaliser de manière optimale le processus d'édification de la CEA, le plan d'intégration et de développement de l'Afrique issu du traité concerné a connu à ce jour, des résultats médiocres, ainsi que l'attestent les données ci-après :

- 27 ans environ après l'entrée en vigueur du traité d'Abuja, l'Afrique compte encore plus d'une centaine d'organisations de Coopération sous-régionales et régionales qui font double-emploi avec la quatorzaine d'organisations d'intégration sous-régionales et régionales recensées ci-dessus ;
- Rendus à mi-parcours du délai maximal de mise en place de la CEA, nous constatons que l'Afrique compte encore une quatorzaine d'organisations d'intégration économique régionale et sous-régionale, caractérisées par de nombreux chevauchements et doubles emplois ;
- Les cinq CEMRIP dont la fusion progressive devrait aboutir à la mise en place de la CEA tardent à se mettre en place, alors que nous sommes déjà à mi-parcours de la période maximale de mise en place de ladite communauté.

Ces résultats médiocres du plan d'intégration et de développement de l'Afrique issu du traité d'Abuja sont dus essentiellement à certaines carences qu'il recèle, à savoir :

- la division arbitraire de l'Afrique en cinq régions correspondant aux ressorts géographiques des cinq CEMRIP, alors que cette division devrait reposer sur le concept économique de « région d'intégration économique et monétaire optimale » ;
- la non-fixation rigoureuse par le traité d'Abuja, de normes de création et de dimensionnement économique et démographique des Communautés économiques régionales optimales, afin de juguler définitivement les problèmes de doubles-emplois, de chevauchements, de pléthore et de « génération spontanée » des organisations d'intégration économique régionale en Afrique ;
- la non-fixation rigoureuse des modalités et des délais de fusion des organisations d'intégration sous-régionale et régionale, à l'effet de garantir la mise en place dans les délais requis des cinq CEMRIP annoncées.

Compte tenu de ces différentes carences et notamment des résultats médiocres enregistrés dans l'application du plan d'intégration de l'Afrique issu du traité d'Abuja, celui-ci a fait l'objet d'un toilettage et d'une rénovation par les économistes au cours des dernières années, afin d'en améliorer l'efficience.

Il nous incombe par conséquent de présenter l'économie du plan prioritaire rénové d'intégration et de développement de l'Afrique, issu du traité d'Abuja.

II.2. L'économie du plan prioritaire rénové d'intégration et de développement de l'Afrique issu du traité d'Abuja

L'économie dont il est question ici s'articulera autour de quatre principaux aspects, à savoir :

- les critères et les indicateurs normatifs du dimensionnement régional du Plan dans le domaine de l'intégration de l'économie réelle ;
- le dimensionnement régional du Plan rénové de mise en place de l'UEMA ;
- les grandes articulations, les étapes et le chronogramme du Plan de mise en place de l'UEMA ;
- les gains de compétitivité au plan international escomptés de l'application dudit Plan.

II.2.1. Les critères et les indicateurs normatifs du dimensionnement régional du Plan dans le domaine de l'intégration de l'économie réelle

Il est important de rappeler, comme nous l'avons indiqué précédemment, que le dimensionnement régional du Plan de mise en place de l'UEMA est d'une importance capitale et stratégique, dans la mesure où il conditionne à la fois les performances des CER existantes ou à créer ainsi que les délais de réalisation effective de l'Union en question.

En conséquence, nos développements dans cette articulation prospective de notre ouvrage porteront sur :

- la présentation sommaire des critères et des indicateurs normatifs du dimensionnement régional du Plan ;
- la synthèse des critères et des indicateurs normatifs du dimensionnement régional du Plan.

II.2.1.1. La présentation sommaire des critères et des indicateurs normatifs du dimensionnement régional du Plan

Il nous incombe dans cette partie de préciser les critères normatifs qui doivent présider au découpage de l'Afrique en zones régionales d'intégration économique et monétaire optimales, l'une des grandes critiques formulées à l'endroit du traité d'Abuja étant son manque de précision quant au dimensionnement régional du processus d'intégration économique et monétaire de l'Afrique à moyen et long termes.

En conséquence, l'édification des Communautés économiques et monétaires régionales primaires pilotes dont la fusion doit conduire à terme à l'UEMA ne doit pas être arbitraire. Elle doit nécessairement obéir à des critères économiques et scientifiques, dérivés de l'analyse de l'économie réelle.

Soulignons à cet effet qu'en application des règles de la théorie des jeux et des coalitions, l'édification des CEMRIP doit se faire de telle manière que chaque pays africain, notamment ceux les plus puissants sur les plans économique et démographique (Afrique du Sud, Nigéria, Égypte), trouve un intérêt certain à intégrer une CER.

Dans cette optique, les seuils de population et de PIB optimaux pour les CEMRIP devraient se rapprocher autant que possible du double de la population et du PIB des pays africains les plus puissants sur les plans démographique et économique.

Il faut également relever qu'à la suite de l'évaluation des expériences d'intégration économique régionales et sous-régionales africaines depuis les Indépendances, il en ressort que l'édification des communautés économiques régionales devrait se faire autour des principaux pôles économiques et industriels fédérateurs de l'Afrique (Nigéria, Afrique du Sud, Égypte).

Cette approche aurait le triple mérite de garantir à la fois l'atteinte de l'objectif d'autosuffisance économique relative au plan régional, la réussite des politiques de substitution des importations et l'optimisation de l'attractivité de chaque Communauté économique régionale vis-à-vis des investissements directs étrangers.

Notons enfin que l'édification des communautés économiques régionales doit viser à mettre en place des organisations d'intégration économique et monétaire régionales relativement homogènes sur les plans économique et démographique, de manière à favoriser le développement accéléré et équilibré de toutes les régions du continent africain et à faciliter la convergence économique et monétaire des communautés économiques régionales concernées.

Il reste entendu que dans cette logique axée sur la rationalisation optimale de l'édification des communautés économiques régionales viables et performantes, l'appartenance d'un pays à plusieurs communautés économiques régionales, source d'engagements incompatibles pour ledit pays, de chevauchements, de doubles-emplois et d'inefficacité des organisations d'intégration économique régionale, devrait être proscrite.

En outre, ces communautés plus viables et performantes sont appelées à devenir les principaux interlocuteurs des États en matière d'intégration et de coopération économique et technique régionales, et par conséquent à se substituer à la multitude des organisations de coopération intergouvernementale et régionale africaines évaluées aujourd'hui à plus d'une centaine.

Cette évolution qui permettrait l'assainissement du paysage organisationnel régional africain et des économies budgétaires pour les États africains participerait également de la rationalisation optimale des processus d'intégration et de coopération économique régionale en Afrique. Elle serait du reste conforme à la pratique en Europe de l'Ouest, où l'U.E. constitue le principal interlocuteur des États en matière d'intégration économique régionale et de coopération technique, scientifique et politique.

Les critères de découpage de l'Afrique en zones régionales d'intégration économique et monétaire optimales aux plans économique et démographique étant déjà définis, il nous incombe de les résumer dans un tableau de synthèse des critères et des indicateurs normatifs du dimensionnement régional du processus d'intégration économique et monétaire de l'Afrique.

II.2.1.2. La synthèse des critères et des indicateurs normatifs du dimensionnement régional du Plan

Il ressort de la synthèse des critères d'édification des CER dont la fusion doit conduire à terme à l'UEMA, que chaque CER devrait, toutes choses égales, satisfaire aux critères macro-économiques ci-après :

a-) avoir une population avoisinant le double de celle du Nigéria (162,5 millions d'habitants) ; soit 325 millions de consommateurs environ ;

b-) avoir un PIB avoisinant le double de celui de l'Afrique du Sud (562 200 millions de $), soit 1 124 400 millions de $ environ ;

c-) avoir un niveau de développement économique et industriel appréciable, attesté par l'existence en son sein d'un pôle économique et industriel fédérateur régional.

La combinaison de ces critères normatifs internes de l'intégration économique régionale en Afrique permet d'aboutir au tableau de synthèse N° 4 qui suit.

Tableau N° 4 : Synthèse des critères et des indicateurs normatifs du dimensionnement régional du plan d'intégration économique et monétaire de l'Afrique à moyen et long terme.

Critères de viabilité et de performance des CER	**Objectifs ou finalités du critère**	**Indicateurs normatifs du critère**	**Résultats de l'application des indicateurs normatifs des critères**
1- Critère de la population	- Créer des marchés régionaux suffisamment vastes pour promouvoir et accélérer le développement des investissements, de la production et de la consommation.	Seuil de population optimal : (325 millions de consommateurs), soit le double de la population du Nigéria.	L'application des trois critères aboutit au découpage de l'Afrique en 3 CER : 1-) la Communauté économique monétaire des États d'Afrique centrale et occidentale ; 2-) La Communauté économique et monétaire des États d'Afrique australe et orientale ; 3-) La Communauté économique et monétaire des États d'Afrique du Nord.
2- Critère du PIB	- Créer un intérêt certain pour chaque pays à adhérer à la CER ; - Promouvoir et accélérer l'interdépendance des économies nationales ; - Renforcer la paix, la stabilité et la sécurité dans la région.	Seuil du PIB optimal : 1 124 400 millions de $, soit le double du PIB de l'Afrique du Sud.	
3- Critère du développement économique et industriel et de l'existence d'un pays leader	- Garantir l'autosuffisance économique relative de la région et la complémentarité des économies ; - Améliorer de manière optimale l'attractivité de la région vis-à-vis des IDE ; - Garantir l'efficience politique et économique de la communauté, en la dotant d'une force motrice certaine.	Existence d'un pôle économique et industriel fédérateur régional	

Il convient de rappeler comme nous l'avons déjà souligné plus haut que le choix de la population comme premier critère de viabilité et de performance des communautés économiques régionales se justifie par l'importance capitale que joue le marché dans le développement de toute économie marchande, et particulièrement en Afrique où le pouvoir d'achat individuel est faible.

Quant au choix du PIB comme second critère, il se justifie par le fait qu'il constitue aujourd'hui le principal étalon international de mesure du niveau de l'activité économique aux niveaux national, régional, continental et mondial.

En termes plus concrets, le PIB représente le revenu total d'une économie et la dépense totale consacrée à l'acquisition des biens et services produits par cette économie. Il constitue aux yeux de la majorité des économistes, l'indicateur le plus fiable de la taille économique d'un marché régional.

S'agissant enfin du dernier critère, à savoir, le niveau de développement industriel de la région et l'existence d'un pays leader, il constitue une condition essentielle pour la réalisation de l'autosuffisance économique régionale, et la réussite des politiques de substitution des importations. Il y a lieu de préciser que ces deux politiques sont notamment destinées à garantir l'introversion progressive des économies africaines et l'amélioration significative et durable des conditions de vie de nos populations.

Par ailleurs, l'existence d'un pays leader au sein de la zone d'intégration, constitue également le meilleur moyen de garantir l'attractivité maximale de la CER vis-à-vis des IDE, dès lors que les trois pays leaders sus-identifiés ont une capacité d'attraction au-dessus de la moyenne

L'existence d'un pays leader constitue enfin le meilleur moyen pour garantir l'efficience politique et économique du processus d'intégration engagé au niveau régional. En effet, il ne fait l'ombre d'aucun doute que l'intégration économique régionale est un phénomène économique éminemment politique, dans la mesure où elle a pour principal enjeu la redistribution du pouvoir économique mondial.

Dans ces conditions, l'existence d'un pays leader au sein de la CER permet de la doter d'une force politique motrice avérée, de mettre effectivement en œuvre les programmes d'intégration arrêtés et de neutraliser les forces centrifuges émanant des pays du reste du monde tendant à bloquer la dynamique d'intégration engagée.

Il ressort par conséquent du tableau qui précède que la mise en œuvre du plan d'intégration économique et monétaire de l'Afrique à moyen et long termes devrait conduire au découpage de l'Afrique et de ses îles, en trois zones régionales d'intégration bâties autour de ses trois principaux pôles économiques et industriels fédérateurs (Afrique du Sud, Nigéria, Égypte).

Ce découpage spatial du processus d'intégration économique et monétaire de l'Afrique en trois communautés économiques et monétaires régionales primaires s'explique à la fois par la nécessité de créer des marchés régionaux suffisamment vastes pour impulser le développement de la production régionale, et par le souci d'accroître significativement les échanges intracommunautaires, dont la faiblesse constitue l'une des principales causes de l'échec des CER créées depuis les Indépendances.

Par ailleurs, notons que la complémentarité des économies en présence dans chaque zone régionale d'intégration (économies industrielles, économies semi-industrielles, économies agricoles, économies sahéliennes) sera un précieux stimulant des échanges intracommunautaires et qu'elle contribuera à la mise en place de CER plus performantes et plus viables.

Il ressort de la synthèse des critères et des indicateurs normatifs du dimensionnement régional du plan de mise en place de l'UEMA, que l'un des apports de nos présents travaux est de suggérer la révision de la résolution CM/Res464 (XXV) du Conseil des ministres de l'ancienne OUA, sur laquelle se fonde le traité d'Abuja et le NEPAD. En effet, cette résolution qui s'appuie sur une base essentiellement géographique consacre la division de l'Afrique en cinq régions, à savoir : L'Afrique du Nord, l'Afrique de l'Ouest, l'Afrique centrale, l'Afrique de l'Est et l'Afrique australe.

Nous suggérons par conséquent la révision du traité d'Abuja ainsi que celle de la résolution précitée de l'OUA, de manière à consacrer la division de l'Afrique en trois régions (Afrique centrale et occidentale, Afrique australe et orientale, Afrique du Nord) au maximum, au lieu de cinq. Ce découpage s'avère plus efficient pour la réussite de l'intégration économique et monétaire en Afrique, dans la mesure où il satisfait de manière plus appropriée les critères économiques et démographiques de dimensionnement des CER africaines optimales, énoncés ci-dessus.

Cette suggestion est du reste renforcée par l'évolution des dynamiques d'intégration économique en Afrique, les contraintes sécuritaires du continent, et les contraintes politiques et diplomatiques en matière de renforcement de la stabilité régionale.

En ce qui concerne l'évolution des dynamiques d'intégration économique, notre passage en revue des expériences d'intégration économique et monétaire en Afrique, nous a révélé qu'il existe actuellement un marché commun d'Afrique australe et orientale (COMESA) regroupant 20 pays, ainsi que la Communauté des États Sahélo-Sahariens (CEN-SAD) qui regroupe 29 pays appartenant à quatre des cinq régions reconnues par le traité d'Abuja du 3 juin 1991.

Par ailleurs, 14 pays d'Afrique centrale et occidentale font partie de la zone Franc, même s'ils appartiennent à des organisations d'intégration économique sous-régionales différentes. Cette évolution des dynamiques d'intégration en Afrique tend à battre totalement en brèche le principe de la division de l'Afrique en cinq régions sur lequel se fonde le traité d'Abuja instituant la CEA, ainsi que l'ONU.

À cet égard, en ce qui concerne la région d'Afrique centrale et occidentale, on peut légitimement souhaiter, dans une démarche stratégique d'élargissement des espaces d'intégration existants, la fusion de la CEMAC et de l'UEMOA, à l'effet de constituer la Communauté économique et monétaire d'Afrique centrale et occidentale (CEMACO). Celle-ci regrouperait ainsi les 14 pays susvisés de la zone Franc et jouerait avec le Nigéria le rôle de « noyau dur » de la future CEMEACO.

S'agissant des contraintes sécuritaires du continent, l'intégration économique ne peut se développer de manière harmonieuse que si les zones d'intégration économique régionale constituent également des zones de sécurité optimales, étant donné que l'Afrique est un continent perturbé par la récurrence de l'insécurité et de l'instabilité politiques. Sur un tout autre plan, l'approfondissement et la réussite de l'intégration économique régionale tendent à renforcer la sécurité et la stabilité régionales, en raison notamment de l'impact positif de l'intégration régionale sur l'accroissement des échanges, le brassage des populations et la réduction de la pauvreté.

En somme, il existe une complémentarité, une interdépendance et une corrélation étroites et positives entre l'intégration régionale et la sécurité et la stabilité régionales, qui militent fortement pour la convergence des stratégies régionales dans ces deux domaines clés, afin de maximiser l'efficience des stratégies concernées. Il découle de ce qui précède que les zones d'intégration économique optimales doivent être confondues aux zones de sécurité optimales, qui au regard de la géopolitique africaine, ne peuvent être édifiées qu'autour des trois puissances économiques et politiques régionales que sont le Nigéria, l'Afrique du Sud et l'Égypte.

À cet égard, on peut notamment relever que le découpage de l'Afrique en cinq régions, tel que stipulé par le traité d'Abuja, sur une base essentiellement géographique, est inapproprié aux contraintes sécuritaires du continent, étant donné que ce découpage ne permet pas de garantir une sécurité optimale au sein des zones d'intégration économique ainsi créées. À cet effet, il est utopique de croire qu'on peut maintenir la sécurité dans les sous-régions d'Afrique centrale, occidentale et orientale, en faisant table rase du Nigéria et de l'Afrique du Sud qui sont des puissances économiques et politiques incontournables dans les toutes les sous-régions concernées.

Dans cette optique, les problèmes de sécurité et de stabilité qu'ont connus ces dernières années la République du Mali et celle centrafricaine, et que connaît actuellement le Cameroun (lesquels ont un impact négatif considérable sur l'accélération des processus d'intégration économique sous-régionaux), démontrent à suffisance le rôle déterminant que le Nigéria, l'Afrique du Sud et l'Égypte sont appelés à jouer dans le renforcement de la sécurité régionale et continentale et l'accélération de l'intégration régionale et continentale.

Il découle de ce qui précède que seul le découpage de l'Afrique en trois zones régionales d'intégration économique au maximum (Afrique du Nord, Afrique centrale et occidentale et Afrique australe et orientale), permet de s'arrimer aux contraintes de sécurité du continent, dans la mesure où il garantit l'indispensable recoupement des zones d'intégration économique optimales avec les zones de sécurité optimales. Il garantit en outre la mutualisation des moyens humains, financiers et matériels des pays des trois régions concernées pour le maintien et le renforcement de la sécurité et la stabilité régionales, et l'accélération de l'intégration économique régionale.

Cette vision stratégique est notamment confirmée par le communiqué final[38] de la session extraordinaire de la conférence des Chefs d'État du Conseil de Paix et de Sécurité de l'Afrique centrale (COPAX) tenue à Yaoundé le 16 février 2015 et consacrée à la lutte contre le groupe terroriste Boko Haram. En effet, ce communiqué reconnaît la double nécessité d'élargir au niveau régional le cadre de résolution des problèmes de sécurité et d'œuvrer pour la mutualisation des moyens dans ce domaine pour les sous-régions d'Afrique centrale et occidentale.

À cet effet, les points 19 et 20 dudit communiqué reconnaissent à la fois le rôle incontournable qu'est appelée à jouer la République fédérale du Nigéria dans le renforcement de la sécurité et de la stabilité régionales, et la nécessité de coordonner la stratégie de sécurité de la CEEAC et de la CEDEAO, par l'intensification des relations de coopération entre ces deux communautés économiques sous-régionales.

En conséquence, il est impératif et urgent de mettre fin à la dichotomie et à l'incohérence des stratégies de promotion de la sécurité et de la stabilité d'une part, et de promotion de l'intégration économique d'autre part, qui persistent aux plans sous-régional et régional.

Il est d'abord important d'éliminer cette dichotomie entre les stratégies de promotion et de renforcement de la sécurité, et de l'intégration économique aux plans sous-régional et régional, et d'œuvrer activement pour l'arrimage des stratégies concernées, parce qu'il existe une corrélation étroite et positive entre la sécurité et l'intégration économique régionale.

Il est ensuite important de mettre fin à cette dichotomie eu égard au contexte particulier de l'Afrique marqué par l'instabilité et l'insécurité récurrentes, lequel requiert qu'on ajoute aux critères traditionnels de reconnaissance des unions économiques régionales optimales (liberté de circulation des hommes et des biens, solidarité, complémentarité des économies, etc.), un critère supplémentaire qui est la sécurité régionale.

Il est enfin important de briser la dichotomie entre les stratégies de promotion de la sécurité et de la stabilité d'une part, et de l'intégration économique d'autre part, aux plans sous-régional et régional, étant

[38] Communiqué de la session extraordinaire de la conférence des Chefs d'État du COPAX, « Cameroon Tribune » N° 10781/6980 du 17 février 2015.

donné que l'analyse économique révèle que la plupart des communautés économiques sous-régionales ne sont pas optimales et sont de très petites tailles. Cette situation déplorable et préjudiciable interpelle par conséquent les pays africains à l'élargissement optimal des espaces d'intégration économique sous-régionaux existants, de manière à faire évoluer l'intégration économique de l'échelle sous-régionale, à l'échelle régionale.

Cette évolution, dictée notamment par les contraintes économiques et sécuritaires, permettrait, entre autres, de garantir la nécessaire coïncidence des espaces géographiques régionaux de maintien et de consolidation de la paix et de la sécurité d'une part, avec ceux de promotion de l'intégration économique régionale et de la lutte contre la pauvreté, d'autre part.

Cette évolution tendant vers la convergence des stratégies d'intégration économique et politique, est d'autant plus souhaitée et recommandée, que l'interdépendance fonctionnelle entre l'économie et la politique, qui a pour corollaire celle de l'intégration économique et de l'intégration politique, est reconnue la plupart des Leaders politiques. Cette interdépendance fonctionnelle entre l'économie et la politique est notamment confirmée par la déclaration ci-dessous de S.E. M. le Président François Mitterrand, de regrettée mémoire, à l'occasion du Sommet France-Afrique, tenu à la Baule le 20 juin 1990 :

« Mais je tiens à dire ceci : de même qu'il existe un cercle vicieux entre la dette et le sous-développement, il existe un cercle vicieux entre la crise économique et la crise politique. L'une nourrit l'autre ».[39]

En somme, cet élargissement optimal des espaces d'intégration sous-régionaux implique nécessairement que la maximisation de l'efficience de l'intégration économique régionale en Afrique passe par la fusion progressive des communautés économiques sous-régionales. Cette fusion permettra à la fois de garantir l'arrimage des stratégies régionales de promotion de la sécurité et de l'intégration économique, et de maximiser l'efficacité et l'efficience des deux stratégies concernées.

À cet égard, le sommet extraordinaire des Chefs d'État et de gouvernement d'Afrique centrale et occidentale sur la sécurité et la sûreté maritimes dans le Golfe de Guinée, tenu à Yaoundé les 23 et

---

[39] Duplex Nguetsop, Chercheur – Recueil des Discours célèbres – page 69 – O.N.G. - Young Africa – juin 2006.

24 juin 2013, sur convocation de Paul Biya, président du Cameroun, et le Sommet des Chefs d'État de Paris du 17 mai 2014 convoqué par François Hollande, président de la France démontrent à suffisance le caractère transversal des problèmes de sécurité en Afrique. Cet état de choses est d'autant plus confirmé en Afrique centrale et occidentale par le fait que les forces multinationales mises en place au cours des dernières années associent indifféremment les pays de ces deux régions. C'est ainsi que la force multinationale mixte de lutte contre Boko Haram associe, entre autres, le Nigéria, le Cameroun et le Tchad, tandis que la force G5-Sahel en gestation regroupe, entre autres, le Niger, le Tchad et le Mali.

Cette transversalité des problèmes de sécurité en Afrique par rapport au découpage sous-régional traditionnel, milite fortement pour la restructuration des processus d'intégration économique sous-régionaux engagés, dans le sens de leur élargissement et de leur fusion, afin de permettre aux pays d'une même région de mutualiser leurs moyens humains et financiers dans le renforcement de la sécurité et de la stabilité régionales, et dans l'accélération de l'intégration économique régionale.

Dans cette perspective de rationalisation visant la convergence des stratégies sécuritaires et d'intégration économique au plan régional, le sommet extraordinaire des Chefs d'État et de gouvernement d'Afrique centrale et occidentale sur la sécurité et la sûreté maritime dans le Golfe de Guinée, et le Sommet de Paris sur la sécurité au Nigéria, susvisés devraient servir de jalons décisifs pour la création de la CEMEACO. À cet effet, le Centre interrégional pour la Sûreté et la Sécurité maritimes dans le Golfe de Guinée récemment inauguré à Yaoundé, devrait être un jalon important sur la voie de la mise en place de ladite communauté qui est porteuse d'une importante valeur ajoutée économique, qui permettrait par conséquent de mettre à la disposition des pays d'Afrique centrale et occidentale, les indispensables moyens financiers pour la réussite de leur politique sécuritaire qui font cruellement défaut dans le contexte actuel.

Cette évolution vers la création de la CEMEACO se justifie par le fait qu'elle constitue pour les pays de la région concernée, le cadre par excellence de mutualisation des moyens humains, matériels et financiers pour le renforcement de la sécurité régionale, l'accélération de l'intégration économique régionale et pour la lutte efficace contre la pauvreté et le sous-développement.

Soulignons enfin que ce nouveau découpage régional de l'Afrique fondé essentiellement sur l'élargissement optimal des espaces d'intégration économique et la fusion progressive de la pléthore des communautés économiques sous-régionales existantes, en vue de maximiser l'efficacité et l'efficience de la lutte contre la pauvreté et l'insécurité, est vivement souhaité par les élites africaines.

C'est dans ce sens de l'élargissement optimal des espaces régionaux de promotion de l'intégration, du développement, de la sécurité et de la paix qu'il convient d'interpréter la déclaration relativement récente de Paul BIYA à l'endroit du corps diplomatique accrédité à Yaoundé :

« Je voudrais aujourd'hui insister sur le caractère global de la menace dont nous sommes l'objet. Ceux qui ont tenté d'asservir le Mali, ceux qui s'en prennent périodiquement à notre territoire national, ceux qui probablement ont influencé certaines factions en Centrafrique, ceux qui ont créé le chaos en Somalie poursuivent les mêmes objectifs…

À menace globale, riposte globale. Telle devrait être la réponse de la communauté internationale, et notamment de l'UA et de nos organisations régionales »[40].

Pour ce qui est enfin des contraintes politiques et diplomatiques en matière de renforcement de la stabilité régionale, l'intégration économique régionale a toujours été considérée au plan historique, comme le meilleur instrument, « le meilleur ciment » qui permet de consolider et de pérenniser les acquis de la diplomatie en matière de règlement et d'apaisement des conflits frontaliers, et de renforcement de la stabilité régionale.

À cet effet, la division de l'Afrique en trois régions d'intégration économique au maximum constitue le meilleur moyen de renforcer et de pérenniser la stabilité politique du continent, ainsi que les acquis à court et à moyen termes de la diplomatie dans ce domaine. À cet égard, on peut notamment souligner à titre d'illustration que l'un des objectifs majeurs de la création de la Communauté économique européenne (CEE), par le traité de Rome du 25 mars 1957, était de renforcer la stabilité politique de l'Europe occidentale et de mettre fin aux hostilités récurrentes entre

---

[40]P. Biya, président de la République du Cameroun, Extrait de son discours à l'endroit du corps diplomatique accrédité à Yaoundé, le 8 janvier 2015, *in* « Cameroon Tribune » N° 10755/6954 du 9 janvier 2015, p. 4.

les pays européens, notamment entre la France et l'Allemagne qui sont devenues aujourd'hui « le couple moteur » de l'U.E.

Dans cette perspective, il est logique de penser que la création d'une seule CEMEACO regroupant en son sein, entre autres, le Nigéria et le Cameroun constitue le meilleur moyen de consolider et de pérenniser les acquis des accords de *Green Tree* de 2006, relatifs au règlement pacifique du différend frontalier de Bakassi, entre le Nigéria et le Cameroun.

Il est évident que la création de la CEMEACO constitue le cadre organique par excellence de renforcement de la solidarité et de la paix entre les pays d'Afrique centrale et occidentale et notamment entre le Cameroun et le Nigéria, qui pourraient ainsi devenir « le couple moteur » de ladite communauté.

Il est important de souligner que ce cadre régional d'intégration est vivement souhaité par les Chefs d'État et les peuples d'Afrique centrale et occidentale, ainsi que le confirme à juste titre cette déclaration de Paul Biya, au lendemain du règlement pacifique du différend frontalier de Bakassi :

« Il va de soi que le Cameroun et le Nigéria doivent désormais tout mettre en œuvre pour consolider le règlement intervenu et saisir les opportunités qui s'offrent à eux pour développer leurs relations dans tous les domaines.

Ainsi donc mes compatriotes, il est permis de penser qu'une ère nouvelle est en train de s'ouvrir entre le Nigéria et le Cameroun, une ère de paix et de fraternité qui nous permettra de mener, main dans la main, les vrais combats, ceux du progrès et du développement ». [41]

Soulignons enfin sur le plan économique que le découpage de l'Afrique en trois régions d'intégration pilotes au maximum, est plus conforme aux prescriptions des théoriciens de l'intégration des pays en voie de développement qui stipulent que la fonction majeure de l'intégration régionale dans les pays concernés, est la transformation structurelle des économies, l'accroissement de la production et la dynamisation de la croissance économique.[42]

---

[41]P. Biya, *Extraits de son discours du 21 août 2008*, in « Cameroon Tribune » N° 9167/5366 du 22 août 2008, p. 2.

[42] A. Suarez, *Intégration régionale : évolution d'un concept*, op.cit., juillet 2009, p.106.

Nous constatons toutefois avec regret que face à cet objectif stratégique fixé par la théorie économique, le découpage actuel de l'Afrique en une quatorzaine de zones d'intégration économique sous-régionales, tend plutôt à faire de l'intégration régionale en Afrique, un simple instrument de développement du commerce, en lieu et place d'un instrument de promotion de la transformation structurelle des économies, de la production et de la croissance soutenue et durable.

Dans la même optique, le Programme d'Intégration minimum (PIM) de l'UA[43], qui prévoit notamment la mise en place progressive de la CEA, à partir de huit CER pilotes, mises en évidence par le tableau N° 5 ci-dessous, et la mise en place d'une zone de libre-échange à l'horizon 2017 et d'une union douanière continentale à l'horizon 2019, est irréaliste et utopique parce qu'il est en contradiction avec les prescriptions des théories de l'intégration économique.

De surcroît, les huit CER pilotes retenues par le Programme d'Intégration minimum de l'Afrique (PIMA) de l'U.A, ne sont pas exemptes des faiblesses chroniques souvent décriées par les Experts des problèmes d'intégration, à savoir :

- les chevauchements des espaces d'intégration et les appartenances multiples, de nature à rendre prohibitif le coût de l'intégration régionale,
- la disparité des tailles économiques et démographiques des espaces d'intégration, révélatrice d'un processus d'intégration en ordre dispersé,
- la non-viabilité économique et politique de certains espaces d'intégration, révélatrice du non-respect des critères d'optimalité économique et politique.

En effet, au regard des principales prescriptions des théories de l'intégration économique, l'accent devrait d'abord être mis sur la rationalisation optimale des processus d'intégration régionaux, notamment par la réduction au strict minimum du nombre pléthorique des communautés économiques régionales pilotes, qui de surcroît devraient être de vraies organisations d'intégration, et non des organisations de coopération régionale.

En outre, la préférence devrait être marquée pour les unions économiques et monétaires régionales complètes ayant une taille

[43] *Africa 24*, Magazine N° 8, novembre 2012 - janvier 2013, p. 60.

économique et démographique suffisante au détriment des zones de libre-échange et des unions douanières classiques, qui ne sont pas efficientes pour les pays en voie de développement. Enfin, la consolidation des unions économiques et monétaires régionales complètes concernées et leur fusion progressive devraient conduire à la mise en place de la CEA instituée par le traité d'Abuja.

Il est aussi important de souligner que le PIM de l'UA susvisé, est en contradiction avec le traité d'Abuja qui prévoit notamment la division de l'Afrique en cinq régions, correspondant naturellement à cinq CER pilotes, au lieu des huit proposées par ledit programme.

Enfin, au regard de la complexité des problèmes d'intégration économique dans les pays en voie de développement, le PIM de l'UA se révèle être en définitive « un Programme d'intégration par les solutions de facilité ». Il en découle que comme tout programme fondé sur des solutions de facilité faisant table rase de l'analyse scientifique du contexte, il ne peut conduire qu'à des résultats médiocres et décevants pour l'UA et pour l'Afrique, nonobstant les moyens mis à sa disposition. Toutes ces carences révèlent l'impérieuse nécessité pour cette organisation continentale de renforcer son expertise économique, notamment dans le domaine de l'intégration économique régionale. Ce renforcement de l'expertise économique de l'UA dans le domaine de l'intégration économique régionale, est d'autant plus indispensable que cette institution africaine, de par son acte constitutif, est chargée de la coordination de la pléthore des communautés économiques sous-régionales et régionales existantes, et que sa crédibilité et son rayonnement international dépendent fondamentalement de la mise en place de l'UEMA.

Tableau N° 5 : Principales organisations reconnues par l'Union africaine

Principales communautés économiques	**Pays membres**	**Nombre d'habitants et PIB régional en 2017**
UMA Union du Maghreb arabe	Algérie, Libye, Maroc, Mauritanie, Tunisie	100 millions d'habitants PIB : 330 mds.
CEN-SAD Communauté des États sahélo-sahariens	Bénin, Burkina Faso, République centrafricaine, Comores, Côte d'Ivoire, Djibouti, Égypte, Érythrée, Gambie, Ghana, Guinée, Guinée-Bissau, Kenya, Liberia, Libye, Mali, Maroc, Mauritanie, Niger, Nigeria, Sao Tomé-et-Principe, Sénégal, Sierra Leone, Somalie, Soudan, Tchad, Togo, Tunisie.	568 millions d'habitants PIB : 1050mds$
COMESA Marche commun de l'Afrique de l'Est et de l'Afrique australe	Burundi, Comores, Djibouti, Egypte, Erythrée, Ethiopie, Kenya, Libye, Madagascar, Malawi, Maurice, Ouganda, RDC, Rwanda, Seychelles, Soudan, Swaziland, Zambie, Zimbabwe.	480 millions d'habitants PIB : 600 mds $
CAE (EAC) Communauté de l'Afrique de l'Est	Burundi, Kenya, Ouganda, Rwanda, Tanzanie.	155 millions d'habitants PIB : 100 mds $
CEEAC Communauté économique des États de l'Afrique centrale	Angola, Burundi, Cameroun, Congo, Gabon, Guinée Équatoriale, RCA, RDC, São Tomé et Príncipe, Tchad.	150 millions d'habitants PIB : 230 mds $
CEDEAO (ECOWAS) Communauté économique des États d'Afrique de l'ouest	Bénin, Burkina, Cap-Vert, Côte d'Ivoire, Gambie, Ghana, Guinée, Guinée-Bissau, Liberia, Mali, Niger, Nigeria, Sénégal, Sierra Leone, Togo.	330 millions d'habitants PIB : 410 mds $
SADC Conférence pour la Coordination du Développement de l'Afrique Australe	Afrique du Sud, Angola, Botswana, Lesotho, Malawi, Mozambique, Namibie, Swaziland, Tanzanie, Madagascar, Maurice, RD Congo, Seychelles, Zambie, Zimbabwe.	295 millions d'habitants PIB : 660 mds $
IGAD Autorité intergouvernementale pour le développement	Djibouti, Érythrée, Éthiopie, Kenya, Ouganda, Somalie, Soudan.	240 millions d'habitants PIB : 180mds$

Source : *Les dix enjeux de la Zone de Libre-Échange africaine – Pierre Jacquemot https//www.Willagri.com / Author / Pierre Jacquemot/1er juillet 2019.*

En somme, le découpage de l'Afrique en trois régions d'intégration économique pilotes tend à faire de l'intégration régionale un instrument de développement résolument orienté vers la transformation des structures économiques de l'Afrique, l'accroissement significatif de la production et la promotion de la croissance soutenue et durable, et de la sécurité régionale et continentale.

Cette évolution stratégique de l'intégration régionale en Afrique est d'autant plus rationnelle et souhaitée, qu'il est constant que l'activité productive constitue le préalable essentiel au développement et au dynamisme du commerce régional, continental et mondial. On ne peut échanger en abondance que ce que l'on possède en abondance ; et ce que l'on possède en abondance ne peut résulter que de ce que l'on produit abondamment.

Ce déterminisme systémique de la production sur le dynamisme du commerce régional, continental et mondial, est notamment confirmé en Afrique par la faiblesse du commerce intra- régional des pays africains qui atteint à peine 11 %[44] des échanges extérieurs des pays concernés (contre plus de 82 % pour l'U.E. et 52 % pour l'Asie), et par le poids relativement faible de l'Afrique dans le commerce mondial évalué à 2,3 % environ des échanges globaux[45].

Cette création préalable de trois CER disjointes et plus équilibrées aux plans économique et démographique constitue le meilleur moyen de remédier à l'intégration en ordre dispersé en Afrique et aux nombreux chevauchements et doubles-emplois des organisations d'intégration régionale africaines régulièrement critiqués et dénoncés par les experts des problèmes d'intégration régionale. Elle constitue enfin l'instrument le plus approprié pour faciliter la convergence économique et monétaire des trois CER précédemment mentionnées, et pour réduire de manière optimale leur délai de convergence, en vue de leur fusion et de la mise en place à terme du marché commun africain tant souhaité.

À cet égard, il est important de souligner que ce marché constitue la finalité de l'ensemble des processus d'intégration en cours sur le continent, ainsi que le confirment les aspirations profondes des Chefs

---

[44]T. Hot, *Les voies de la renaissance africaine. Notre Africk hors-série*, mai 2013, pp. 4-5.

[45] D. Ben Yahmed et N. Houstin, 2010, op. cit., p. 32.

d'État et des peuples africains, contenues notamment dans les textes fondateurs de l'O.UA et de l'UA, et dans le traité d'Abuja.

Cette importante conclusion révèle s'il en était besoin que les organisations d'intégration sous-régionale et régionale africaines existantes ne doivent jamais être considérées comme des entités totalement accomplies ou définitives. Ces organisations doivent plutôt être considérées comme des entités par essence provisoires et transitoires, appelées notamment à se métamorphoser et à fusionner pour donner naissance à terme à l'UEMA, qui constitue la finalité de l'ensemble des processus d'intégration engagés actuellement sur le continent.

Ce résultat majeur qui se dégage de l'analyse qui précède confirme le caractère doublement scientifique et stratégique de nos propositions novatrices de restructuration et de refondation des processus d'intégration en cours sur le continent, qui constituent l'ossature et la quintessence du plan rénové de mise en place de l'Union économique africaine.

Cette vision stratégique et prospective de l'intégration régionale en Afrique, est du reste en adéquation avec les prescriptions des théories fonctionnalistes et néo-fonctionnalistes de l'intégration régionale qui postulent que la création de nouvelles organisations d'intégration régionale ne doit pas être une génération spontanée, mais doit résulter de l'apparition de nouvelles nécessités fonctionnelles et de nouveaux défis à relever aux plans régional et international.

Cette indispensable vision stratégique de l'intégration régionale est notamment confirmée par ces deux déclarations de Ernst Haas (1958), chef de file de l'approche néo-fonctionnaliste de l'intégration et de David Mitrany (1888-1975), chef de file de l'approche fonctionnaliste de l'intégration :

« L'intégration est ainsi un processus dont il faut étudier les conditions initiales favorables, l'aboutissement et les moyens nécessaires pour son succès. Ce processus peut réussir sous certaines conditions qui comprennent essentiellement, la taille des États, les niveaux des transactions, le pluralisme et la complémentarité des élites ».[46]

---

[46] Citation tirée de l'ouvrage d'A. Suarez, *Intégration régionale : évolution d'un concept*, 2009, op. cit., p. 68.

« La création d'une organisation d'intégration régionale doit résulter d'une nécessité fonctionnelle et de la logique du raisonnement »[47]

« La voie vers l'intégration politique est trop ambitieuse, il faut nécessairement passer par l'économique, car l'intégration économique construira les fondements d'une union politique garante de la paix »[48]

En somme, l'intégration économique régionale ne constitue pas une fin en soi, elle est plutôt un instrument de développement dont l'efficience doit être éprouvée et démontrée. Il est par conséquent de la plus haute importance que l'efficience et l'optimalité de toutes les organisations d'intégration régionale (y compris celles nouvellement créées), soient appréciées par rapport à leur capacité à relever de nouveaux défis apparus au sein de l'environnement international et notamment par rapport à leur aptitude à déclencher un processus de croissance soutenue et durable des économies nationales et régionales.

Dans cette optique, il est constant que les nouveaux défis à relever par l'Afrique, qui justifient la restructuration et la refondation des processus d'intégration actuellement en cours sur le continent, se résument notamment à l'émergence économique et politique de l'Afrique et au renforcement de la crédibilité de l'UA et de la sécurité régionale et continentale, considérés aujourd'hui comme des impératifs historiques et catégoriques.

Ces trois objectifs stratégiques sont considérés aujourd'hui au sens des économistes H. Bourguinat et Kindleberger, comme « les biens publics collectifs et stratégiques qui commandent l'avenir » et « les principales valeurs ajoutées », escomptés de la réussite de l'intégration économique régionale en Afrique et du dynamisme de l'UA.

La production effective par les organisations d'intégration économique régionale africaines et par l'UA de ces biens publics, devrait être le critère essentiel d'appréciation de l'efficacité et de l'efficience desdites organisations dans l'accomplissement des missions à elles assignées.

En somme, l'application des critères théoriques ci-dessus de dimensionnement des CEMRIP conduit à diviser l'Afrique en trois

---

[47] Ibid., p. 66.
[48] Ibid., p. 66.

blocs économiques pilotes : celui de l'Afrique australe et orientale, celui de l'Afrique centrale et occidentale et celui de l'Afrique du Nord.

Cependant, pour d'autres raisons économiques et pratiques tenant notamment à l'actualité économique et politique africaine, ces blocs économiques régionaux devraient être réduits à deux, moyennant l'éclatement du bloc de l'Afrique du Nord au profit du renforcement et de l'enrichissement de ceux de l'Afrique australe et orientale et de l'Afrique centrale et occidentale.

En ce qui concerne les raisons économiques, notre évaluation des expériences d'intégration économique africaines existantes ci-dessus nous a révélé que l'une des faiblesses fondamentales desdites expériences est l'insuffisance de complémentarité des économies des pays membres des communautés économiques régionales. Afin de remédier à cette carence majeure des communautés économiques régionales africaines, il est important d'éclater le bloc de l'Afrique du Nord, qui compte beaucoup de pays industriels et semi-industriels, afin de renforcer la complémentarité économique des deux autres blocs.

Cette option permettrait à la fois de renforcer la complémentarité économique au sein des blocs d'Afrique australe et orientale, et d'Afrique centrale et occidentale, ainsi que la diversité culturelle et politique des États membres desdits blocs, qui constitue un atout important pour le développement des échanges économiques intrarégionaux qui sont actuellement très faibles.

Quant aux raisons pratiques relatives à l'actualité économique et politique africaine, elles ont trait aux faibles performances de l'UMA en matière d'intégration et à la signature à Charm-El-Cheikh en Égypte le 10 juin 2015 d'un accord de libre-échange d'envergure, regroupant 27 pays d'Afrique australe et orientale et du Nord. En effet, les faibles performances de l'UMA en matière d'intégration semblent indiquer qu'il est souhaitable d'éclater ledit bloc, pour renforcer et enrichir ceux de l'Afrique centrale et occidentale et de l'Afrique australe et orientale, afin d'accélérer l'intégration économique régionale en Afrique.

Quant à la signature d'un accord à Charm-El-Cheikh en Égypte évoquée précédemment, elle nous interpelle à prendre toutes les dispositions institutionnelles et pratiques pour le faire évoluer vers la création d'une véritable CER, regroupant les pays d'Afrique australe, orientale et du Nord. Il y a lieu de préciser que cet accord de libre-échange d'envergure est le fruit de cinq ans de négociations entre la

COMESA, la Communauté économique de l'Afrique de l'Est (EAC) et la SADC, dans le but de créer un marché régional de six cent vingt-cinq (625) millions de consommateurs environ[49].

Cette évolution vers la création d'une véritable Communauté économique et monétaire des États d'Afrique australe, orientale et du Nord est vivement souhaitée, compte tenu des multiples avantages que recèle une CER, par rapport à un accord de libre-échange régional dont les avantages sont très limités.

En somme, l'application du plan à moyen et long termes de mise en place de la CEA, selon les critères et les normes fixés ci-dessus, aboutit à la carte géographique des organisations d'intégration régionale pilotes de l'Afrique décrite par le graphique N° 3 ci-dessous, à rapprocher avec les graphiques N° 1 et 2 précédemment présentés.

Il est à souligner la grande différence entre le paysage de l'intégration régionale qui résulte de l'application du Plan à moyen et long termes de mise en place de l'UEMA, qui consiste au découpage de l'Afrique en deux CER pilotes disjointes (cf. graphique N° 3 susvisé) et le paysage actuel (cf. graphiques N° 1 et 2).

En effet, le graphique N° 3 qui suit donne l'impression d'un continent mieux organisé pour exploiter à bon escient le précieux instrument de développement qu'est l'intégration économique régionale, par opposition aux graphiques N° 1 et 2 qui donnent l'impression d'un continent africain mal organisé pour exploiter les atouts de cette intégration.

---

[49]S. P. Etoundi, « Intégration économique, un grand pas pour l'Afrique » *in* « Cameroon Tribune » N° 10863/7062 au 17 juin 2015, p. 28.

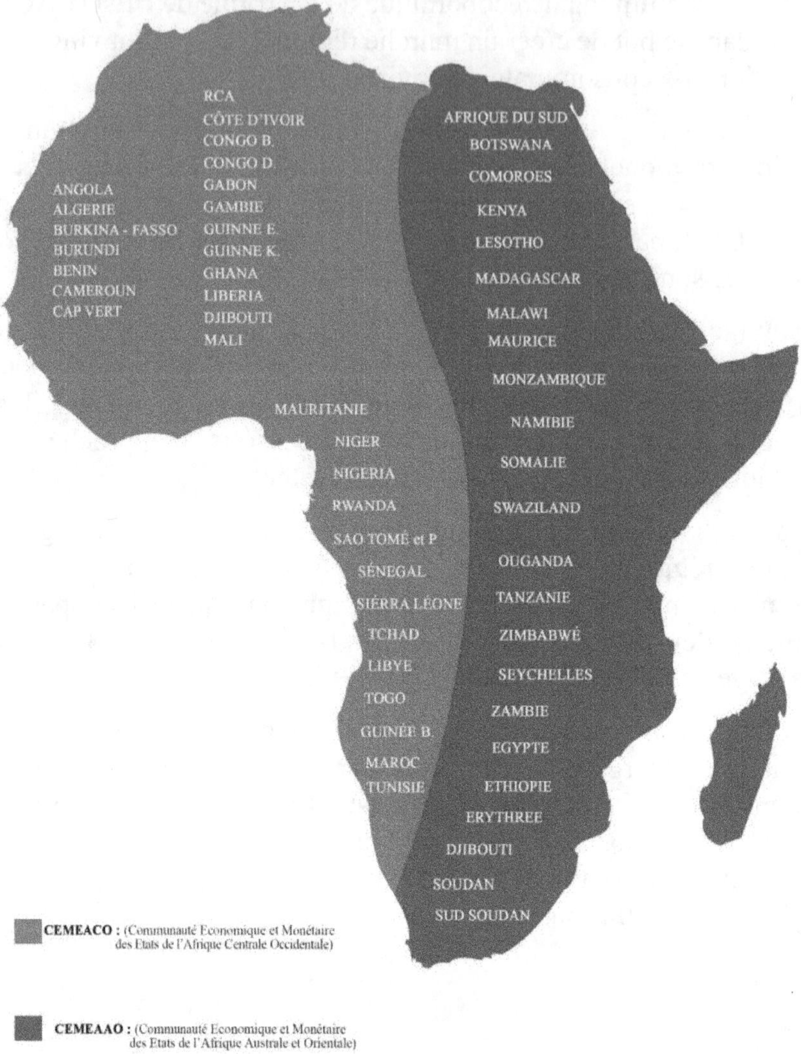

Graphique N° 3 : Carte géographique de l'Afrique résultant de l'application du plan prioritaire de l'UEMA à moyen et long termes

En somme, tout ce qui précède montre l'impérieuse nécessité d'accélérer, de restructurer et de refonder les processus d'intégration économique en Afrique, afin de garantir l'émergence économique et politique des pays africains.

S'il en est ainsi des critères internes de partition de l'Afrique en CER optimales, qu'en est-il du dimensionnement géographique et économique du plan pensé pour l'Afrique ?

II.2.2. Le dimensionnement régional du Plan prioritaire rénové d'Intégration et de Développement de l'Afrique à moyen et long termes

Il nous incombe dans cette articulation de préciser successivement :

- le dimensionnement géographique des CEMRIP ;
- le dimensionnement économique desdites communautés.

II.2.2.1. Le dimensionnement géographique des Communautés économiques et monétaires régionales

Ainsi que nous l'avons précisé précédemment, l'application à l'Afrique des critères et des indicateurs normatifs de dimensionnement régional du Plan de mise en place de l'UEMA dont la synthèse est présentée dans le graphique N° 3 et la prise en compte d'autres considérations pratiques aboutissent inéluctablement à la division du Continent africain en deux CEMRIP, à savoir :

- la Communauté économique et monétaire des États d'Afrique australe et orientale (CEMEAAO) ;
- la CEMEACO.

Ces institutions sont identifiées géographiquement et économiquement par les tableaux n° 6 et n° 7 qui suivent.

Tableau N° 6 : CEMEAAO : indicateurs de développement des pays membres

N°	Pays	Population	Superficie en kilomètres²	PIB en millions $ US	PIB/ha en $ US	Exportations en millions de 2012 $ US	Importations en millions de $ US
01	Afrique du Sud	50460 000	1 221 000	562 200	11 100	80 200	78 800
02	Botswana	2 031 000	274 200	30 090	16 200	4 620	4750
03	Comores	754 000	2 170	848	1 200	14	170
04	Kenya	41 610 000	582 646	72 340	1 800	4400	10 400
05	Lesotho	2 194 000	30 355	3 800	2000	780	1770
06	Madagascar	21 315 000	587 041	20 660	900	1060	850
07	Malawi	15 381 000	118 484	14 080	900	690	1290
08	Maurice	1 307 000	1 865	19 520	15 100	2030	3970
09	Mozambique	23 930 000	783 000	24 190	1 100	2400	4020
10	Namibie	2 324 000	824 890	15 940	7 500	3360	4090
11	Somalie	9 557 000	637 657	5 800	600	9540	3700
12	Swaziland	1 203 000	17 363	6 313	5400	1570	1590
13	Ouganda	34 509 000	236 036	46 960	1665	1980	3920
14	Tanzanie	46 218 000	645 100	64 710	1500	4180	6660
15	Zimbabwe	12 754 000	390 580	6 200	500	2250	3360
16	Seychelles	87 000	-	2 270	900	383	676
17	Zambie	13 475 000		22 160	1600	7080	4890
18	Égypte	82 537 000	1 001 449	525 600	6600	21 400	41 450
19	Éthiopie	84 734 000	1 221 900	96 090	1100	12 640	7920
20	Érythrée	5 415 000	-	4 089	700	320	694
21	Djibouti	906 000	23 000	2260	2700	74	319
22	Soudan	44 632 000	2 505 813	90 100	2800	6700	6200
23	Sud-Soudan	10 600 000	-	13 000	1546	5800	1600
Total		**507 933 000**	**11 104 549**	**1 649 220**	**3 247**	**173 471**	**193 089**

Source : CIA the World Factbook, 2012

Tableau N° 7 : CEMEACO : indicateurs de développement des pays membres.

N°	Pays	Population	Superficie en kilomètres²	PIB en millions $ US	PIB/ha en $ US	Exportations en millions de 2012 $ US	Importations en millions de $ US
01	Angola	19 616 000	1 246 700	117 200	6000	53 400	16 600
02	Algérie	35 980 000	238 1741	267 000	7200	55 800	39 800
03	Bénin	9 100 000	112 622	14 800	1500	1420	930
04	Burkina Faso	16 968 000	274 200	22 320	1500	1660	1780
05	Burundi	8 575 000	27 834	5 250	600	77	427
06	Cameroun	20 030 000	475 442	47 860	2300	4250	4680
07	Cap-Vert	501 000	4033	2 078	4000	148	756
08	R.C.A.	4 487 000	622 984	3 600	749	130	293
09	Côte d'Ivoire	20 153 000	322 462	36 530	1600	8800	6120
10	Congo B.	4 140 000	342 000	18 480	4600	9600	3800
11	Congo d.	67 758 000	2 345 409	25 590	400	9590	85 050
12	Gabon	1 534 000	267 667	24 890	16 419	8390	2460
13	Gambie	1 776 000	11 295	3 540	2000	80	251
14	Guinée E.	720 000	28 051	26 480	19 600	12 060	5540
15	Guinée C.	10 222 000	248 857	11 610	1100	1230	1760
16	Ghana	24 966 000	238 537	76 900	3100	12 700	15 300
17	Libéria	4 129 000	111 369	1 792	500	325	581
18	Mali	15 840 000	1 240 000	18 100	1100	1700	1900
19	Mauritanie	3 542 000	1 030 000	7 184	2200	2130	2180
20	Niger	16 069 000	1 267 000	11 780	800	1660	1960
21	Nigéria	162 471 000	923 768	418 700	2600	80 120	53 580
22	Rwanda	10 943 000	26 338	13 860	1400	280	1050
23	São Tomé et Príncipe	167 000	970	384	2300	10	89
24	Sénégal	12 768 000	196 192	25 970	1900	1860	4160
25	Sierra Leone	5 997 000	71 740	5 160	900	360	1310
26	Tchad	11 525 000	1 284 000	19 790	1900	3160	2700
27	Libye	6 423 000	1 759 540	37 970	14 100	12 640	7920
28	Togo	6 155 000	56 000	6 497	900	700	1130
29	Guinée B.	1 547 000	31 125	1 950	1200	188	252
30	Maroc	32 273 000	712 000	164 700	5100	16 170	31 120
31	Tunisie	10 594 000	163 610	102 300	9600	1350	1800
	Total	**546 969 000**	**17 823 486**	**1 540 265**	**2 816**	**301 988**	**297 279**

Source : *CIA The World Factbook*, 2012

Ceci étant du dimensionnement géographique des CEMRIP, qu'en est-il de leur dimensionnement économique ?

II.2.2.2. Le dimensionnement économique des Communautés économiques et monétaires régionales intermédiaires pilotes

Il s'agit ici essentiellement de procéder au classement des deux CEMRIP susvisées sur la base des critères et des indicateurs normatifs mis en évidence par les précédents tableaux. Afin d'atteindre cet objectif, nous avons posé quatre hypothèses :

- **Hypothèse N° 1** : Tous les trois critères de viabilité et de performance des communautés économiques et monétaires régionales ont la même pondération, c'est-à-dire sont d'égale importance.

- **Hypothèse N° 2** : Chaque critère est noté sur 100 points.

- **Hypothèse : N° 3** : Le seuil optimal de chaque indicateur normatif de critère est noté à 100 points, ce qui signifie qu'une communauté économique et monétaire régionale qui a une population de 325 millions de consommateurs, un PIB de 1 124 400 millions de $ et qui dispose en son sein d'un pôle économique et industriel fédérateur, réalise un score de 300 points/300, à raison de 100 points par indicateur normatif.

- **Hypothèse N° 4** : Toute communauté économique dont le PIB est inférieur à 70 % du seuil optimal du PIB (1 124 400 millions de $), soit 787 080 millions de $, est considérée comme non efficiente et non optimale, même si elle remplit les critères de population et de développement industriel.

Cette hypothèse vise à mettre l'accent sur le critère du PIB en tant que mesure universelle du niveau de l'activité économique régionale et fait ainsi de ce critère un critère éliminatoire, dans l'appréciation de l'efficience des CER.

Le classement des trois communautés économiques suivant les indicateurs normatifs des critères retenus, se présente par conséquent comme indiqué par le Tableau N° 8 ci-dessous.

Tableau N° 8 : Classement des deux CEMRIP suivant les indicateurs normatifs de dimensionnement régional.

Nombre de points par indicateur normatif / Désignation de la Communauté	Indicateur de population	Indicateur de PIB	Indicateur de développement économique et industriel	Total sur 300 points
CEMEAAO	156	147	200	**503**
CEMEACO	168	136	100	**404**

Il ressort de ce tableau que le classement des deux CEMRIP suivant les critères et les indicateurs normatifs retenus se présente comme suit :

Premier : CEMEAAO, avec 503 points /300.

Second : CEMEACO, avec 404 points /300.

Ce classement est relativement objectif. En effet, au regard des statistiques économiques des tableaux N° 6 et N° 7 qui précèdent, la CEMEACO devrait en réalité être la dernière selon un classement économique rigoureux, dans la mesure où son PIB par tête (2816 $) est largement inférieur à celui de la CEMEAAO. Par ailleurs, cette dernière dispose en son sein de deux pôles économiques et industriels fédérateurs que sont l'Afrique du Sud et l'Égypte.

En outre, il est à souligner que les exportations de la CEMEACO sont sensiblement égales au double de celles de la CEMEAAO. Ces exportations sont probablement constituées de produits agricoles non transformés et des ressources minières et pétrolières essentiellement épuisables.

À cet égard, la CEMEACO est certainement l'institution la plus pauvre. Elle peut être qualifiée de ce fait de géant démographique (547 millions de consommateurs environ) aux pieds économiques d'argile (PIB/ha de 2816 $).

L'importante population d'Afrique centrale et occidentale est celle qui est certainement la plus frappée par la pauvreté, comparativement à celles des deux autres régions identifiées précédemment.

Cette situation s'explique essentiellement par le fait que cette région est celle qui a le plus souffert de la balkanisation en micro-États par la colonisation occidentale (20 des 31 États que compte la région ont moins de 15 millions d'habitants et sept États sur 31 seulement ont plus de 20 millions d'habitants). Cette situation historique déplorable réduit significativement l'efficacité des politiques économiques conçues et exécutées à l'échelon national et fait de l'accélération et de la réussite de l'intégration économique au sein de cette région, un impératif historique et catégorique.

En conséquence, ce retard relatif qu'accuse l'Afrique centrale et occidentale en matière de développement et de PIB peut être rattrapé par l'accélération du processus d'intégration économique régionale, grâce à une politique résolument volontariste des Chefs d'État et des peuples de ladite région, en exploitant son principal atout qui est d'ordre démographique.

En dépit des observations qui précèdent, les critères et les indicateurs normatifs du Plan de mise en place de l'UEMA proposés ci-dessus, ont le mérite de rationaliser de manière optimale les processus d'intégration économique au plan continental, notamment par la division préalable de l'Afrique en deux marchés régionaux disjoints, dont la taille économique moyenne se situe autour de mille six cents (1600) milliards de dollars US (PIB régional moyen).

Cette taille économique moyenne des marchés estimée à 800 000 milliards de FCFA environ, semble suffisante pour imprimer à l'Afrique, une nouvelle dynamique de croissance et de développement à la hauteur des aspirations réelles de développement de nos peuples.

Cette création préalable de deux CER disjointes et plus équilibrées aux plans économique et démographique constitue en outre le meilleur moyen de remédier à l'intégration en ordre dispersé en Afrique et aux nombreux chevauchements et doubles emplois des organisations d'intégration régionale africaines régulièrement critiqués et dénoncés par les experts des problèmes d'intégration régionale. Cette solution constitue enfin l'instrument le plus approprié pour faciliter la convergence économique et monétaire des deux CER mentionnées précédemment et pour réduire de manière optimale leur délai de convergence en vue de leur fusion et de la mise en place à terme du marché commun africain tant souhaité.

Le dimensionnement régional du plan prioritaire à moyen et long termes de mise en place de l'UEMA étant ainsi défini en ce qui concerne les aspects géographiques et économiques, il nous incombe de compléter le processus d'identification du plan concerné, par la présentation de ses grandes articulations et de ses étapes.

II.2.3. Les grandes articulations, les étapes et le chronogramme du Plan de mise en place de l'UEMA

Nous examinerons successivement dans les développements qui vont suivre :

- les grandes articulations et les étapes du Plan ;
- le chronogramme de mise en œuvre dudit Plan.

II.2.3.1. Les grandes articulations et les étapes du Plan

Comme nous l'avons déjà souligné plus haut, la méthodologie suggérée par le Traité d'ABUJA pour l'édification de l'UEMA pourrait être retenue pour la mise en œuvre de son Plan prioritaire rénové à moyen et long termes. Cette méthodologie distingue notamment trois principales phases :

a-) la restructuration et l'enrichissement des communautés économiques régionales existantes ;

b-) la consolidation des communautés économiques restructurées et enrichies au cours de la première phase ;

c-) la réalisation de la convergence économique des CER, notamment par leur fusion en vue de la création de l'union économique et monétaire continentale.

Il convient de souligner, comme il a été relevé plus haut, que la première séquence du plan d'intégration économique du continent axée sur la restructuration et la fusion des communautés économiques régionales et sous-régionales existantes se justifie par la nécessité d'élargir suffisamment ces institutions, afin de s'arrimer aux normes mondiales dans ce domaine. Cet élargissement et cette fusion des communautés permettraient ainsi de créer des CER plus vastes, comptant 400 000 000 de consommateurs au minimum.

Il s'agit par conséquent de créer des marchés régionaux plus vastes et mieux assainis afin de faire d'eux, les principaux moteurs du développement d'un tissu économique africain digne de ce nom, garantissant à la fois la transformation structurelle de nos économies, l'émergence et l'amélioration des conditions de vie de nos populations.

À cet égard, il est important de souligner que le décollage économique spectaculaire de certains pays du tiers-monde tels que la Chine est une preuve éloquente de l'importance stratégique de la taille économique du marché régional, en tant que moteur du développement, particulièrement dans les continents où le pouvoir d'achat individuel est faible.

Dans ce domaine, la loi des grands nombres s'applique avec toute sa rigueur scientifique : plus un marché est grand aux plans démographique et économique, plus il accroît les chances du développement accéléré et soutenu de la région concernée (macro-État, région, continent, pays, etc.).

Quant au renforcement du cadre institutionnel de ces communautés, nous pensons que celles-ci devraient être dotées des mêmes organes que la CEA, à savoir :

- la conférence des Chefs d'État et de gouvernement ;
- le Conseil des ministres ;
- le Parlement régional communautaire ;
- la Cour de Justice régionale communautaire ;
- le Fonds de développement et de compensation régional communautaire ;
- la commission assurant l'exécutif de la communauté.

Compte tenu des grandes articulations du plan d'intégration économique et monétaire continental que nous venons de définir, le plan de mise en place de l'UEMA pourrait comporter trois grandes étapes d'une durée globale de 41 ans, dont une première de sept ans, une seconde et une troisième d'une durée égale à 17 ans.

En considérant A0, comme l'année d'entrée en vigueur du traité instituant l'UEMA, les trois grandes étapes du plan d'intégration économique et monétaire seraient les suivantes :

a-) **Première étape** : Restructuration, fusion et enrichissement des communautés économiques et monétaires régionales existantes (Durée : 7 ans ; 1er janvier A0 au 31 décembre A6).

L'objectif à atteindre au cours de cette première étape serait la création de deux CEMRIP.

b-) **Deuxième étape** : Consolidation des CEMRIP (Durée : 17 ans ; 1er janvier A7 au 31 décembre A23).

L'objectif à atteindre au cours de cette deuxième étape serait la réalisation de la convergence économique et monétaire au niveau de chaque zone régionale d'intégration. Cette convergence économique et monétaire doit être notamment sanctionnée par :

- une zone de libre-échange régional ;
- un tarif douanier extérieur commun ;
- un système fiscal régional harmonisé ;
- une convention régionale des investissements ;
- la liberté de circulation des personnes ;
- une monnaie commune.

c-) **Troisième étape** : Réalisation de la convergence économique et monétaire des CEMRIP (Durée : 17 ans ; 1er janvier A24 au 31 décembre A40).

L'objectif à atteindre au cours de cette dernière étape serait la réalisation de la convergence économique et monétaire au niveau continental grâce à l'harmonisation des politiques économiques et monétaires des deux zones régionales d'intégration de base, de manière à aboutir à l'UEMA, comme prévu par le traité d'Abuja.

Cette convergence économique et monétaire au niveau continental devrait être sanctionnée par les mêmes résultats que ceux obtenus au niveau régional au cours de la deuxième étape.

Il demeure constant qu'afin de faciliter la convergence économique et monétaire aux niveaux régional et continental, les principaux organes de l'UA et des deux CEMRIP devraient travailler en étroite et permanente collaboration.

Les principales articulations et étapes du plan prioritaire à moyen et long termes d'édification de l'UEMA étant ainsi présentées, ces données peuvent être synthétisées dans le chronogramme qui suit.

II.2.3.2. Le Chronogramme d'édification de l'Union économique et monétaire africaine

Ce chronogramme est résumé sur le tableau N° 9 qui suit.

Tableau N° 9 : Chronogramme de mise en œuvre du plan prioritaire à moyen et long termes d'édification de l'union économique et monétaire africaine

Étapes majeures	Actions composites	Délai	Responsables intervenants principaux
I-PREMIÈRE ÉTAPE Restructuration, fusion et enrichissement des communautés économiques et monétaires existantes, pour créer deux CEMRIP.	-Conférences des Chefs d'État et de gouvernement en vue de la fusion des organisations d'intégration économiques, sous-régionales existantes ; -Fusion des secrétariats exécutifs et des commissions des organisations d'intégration régionale ; -Création et entrée en fonctionnement des deux CEMRIP.	7 ans (1er janvier AO au 31 décembre A6)	- Président en exercice et Président de la commission de l'UA, Chefs d'État et de gouvernement africains. - Responsables des organes exécutifs des Communautés économiques sous-régionales et régionales.
II-DEUXIÈME ÉTAPE Consolidation d es deux CEMRIP mises en place au cours de la première étape.	Réalisation de la convergence économique et monétaire régionale notamment par : -une zone de libre-échange régionale ; -un tarif douanier extérieur commun ; -un système fiscal harmonisé ; -la liberté de circulation des personnes ; -une monnaie commune ; -une convention régionale des investissements.	17 ans (1er janvier A7 au 31 décembre A23)	Président en exercice et Président de la commission de l'UA, et Chefs d'État et de gouvernement africains concernés. Responsables des commissions des CEMRIP.
III-TROISIÈME ÉTAPE Fusion des deux CEMRIP pour donner naissance à la CEA	Réalisation de la convergence économique et monétaire au plan continental par : -une zone de libre-échange régionale ; -un tarif douanier extérieur commun ; -un système fiscal harmonisé ; -une monnaie commune ; -une convention continentale des investissements ; - la liberté de circulation des personnes ; -la mise en place et entrée en fonctionnement de la CEA	17 ans (1er janvier A24 au 31 décembre A40)	Président en exercice et Président de la Commission de l'UA et Chefs d'État et de gouvernement africains. Responsables des commissions de CEMRIP.

Il ressort notamment de ce chronogramme que la mise en œuvre du Plan prioritaire à moyen et long termes d'édification de l'UEMA dont la réussite dépend essentiellement de l'implication active des Chefs d'État et des peuples africains, pourrait aboutir à la mise en place du marché commun africain dans un délai de 41 ans. Ce délai est sensiblement identique à celui de 40 ans au maximum, fixé par le traité d'Abuja pour la mise en place de la CEA

Ce délai semble à notre avis, raisonnable et réaliste, au regard des efforts d'intégration déjà réalisés au niveau sous-régional et des conditions de pauvreté inacceptables dans lesquelles vit une bonne partie de la population africaine. Ces conditions constituent une interpellation forte pour une accélération optimale des processus d'intégration économique et monétaire aux plans régional et continental.

Les grandes articulations et les étapes du plan prioritaire à moyen et long termes d'édification de l'UEMA étant précisées, ainsi que les objectifs prioritaires à atteindre et les normes à respecter en ce qui concerne son dimensionnement régional, il s'avère important de s'interroger sur les gains de compétitivité au plan international, escomptés de l'application dudit plan.

Cette préoccupation est essentielle, car il est important que les CEMRIP, qui constituent un jalon essentiel et indispensable pour la réussite de l'exécution du plan de mise en place de l'UEMA, soient compétitives au plan international et qu'elles soient porteuses de valeur ajoutée.

II.2.4. Les gains de compétitivité au plan international, escomptés de l'application du plan de mise en place de l'UEMA

L'état des lieux de l'intégration économique en Afrique réalisé précédemment nous a notamment révélé que les communautés économiques sous-régionales africaines sont de très petites tailles aux plans économique et démographique, comparativement aux évolutions sur la scène internationale tendant à la création de grands ensembles. À cet égard, l'un des objectifs clés assignés au Plan rénové d'Intégration et de Développement de l'Afrique est de remédier à cette carence majeure des processus d'intégration régionaux en Afrique.

À cet effet, la compétitivité internationale d'une Communauté économique régionale (CER) est mesurée par son efficience macro-économique internationale, qui n'est autre que sa capacité à être un instrument efficace d'intégration des populations (P) et des économies (PIB), au regard des tendances des normes d'intégration dans le monde.

L'Efficience macro-économique internationale d'une Communauté économique régionale (EMICER) est donc un indicateur composite prenant en compte la population régionale et le PIB régional, et les rapportant mathématiquement aux tendances d'évolution sur la scène internationale.

Il est important de préciser que dans cette approche, les autres facteurs pouvant avoir un impact sur la compétitivité internationale d'une CER sont supposés être constants. À ce titre, le tableau n° 10 qui suit permet de mesurer les gains en matière de compétitivité internationale que pourraient réaliser les CER africaines, dans l'hypothèse de la mise en œuvre du Plan rénové d'Intégration et de Développement du continent.

Il est à préciser que les données de ce tableau ont été obtenues sur la base des principales hypothèses ci-après :

- les macro-États (Chine, Inde, États-Unis) sont considérés comme des CER d'un type particulier ;
- la CER la plus puissante au plan démographique (celle qui a la population la plus élevée) au niveau international, réalise un score de 100 points sur 100 pour l'indicateur concerné ;
- la CER ayant le PIB le plus grand au plan international réalise un score de 100 points sur 100 pour cet indicateur ;
- les performances des autres CER, pour les deux indicateurs étudiés, sont obtenues par extrapolation ;
- le calcul de l'EMICER pour une CER accorde la même pondération aux indicateurs régionaux que sont la population (P) et le PIB, ce qui tend à surestimer la valeur de l'indicateur concerné pour les régions des pays en voie de développement ;
- l'échantillon des CER examinées concerne 60 % environ de la population mondiale.

Tableau N° 10 : Analyse comparée de l'efficience macro-économique internationale des C.E.R[50].

Hypothèse / Région	Situation actuelle (H1)	Situation dans l'hypothèse de la création de deux CEMRIP africaines (H2)	Situation dans l'hypothèse de la création de la CEA (H3)
Afrique	3 %	20 %	40,5 %
Union européenne	67,5 %	67,5 %	67,5 %
États-Unis	60 %	60 %	60 %
Chine	79 %	79 %	79 %
Inde	54 %	54 %	54 %

Il y a lieu de souligner que l'EMICER correspond au plan pratique, à la taille économique relative de ladite communauté au plan international, au regard des grandes évolutions sur la scène internationale.

Le tableau N° 10, ci-dessus, montre notamment que partant de la situation actuelle où l'efficience macro-économique internationale des CER africaines est de 3 % contre 67,5 % pour l'U.E., 60 % pour les États-Unis, 79 % pour la Chine, et 54 % pour l'Inde, l'application avec succès du plan rénové proposé pourrait permettre de porter l'efficience concernée à 40,5 % pour l'Afrique, contre 67,5 % pour l'U.E., 60 %, pour les États-Unis, 79 % pour la Chine et 54 % pour l'Inde.

En outre, la mise en place effective des deux CEMRIP proposées (CEMEAAO et CEMEACO) permettrait à l'Afrique de faire passer l'efficience macro-économique internationale de ses CER de 3 % (taux actuel), à 20 %.

Il apparaît par conséquent que l'un des objectifs clés du plan dont nous parlons est de permettre à l'Afrique de s'arrimer progressivement aux normes internationales d'intégration économique et monétaire, en vigueur au plan international.

En somme, l'application du chronogramme du plan rénové d'édification de l'UEMA, à partir du 1er janvier 2023, permettrait à l'Afrique de se doter à l'horizon 2063, de l'une des plus importantes communautés économiques du monde, d'environ deux milliards de consommateurs.

---

[50] J. Mbita, « Conditions de mise en place de l'Union économique et monétaire africaine », Thèse de Doctorat Ph.D en Sciences économiques, p. 405, juin 2012.

À cet effet, il est important de souligner que le choix de l'année 2023 comme année de base se justifie par le fait qu'elle constitue une année charnière symbolique, dans la mesure où elle se situe au lendemain de l'année 2015, qui est l'année de constat de la non-atteinte par l'Afrique, de la plupart des Objectifs du Millénaire pour le Développement (OMD), fixés en septembre 2000.

L'année 2023 apparaît ainsi pour l'Afrique et le reste du monde comme l'année de démarrage de l'agenda post 2015 qui se veut plus ambitieux, plus pragmatique et plus réaliste, pour l'atteinte des ODD fixés en septembre 2015 par les Nations-Unies, dans le cadre du Programme mondial de Développement durable (P.M.D.D.) à l'horizon 2030.

Compte tenu de ce qui précède, il apparaît évident que la mise en œuvre accélérée et la réussite du plan stratégique d'intégration et de développement de l'Afrique rénové qui conditionnent l'amélioration significative des conditions de vie des populations africaines excluent d'office des démarches individuelles de la part des pays africains, en matière d'ouverture commerciale vis-à-vis du reste du monde.

Cette conclusion est d'autant plus pertinente que de telles démarches auraient pour conséquence néfaste de rallonger indûment le délai maximal de mise en place de l'UEMA, fixé à 40 ans par le traité d'Abuja du 3 juin 1991, qui a été signé et ratifié par la majorité des pays africains. Par ailleurs, de telles démarches seraient une violation des dispositions juridiques de l'article 93 de ce traité, relatives aux relations économiques des États africains avec les États tiers, les organisations sous-régionales et régionales et les organisations internationales. Ces dispositions prescrivent notamment aux États africains de s'abstenir de prendre des mesures commerciales unilatérales de nature à compromettre la mise en place progressive et diligente de la CEA

À cet égard, il est important de rappeler que l'article 93 du traité d'Abuja susvisé, prescrit expressément ce qui suit :

- « Les États membres peuvent conclure des accords à caractère économique, technique ou culturel avec un ou plusieurs États membres, avec les États tiers, les organisations sous-régionales ou régionales, ou toute autre organisation internationale, à condition que ces accords ne soient pas incompatibles avec les dispositions du présent traité. Ils communiquent les copies desdits accords au Secrétariat général qui en informe le Conseil ».

- « Lorsque les accords conclus avant l'entrée en vigueur du présent traité, entre des États membres ou entre des États membres et des États tiers, des organisations sous-régionales, régionales ou toute organisation internationale, sont incompatibles avec les dispositions du présent traité, le ou les États membres concernés, s'engagent à prendre les mesures nécessaires pour éliminer les incompatibilités concernées. Le cas échéant, les États membres se prêtent assistance en vue d'arriver à cette fin, et adoptent une attitude commune ».

Outre les considérations qui précèdent, la prohibition de la signature des APE individuels est renforcée par le fait que les deux premières étapes du Plan stratégique d'Intégration et de Développement de l'Afrique rénové, d'une durée globale de 24 ans, ont respectivement trait à la fusion de la multiplicité des communautés économiques sous-régionales et régionales existantes et à la mise en place des deux CEMRIP susvisées.

Dans ces conditions, l'ouverture commerciale tous azimuts des pays africains au reste du monde, notamment par la signature des APE, devrait être conditionnée au minimum, par un consensus sur le problème en cause, au niveau des pays africains de chacune des deux régions concernées (Afrique australe et orientale et Afrique centrale et occidentale).

Sur un tout autre plan, il serait inhumain et contraire à l'éthique de rallonger indûment le délai maximal de 41 ans de mise en place de l'UEMA, qui n'est en réalité que le délai de délivrance des Africains des multiples souffrances atroces qu'ils vivent, et que sont la misère, l'insécurité, la guerre, l'immigration économique clandestine, l'instabilité politique et les différentes humiliations sur la scène internationale.

En somme, il découle de ce qui précède que ni l'état de l'intégration économique en Afrique ni le Plan d'Intégration et de Développement du continent à long terme, ne sont favorables à la signature des APE par les pays africains et à des démarches individuelles par pays dans ce domaine.

Par contre, tout doit être mis en œuvre pour l'application accélérée du Plan rénové de l'Afrique issu du traité d'Abuja, instituant la CEA, aux plans sous-régional, régional et continental. Cet impératif historique de refondation des politiques économiques et d'intégration régionale en Afrique et de restructuration conséquente des communautés sous-régionales et régionales constitue, sans nul doute, l'un des arguments majeurs qui ont milité pour la mutation de l'OUA en UA, et dont l'une des missions essentielles est d'accélérer la mise en place de la CEA

Cette refondation des politiques économiques et d'intégration régionale implique notamment un changement de paradigmes en matière de développement. En ce qui concerne les politiques économiques, il s'agit de mettre fin progressivement à l'extraversion des économies africaines en mettant l'accent sur la promotion et l'accélération des échanges intra-africains à l'effet de déclencher un processus de croissance soutenue et durable des économies africaines. Quant à la refondation elle-même, il s'agit d'imprimer une nouvelle dynamique à l'intégration régionale en Afrique, par l'édification rationnelle, méthodique et accélérée de grands marchés régionaux africains, compétitifs aux plans scientifique et international.

Cet impératif historique et africain de refondation des politiques d'intégration régionale et des communautés économiques sous-régionales et régionales nous interpelle notamment à faire un état des lieux de l'intégration régionale en Afrique centrale afin de mettre en évidence, au-delà des causes exogènes, les causes endogènes qui militent pour cette nouvelle création.

Cet impératif africain de refondation nous interpelle par conséquent, à engager un audit scientifique rigoureux de la CEMAC, qui est la communauté économique sous-régionale pilote d'Afrique centrale, à travers l'examen de ses missions, de ses institutions, et de ses principales forces et faiblesses, à l'effet de définir, le cas échéant, les perspectives de refondation de ladite Communauté.

Dans cette optique, le prochain chapitre sera consacré à la mise en évidence des missions et des institutions de la CEMAC ainsi que des principales forces de ladite Communauté

CHAPITRE III :

LA GENÈSE, LES MISSIONS, LES INSTITUTIONS, LE PROGRAMME DES RÉFORMES INSTITUTIONNELLES ET LES AUTRES FORCES DE LA CEMAC

Il nous incombe dans ce chapitre consacré à la présentation sommaire de la CEMAC, d'en évaluer les principales forces et de présenter successivement :

- la genèse, les missions, les institutions et le droit communautaire de la CEMAC ;
- le programme des réformes institutionnelles de la CEMAC et ses autres forces.

SECTION I : LA GENÈSE, LES MISSIONS, LES INSTITUTIONS ET LE DROIT COMMUNAUTAIRE DE LA CEMAC

Nous examinerons successivement dans cette articulation :

- la genèse de la CEMAC ;
- les missions et les institutions de la CEMAC ;
- le Droit communautaire de la CEMAC.

I. LA GENÈSE DE LA CEMAC

Les pays africains ont adhéré depuis leur accession à la souveraineté internationale, à l'idée de l'intégration régionale considérée comme le passage obligé pour le développement. L'intégration régionale est ainsi perçue par lesdits pays comme le cadre leur permettant de surmonter les obstacles relatifs à l'étroitesse des marchés nationaux et à la faiblesse du commerce intra-africain, par la création de marchés régionaux plus vastes, garantissant d'importantes économies d'échelle et l'accroissement substantiel de la production des biens et services.

Les pays d'Afrique centrale ont très tôt pris conscience de cet impératif de l'intégration économique régionale. À cet effet, la logique de l'intégration régionale en Afrique centrale prend corps avant les Indépendances. À l'initiative de la France, l'Oubangui-Chari, le Congo-Brazzaville, le Gabon et Fort Lamy forment une fédération des territoires appelée Afrique-Équatoriale française (AEF)[51]. Cette dynamique fédérative va être capitalisée par Barthélemy Boganda qui crée l'URAC (Union des Républiques d'Afrique centrale), qui malheureusement ne fait pas long feu du fait de sa disparition brutale. En dépit de ce malheureux incident de parcours, les anciens territoires de l'AEF créent en juin 1959, l'Union douanière équatoriale (UDE).

Cette Union peut être considérée comme le point de départ de l'intégration régionale en Afrique centrale, car elle va constituer de manière significative, la première organisation de dimension sous-régionale. Le Cameroun s'associe à l'UDE en 1962 et celle-ci devient à travers le traité de Brazzaville du 8 décembre 1964, l'Union douanière et économique de l'Afrique centrale (UDEAC)[52].

Cette institution qui constitue la première organisation d'intégration d'envergure en Afrique centrale a connu une existence tumultueuse au point d'être considérée dès sa création, comme une organisation mort-née. En effet, les ambitions et les objectifs de l'UDEAC semblaient, dès le départ, démesurés par rapport aux moyens mis à la disposition de cette organisation. Toutefois, elle va fonctionner jusqu'au 5 février 1998, date à laquelle la CEMAC, créée par le traité de N'Djamena du 16 mars 1994, prend la relève par l'acte N° 6/98-UDEAC-CEMAC-C.E.-33 du 5 février 1997, fixant les modalités de démarrage de ses activités.

Il convient à cet effet de souligner que la transformation de l'UDEAC en la CEMAC était motivée par les résultats mitigés de la première organisation. La CEMAC a ainsi hérité du passif de l'UDEAC au plan économique et fonctionnel.

Sur le plan économique, L'UDEAC avait pour ambition la création d'un marché commun, la coordination des programmes sectoriels de développement, l'harmonisation des politiques industrielles et la

---

[51] Elle a été créée par le décret du 15 janvier 1910 et a pris corps avec l'installation du Gouverneur général de l'AEF par décret du 09/01/1919.

[52] Elle a été mise en place par le traité de Brazzaville du 8 décembre 1964 révisé en 1966 et 1974, et comprenant initialement le Cameroun, le Congo, le Gabon, la RCA et le Tchad, rejoints par la Guinée équatoriale en 1984.

coopération monétaire dès 1972, avec la création d'une monnaie commune arrimée au franc français.

Malheureusement, les nombreux bénéfices attendus de l'UDEAC, notamment l'accroissement du volume des échanges commerciaux, l'intégration de la production industrielle et des services, n'ont pas été atteints.

En outre, de nombreuses distorsions ont été observées dans l'application du droit communautaire visant la mise en place d'un marché commun sous-régional. À titre d'exemple, l'article 27 du traité de l'UDEAC dispose que « l'Union constitue un seul territoire douanier à l'intérieur duquel la circulation des personnes, des marchandises, des biens, des services et des capitaux est libre »[53]. Or, cette disposition n'a jamais été appliquée. De même, l'idée d'intégration n'est véritablement pas incorporée dans les textes constitutifs, au point que le fonctionnement de l'UDEAC s'apparentait à celui d'une organisation de coopération, plutôt qu'à celui d'une organisation d'intégration.

Sur le plan fonctionnel, l'organe exécutif de l'Union, le secrétariat exécutif, apparaît comme une coquille vide. Cette instance garante de la politique générale de l'Union ne dispose pas d'autonomie lui conférant un pouvoir réel comme le prévoit le traité. En outre, les moyens de fonctionnement de l'UDEAC sont insuffisants pour accomplir sa mission d'intégration. L'adoption de la Taxe communautaire d'Intégration (TCI), suite à la réforme fiscale et douanière, ne s'est pas accompagnée d'un changement de comportement en ce qui concerne le financement de l'institution.

Il incombera donc à la CEMAC de remédier aux principales carences de l'UDEAC qui étaient de nature à miner son efficacité et son efficience, ce qui a motivé sa transformation.

II. LES MISSIONS ET LES INSTITUTIONS DE LA CEMAC

L'article 2 du traité révisé de la CEMAC signé le 30 janvier 2009 à Libreville stipule qu'elle a pour mission de promouvoir la paix et le développement harmonieux des États membres dans le cadre de l'institution de deux unions : une union économique et une union monétaire. Dans chacun de ces deux domaines, les États membres entendent passer d'une situation de coopération, qui existe déjà entre

[53]Article 27 du traité de l'UDEAC du 8 décembre 1964.

eux, à une situation d'union susceptible de parachever le processus d'intégration économique et monétaire.

En outre, les articles 8 et 9 du même traité disposent : « la communauté établit toutes coopérations utiles, avec les organisations régionales et sous-régionales existantes. La Communauté participe aux efforts d'intégration dans le cadre de l'UA et en particulier à ceux relatifs à la création d'organisations communes dotées de compétences propres, en vue d'actions coordonnées dans les domaines spécifiques ».

Il ressort des dispositions juridiques qui précèdent que la mission principale assignée à la CEMAC est d'accélérer la création d'une union économique et monétaire réelle en Afrique centrale et de contribuer de manière active, à la dynamique d'intégration impulsée par l'Union africaine, notamment dans le cadre de la mise en place de la CEA La CEMAC est ainsi définie et perçue comme une organisation d'intégration économique régionale.

Quant aux institutions de la Communauté, l'article dix (10) du Traité dispose : « La Communauté est constituée de cinq institutions :

- l'Union économique de l'Afrique centrale ;
- l'Union monétaire de l'Afrique centrale ;
- le Parlement communautaire ;
- la Cour de Justice ;
- la Cour des Comptes.

Les organes de la Communauté sont :

- La Conférence des Chefs d'État ;
- Le Conseil des ministres ;
- La Commission de la CEMAC ;
- La Banque des États de l'Afrique centrale ;
- La Banque de développement des États d'Afrique centrale (BDEAC) ;
- La Commission bancaire de l'Afrique centrale (COBAC).

Chacune des deux Unions dispose d'institutions spécialisées concourant à la réalisation des objectifs de la Communauté ».

La genèse, les missions et les institutions de CEMAC étant ainsi présentées, qu'en est-il du droit communautaire ?

III. LE DROIT COMMUNAUTAIRE DE LA CEMAC

À l'instar de la plupart des organisations d'intégration régionale, le droit communautaire de la CEMAC se répartit en deux grandes catégories, à savoir :

- le droit communautaire fondamental ou primaire ;
- le droit communautaire dérivé.

III.1. Le Droit communautaire fondamental ou primaire

Ce type de droit délimite le cadre institutionnel de l'institution, à la faveur des réformes institutionnelles. Il s'est vu enrichi et diversifié, afin de donner à la Communauté une base juridique solide. À cet effet, plusieurs traités ou additifs aux traités ont été signés. C'est le cas de l'additif au traité CEMAC du 25 avril 2007 portant transformation du secrétariat exécutif en commission ou encore des traités de la CEMAC de 2008 et du 30 janvier 2009 révisant le traité constitutif de la CEMAC du 16 mars 1994.

Au titre des conventions, les réformes institutionnelles ont conduit à la signature le 25 juin 2008 des conventions régissant l'Union monétaire de l'Afrique centrale et le Parlement communautaire, et à la signature le 30 janvier 2009 des conventions régissant l'Union économique de l'Afrique centrale, la Cour de Justice et la Cour des Comptes de la Communauté.

III.2. Le Droit communautaire dérivé

Il s'agit de l'ensemble des actes unilatéraux ou conventionnels s'inscrivant dans le cadre de l'exécution des traités constitutifs de la Communauté et contribuant à son fonctionnement.

Conformément aux dispositions de l'article 40 du traité révisé de la CEMAC du 30 janvier 2009, les actes juridiques internes de la CEMAC sont constitués des règlements, des directives, des décisions, des avis et des recommandations :

- la conférence des Chefs d'État adopte des actes additionnels aux Traités et prend des décisions ;
- le Conseil des ministres et le Comité ministériel adoptent des règlements-cadres, des directives, prennent des décisions et formulent des recommandations et avis ;

- les premiers responsables des institutions, organes et institutions spécialisées arrêtent des règlements d'application, prennent des décisions et formulent des recommandations ou des avis.

En outre, l'article 41 du traité susvisé dispose : « Les actes additionnels sont annexés au traité de la CEMAC et complètent celui-ci sans le modifier. Leur respect s'impose aux institutions, aux organes et aux institutions spécialisées de la Communauté, ainsi qu'aux autorités des États membres.

Les règlements et les règlements-cadres ont une portée générale. Les règlements sont obligatoires dans tous leurs éléments et directement applicables à tout État membre.

Les règlements-cadres ne sont directement applicables que pour certains de leurs éléments.

Les directives lient tout État membre destinataire quant au résultat à atteindre, tout en laissant aux instances nationales leur compétence en ce qui concerne la forme et les moyens.

Les décisions sont obligatoires dans tous leurs éléments pour les destinataires qu'elles désignent. Les recommandations et les avis ne lient pas ».

Il ressort de ce qui précède que le droit communautaire dérivé de la CEMAC est riche et diversifié. Parmi les nombreux actes pris, on peut notamment souligner, entre autres :

- le règlement N° 01/08-UEAC-042-CM-17 du 20 juin 2008 modifiant le règlement n° 1/00-CEMAC-042-04 portant institution et conditions de gestion et de délivrance du passeport CEMAC. Celui-ci vise à faciliter la circulation des personnes dans la zone CEMAC.

Il institue ainsi un passeport CEMAC dans ses trois composantes que sont : le passeport CEMAC ordinaire, le passeport CEMAC de service et le passeport CEMAC diplomatique. De même, il établit les spécificités physiques, matérielles et fixe un régime juridique lié à leurs conditions de délivrance, de renouvellement, de validité et d'infraction ;

- le règlement n° 02/08/UEAC-046-CM-17 du 20 juin 2008 fixant les modalités d'intervention et de gestion du Fonds de Développement de la Communauté destiné au financement des projets intégrateurs et à la compensation des manques à gagner des États. Il a créé deux guichets. Le premier est réservé au financement des projets intégrateurs, tandis que le second est consacré à la compensation des manques à gagner. Ce règlement fixe les champs et les modalités d'intervention des deux guichets et les ressources affectées à leur fonctionnement.

Au terme de ce passage en revue de la genèse, des missions, des institutions et du droit communautaire de la CEMAC, il s'avère important de mettre également en évidence le programme des réformes institutionnelles de la CEMAC engagé depuis 2006, ainsi que les autres forces de l'institution.

SECTION II : LES RÉFORMES INSTITUTIONNELLES ENGAGÉES DEPUIS 2006 ET LES AUTRES FORCES DE LA COMMUNAUTÉ

Nous examinerons successivement dans cette articulation :

- la finalité, l'objet et les objectifs du programme des réformes institutionnelles de la CEMAC ;
- L'impact du programme de réformes institutionnelles ;
- les autres forces de la Communauté en vue de l'accélération du processus d'intégration économique en Afrique centrale.

I. LA FINALITÉ, L'OBJET, LES OBJECTIFS DU PROGRAMME DES RÉFORMES INSTITUTIONNELLES

Les nombreux dysfonctionnements constatés aussi bien à l'ère de l'UDEAC[54] qu'aux premières heures de la CEMAC ont motivé les hautes autorités de la CEMAC à opérer un changement managérial et fonctionnel au sein de ses institutions et de ses organes, afin d'imprimer un nouvel élan et une nouvelle dynamique au processus d'intégration économique et monétaire en Afrique centrale.

Il y a lieu de préciser à cet effet que le programme de réformes institutionnelles a été conçu et mis en œuvre à la suite de l'audit institutionnel de la CEMAC, réalisé par le Bureau d'Études

[54] P. Libong Badjan, *Les réformes institutionnelles de la CEMAC : jeux des Acteurs, intérêts des États*, Éditions L'Harmattan, octobre 2013, p. 26.

« Performance Management Consulting – E.C.P.M », à la demande de la conférence des Chefs d'État de la CEMAC.

À cet effet, la volonté politique de conduire ce programme s'est notamment manifestée au cours de la conférence des Chefs d'État de la CEMAC tenue à Bata en Guinée équatoriale les 14 et 15 mars 2006, à l'occasion de laquelle ils ont décidé de le lancer. Ce programme de réformes institutionnelles se décline en deux phases.

La première phase engagée en 2006 est arrivée à son terme le 31 décembre 2008. La deuxième, lancée le 1er janvier 2009 s'est achevée le 31 décembre 2010.

Ce programme est mis en œuvre par un comité de pilotage des réformes institutionnelles et repose sur cinq axes stratégiques qui servent de boussole, à savoir :

- l'amélioration de la cogestion et de la gouvernance des institutions et organes de la CEMAC ;
- le renforcement du poids et de la cohésion des institutions et organes de la CEMAC ;
- l'accélération du processus d'intégration sur la base d'une vision partagée reposant notamment sur un PER consensuel, la libre circulation effective des facteurs de production et des institutions spécialisées efficientes ;
- la sécurisation du financement de la CEMAC ;
- le renforcement de l'appropriation du projet d'intégration par les États de la CEMAC.

Il nous incombe d'apporter plus d'éclairage, sur ces cinq axes stratégiques du programme des réformes institutionnelles de la CEMAC et sur les objectifs opérationnels y afférents.

I.1. L'amélioration de la cogestion et de la gouvernance des institutions et des organes de la CEMAC

À travers la mise en œuvre de cet axe, la Communauté cherche à instaurer le principe de la bonne gouvernance dans ses institutions et organes. Cette bonne gouvernance doit être matérialisée par les cinq modalités ci-dessous énumérées.

La première modalité a trait à la répartition équilibrée des postes des premiers dirigeants au sein de toutes les institutions communautaires. Il s'agit de permettre à chaque État de diriger au moins une grande institution de la Communauté.

À cet égard, il y a lieu de souligner que le consensus de Fort Lamy fixant les sièges des Institutions et les règles de répartition des postes de responsabilités au sein de l'UDEAC a conduit à un déséquilibre manifeste en ce qui concerne la répartition par pays des postes des premiers responsables des institutions de la Communauté. Sur 14 postes à pourvoir, les ressortissants congolais en occupaient six, tandis que la Guinée équatoriale n'en occupait qu'un seul. En outre, l'application du consensus de Fort Lamy a fait que certaines institutions deviennent « la chasse gardée » de certains pays. Il a par conséquent été décidé de mettre fin au consensus de Fort Lamy et de permettre à chaque État membre d'avoir droit à un poste de premier responsable de l'une des institutions ou organes ci-après : la Commission, la BEAC, la BDEAC, la COBAC, la COSUMAF, la Cour de Justice ou le Parlement.

Le même principe d'équilibre doit également s'appliquer pour le recrutement des ressortissants des pays membres dans la Fonction publique de la Communauté.

En somme, le consensus de Fort-Lamy est désormais substitué au principe de la rotation et la représentation équilibrée au sein des institutions et organes de la Communauté.

La deuxième modalité d'amélioration de la cogestion et de la gouvernance de la CEMAC a trait au renforcement des capacités des États à traiter des questions d'intégration régionale.

La troisième modalité concerne l'élargissement du gouvernorat de la BEAC, afin d'assurer une représentation égalitaire des États au Conseil d'Administration et au sein de l'Administration de la BEAC.

La quatrième modalité est relative à la généralisation des règles de gouvernance dans les institutions et organes de la CEMAC, notamment en matière d'exécution et de contrôle d'exécution des budgets.

La cinquième modalité a trait à l'adhésion des populations et de la société civile au Projet communautaire, notamment par la mise en place du Parlement communautaire, qui permet de conférer au processus d'intégration engagé une légitimité populaire.

I.2. Le renforcement du poids et de la cohérence des institutions et organes de la CEMAC

Les objectifs opérationnels poursuivis dans le cadre de ce deuxième axe stratégique se résument à/au :

- la transformation du secrétariat exécutif de la CEMAC en commission, afin de la doter de pouvoirs accrus lui permettant d'assurer pleinement son rôle de locomotive ;
- l'accroissement des capacités de la commission afin de doter cet organe de moyens humains financiers et managériaux indispensables pour le bon accomplissement de la mission à elle assignée ;
- renforcement des pouvoirs et des compétences de la Cour de Justice, afin d'améliorer le contrôle juridictionnel des institutions et des organes de la Communauté. À cet égard, il est notamment prévu l'éclatement de la Cour de Justice de la CEMAC en deux cours distinctes, à savoir : la Cour des Comptes et la Cour de Justice ;
- la mise en place effective du Parlement communautaire, qui confère au processus d'intégration une légitimité démocratique, tout en renforçant le contrôle démocratique des Institutions et organes de la CEMAC ;
- renforcement de la coordination et de la cohérence entre les institutions communautaires, notamment par la création d'une synergie d'actions entre la commission et les institutions spécialisées de la CEMAC.

I.3. L'accélération du processus d'intégration par l'élaboration d'une vision partagée du développement et la mise en œuvre effective de libre circulation des facteurs de production

En ce qui concerne ce troisième axe stratégique du programme des réformes institutionnelles, il vise l'atteinte des principaux objectifs opérationnels ci-après :

- L'élaboration d'une vision partagée du développement de la Communauté sous-tendue par un PER qui a pour but de donner un nouveau souffle au processus d'intégration. Ce programme devra s'appuyer sur les moteurs de la croissance que sont l'énergie, l'économie forestière, les agro-industries, l'élevage et la pêche, les mines et la métallurgie, qui ont vocation à devenir les piliers d'une économie émergente en 2025 ;

- La réalisation de ce programme qui devrait se traduire par une croissance économique plus soutenue, d'environ 8 % entre 2011 et 2015, et de 10 % entre 2016 et 2025.
- L'élimination des obstacles à la libre circulation des facteurs de production, notamment des populations, afin de conférer une légitimité sociale et économique au processus d'intégration.

I.4. Le renforcement des capacités financières de la Communauté

Les objectifs opérationnels poursuivis dans ce quatrième volet stratégique se résument à/au :

- la sécurisation du financement de la Communauté. La TCI a permis d'améliorer le financement de la CEMAC, mais l'efficience de cet instrument demeure sujette à caution, en raison notamment du non-respect par les États de la clause du transfert automatique desdites recettes, ce qui se traduit par des arriérés et des déperditions de recettes de l'ordre de 45 à 60 % pour le Gabon, le Congo et le Cameroun. Il est question de maximiser le recouvrement des recettes afférentes à cette taxe ;
- rapprochement des deux marchés boursiers sous-régionaux existants (la Bourse des valeurs mobilières de l'Afrique centrale de Libreville et la « Douala Stock-Exchanges ») en vue de leur fusion, conformément à l'étude de faisabilité réalisée en 2009 ;
- l'examen de l'opportunité de renoncer à la clé de répartition égalitaire des contributions des États au budget de fonctionnement de la Communauté, jugé peu réaliste ;
- la répartition équilibrée des réserves de la BEAC entre les États et l'augmentation du capital de la BDEAC de 94 à 250 milliards de FCFA, moyennant le relèvement de 8 % à 30 % de la contribution de la BEAC audit capital.

I.5. Le renforcement de l'appropriation du projet d'intégration par les États de la CEMAC

En ce qui concerne le cinquième volet stratégique du programme des réformes institutionnelles, l'objectif opérationnel poursuivi est le renforcement de la capacité des États membres à traiter des questions communautaires et à conduire à bon port le processus d'intégration engagé, en dotant notamment lesdits États des capacités institutionnelles nécessaires dans ce domaine. Il s'agit également de renforcer la participation de la société civile et des populations au processus d'intégration économique régional.

Rendu au terme de cette présentation de l'économie du programme des réformes institutionnelles de la CEMAC, il nous incombe de mettre en évidence son impact réel dans l'amélioration de la gouvernance de la CEMAC.

II. L'INCIDENCE DES RÉFORMES INSTITUTIONNELLES SUR LA DYNAMIQUE D'INTÉGRATION

Les principales retombées de la mise en œuvre du Programme des réformes institutionnelles de la CEMAC se résument à/au :

- parachèvement de la construction institutionnelle et à la mise en place d'un cadre institutionnel rénové ;
- renforcement des pouvoirs des Institutions de contrôle et de la Commission de la CEMAC ;
- l'adoption du PER ;
- des avancées laborieuses, mais significatives vers la citoyenneté communautaire ;
- l'application des règles de bonne gouvernance et des mesures visant à sécuriser le financement de la Communauté.

Il nous revient à présent d'apporter quelques précisions sur ces retombées palpables du programme des réformes institutionnelles engagé par la CEMAC depuis 2006.

II.1. Le parachèvement de la construction institutionnelle et la mise en place d'un cadre institutionnel rénové

Les réformes institutionnelles engagées ont permis la mise en place de trois nouvelles institutions, à savoir : la Cour de Justice, la Cour des Comptes et le Parlement communautaire. La CEMAC s'est trouvée ainsi dotée d'une nouvelle architecture institutionnelle composée de cinq institutions et sept organes :

II.1.1. Les cinq institutions

- L'Union économique de l'Afrique centrale (UEAC) ;

- L'Union monétaire de l'Afrique centrale (UMAC) ;
- Le Parlement communautaire ;
- La Cour des Comptes communautaire ;
- La Cour de Justice communautaire.

II.1.2. Les sept organes

- La conférence des Chefs d'État ;
- Le Conseil des ministres de l'UEAC ;
- Le Comité ministériel de l'UMAC ;
- La commission de la CEMAC ;
- La Banque des États de l'Afrique centrale (BEAC) ;
- La Banque de Développement des États de l'Afrique centrale ;
- La Commission bancaire de l'Afrique centrale.

II.2. Le renforcement des pouvoirs des institutions de contrôle et de la commission de la CEMAC

Les deux grandes faiblesses qu'ont révélées l'audit de la défunte UDEAC et celui de la CEMAC étaient la totale inféodation des institutions de la Communauté aux États qui en assuraient la direction et l'absence de pouvoir réel de décisions des institutions et des organes de la Communauté.

Les réformes institutionnelles engagées depuis 2006 se sont par conséquent donné pour objectif de mettre fin à cette situation malheureuse, en renforçant notamment les pouvoirs des institutions de contrôle et en dotant la Commission d'une relative autonomie normative et administrative.

II.2.1. Le renforcement des pouvoirs de contrôle des institutions de contrôle que sont le Parlement communautaire, la Cour de Justice communautaire et la Cour des comptes

En ce qui concerne le Parlement communautaire, conformément à l'article 4 de la Convention le régissant, il est chargé du contrôle démocratique des activités des organes et institutions spécialisées de la CEMAC. Il participe au processus décisionnel de la Communauté. À ce titre, il émet des recommandations sur le programme d'actions de la Commission de la CEMAC et examine le rapport général annuel du président de la Commission sur le fonctionnement de la Communauté.

Il peut poser des questions orales ou écrites au Conseil des ministres, au Comité ministériel et à la Commission. Il peut voter une motion de censure contre cette dernière ou saisir la conférence des Chefs d'État. Celle-ci peut inviter la Commission à lui présenter sa démission.

Quant à la Cour de Justice communautaire, elle a pour mission de veiller au respect du droit relatif à l'interprétation et à l'application du traité de la CEMAC et des textes subséquents. Elle a une triple fonction : juridictionnelle, consultative et administrative des arbitrages en matière du droit communautaire de la CEMAC.

S'agissant enfin, de la Cour des comptes communautaire, elle est chargée du contrôle juridictionnel des comptes des comptables de la Communauté et s'assure de la bonne gestion des ressources financières des institutions et des organes de la Communauté, à l'exception de ceux dont les conventions ou statuts en disposent autrement.

II.2.2. L'acquisition par la Commission d'une relative autonomie normative et administrative

La Commission s'est vue dotée de pouvoirs accrus dans le nouveau dispositif institutionnel de la Communauté dans le but de lui permettre d'assumer pleinement son rôle de locomotive de la Communauté.

Cette relative autonomie normative et administrative est mentionnée dans l'article 82 de la Convention régissant l'UEAC qui stipule que : « la Commission dispose du droit d'initiative en matière normative ainsi que des pouvoirs d'exécution et de mise en œuvre des politiques et programmes communautaires relevant de l'UEAC. À cet effet, et sauf dispositions contraires, le Conseil des ministres ne peut amender les propositions de la Commission qu'à l'unanimité de ses membres. La Commission assure la mission de gardienne des traités de la CEMAC. Elle représente la Communauté dans les négociations internationales dans les domaines relevant des objectifs poursuivis par celle-ci ».

II.3. L'adoption du Programme économique régional (PER)

Les réformes institutionnelles ont permis l'élaboration et l'adoption par les Chefs d'État en janvier 2010 à Bangui de la vision et du PER susceptibles d'apporter une réponse adéquate aux défis actuels qui interpellent la Communauté. L'ambition de ce programme est de faire de la CEMAC à l'horizon 2025, un espace économique intégré et émergent, où règnent la sécurité, la solidarité et la bonne gouvernance au service du développement humain.

Ce programme comprend cinq axes stratégiques à savoir :

- la vision partagée ;
- la bonne gouvernance et l'environnement des affaires ;
- les infrastructures économiques et l'aménagement du territoire ;
- le développement du capital humain ;
- la mise en place du marché commun et la diversification économique.

Il y a lieu de souligner que le dernier axe stratégique a pour finalité d'accélérer la mutation de la CEMAC en un acteur moteur d'un vaste marché régional de 260 millions de consommateurs et en une plateforme de compétitivité et d'exportation vers les marchés internationaux.

La mise en œuvre du PER se fera selon les trois phases suivantes :

- phase 1 (2011-2015) consacrée à la construction des fondements de l'émergence ;
- phase 2 (2016-2020) consacrée à la diversification économique ;
- phase 3 (2021-2025) consacrée à l'émergence.

II.4. Les avancées laborieuses, mais significatives vers la citoyenneté communautaire

Il s'agit principalement de la reconnaissance et du respect de l'individu et des droits et devoirs qui le lient à la Communauté et lui confèrent sa qualité de citoyen tout en garantissant sa sécurité. Dans cette optique, la CEMAC a entrepris deux chantiers importants devant permettre de parvenir à une citoyenneté communautaire, à savoir :

- l'adoption du Passeport CEMAC ;
- l'élaboration d'une politique commune en matière d'émi-immigration.

II.4.1. L'adoption du passeport CEMAC

Le traité constitutif de la Communauté dispose que la mise en place du marché commun de la CEMAC est fondée sur la liberté de circulation des biens, des services, des capitaux et des personnes. Cette liberté est considérée comme un élément fondamental pour le développement économique des États. Le Conseil des ministres a par conséquent adopté le 21 juillet 2000 à Bangui le principe de l'institution du passeport CEMAC, mais la mise en circulation de cet instrument d'identité communautaire a connu des ajournements continuels.

En 2008, le règlement N° 01/08-UEAC-042-CM-17-CEMAC-042-CM-04 portant institution et conditions de gestion et de délivrance du passeport CEMAC est adopté afin que les États membres puissent produire et mettre en circulation ledit passeport. Ce dernier va permettre à ses détenteurs de circuler librement et sans frais de visa pour une durée n'excédant pas 90 jours sur l'ensemble de l'espace CEMAC. Au-delà de 90 jours, l'intéressé devra remplir les conditions de résidence du pays d'accueil. Dans cette optique, l'entrée en vigueur de la liberté de circulation des personnes en zone CEMAC était prévue le 1er janvier 2014.

II.4.2. L'élaboration d'un avant-projet de politique commune en matière d'émi-immigration

La mise en circulation du passeport CEMAC va entrainer à terme la suppression des frontières internes de l'espace communautaire du fait de la libération totale des mouvements des ressortissants de la CEMAC, en même temps qu'elle va nécessiter la gestion renforcée des frontières extérieures de la Communauté.

À cet effet, la CEMAC s'est engagée à élaborer une politique commune en matière d'émi-immigration qui a pour ambition de permettre aux citoyens de la Communauté de jouir effectivement de la liberté de circulation et du droit d'établissement.

II.5. L'application des règles de bonne gouvernance et la sécurisation du financement de la Communauté

Il s'agit ici notamment de l'application des principes de rotation des postes des premiers responsables des institutions et organes communautaires et de la systématisation des audits annuels des institutions et des organes de la Communauté.

En ce qui concerne la sécurisation du financement de la Communauté, le règlement N° 01/12-UEAC-046-CM-23 du 22 juillet 2012 a complété le dispositif existant en la matière, en créant une Brigade communautaire de contrôle de la liquidation et du recouvrement de la TCI qui a pour principales missions :

- le contrôle contradictoire auprès des services compétents des États membres du recouvrement de la TCI ;

- la réconciliation des états de recouvrement avec ceux des transferts effectués au profit de la Communauté.

Il convient d'ajouter à ces mesures de sécurisation de la liquidation et du recouvrement de la TCI, le lancement d'une étude relative à la mise en place d'un fonds d'émergence.

Nous sommes ainsi rendu avec ces derniers développements au terme d'un tour d'horizon qui nous aura permis, tour à tour, de prendre connaissance de l'économie du programme des réformes institutionnelles et de ses retombées dans les domaines de l'amélioration du fonctionnement de ladite Communauté et de son dynamisme. Dans cette optique, il importe de compléter notre analyse par la mise en évidence des autres forces de la CEMAC, dans la dynamique d'intégration de l'Afrique centrale.

III. LES AUTRES FORCES DE LA CEMAC DANS LA CONDUITE DU PROCESSUS D'INTÉGRATION DE L'AFRIQUE CENTRALE

En dehors de l'architecture institutionnelle rénovée dont dispose la CEMAC, et qui est le fruit de la mise en œuvre du programme des réformes institutionnelles, les autres forces sur lesquelles cette Communauté peut s'appuyer pour bâtir son dynamisme se résument principalement :

- aux affinités culturelles et historiques entre les pays membres ;
- à l'abondance des ressources naturelles dans l'espace communautaire ;
- à l'antériorité de l'intégration monétaire et à la longue tradition de coopération monétaire entre les États membres.

Il importe d'apporter quelques précisions sur ces différentes forces de la CEMAC.

III.1. Les affinités culturelles et historiques entre les pays membres

Sur le plan culturel, la CEMAC regroupe six pays appartenant à un espace culturel relativement homogène, constitué essentiellement de peuples bantous. Cette homogénéité culturelle constitue un atout certain pour l'accélération du processus d'intégration régional. Sur le plan historique, elle regroupe six États membres, dont cinq sont d'anciennes colonies de la France et ont par conséquent une tradition administrative et linguistique commune.

En somme, l'homogénéité culturelle et historique des États membres de la CEMAC constitue un atout certain à exploiter pour l'accélération du processus d'intégration en Afrique centrale.

III.2. L'abondance des ressources naturelles dans l'espace communautaire

La majorité des pays de la CEMAC se trouve au cœur du Golfe de Guinée reconnu pour être l'un des centres de gravité des gisements de ressources pétrolières du continent.

En outre, l'espace communautaire regorge de nombreuses ressources minières, forestières et halieutiques qui pourraient être une base sûre pour l'industrialisation de la zone CEMAC et pour la transformation de ladite zone en un Bassin de production agro-industrielle ayant vocation à devenir le « grenier de l'Afrique centrale et occidentale ».

III.3. L'antériorité de l'intégration monétaire et la longue tradition de coopération monétaire

Au sein de l'espace CEMAC, et contrairement au schéma théorique d'approfondissement de l'intégration mis en évidence par Bela Balassa, l'intégration monétaire a précédé l'intégration économique. Il en résulte que l'existence d'une monnaie commune entre les États membres constitue un atout sérieux dans l'accélération de l'intégration économique régionale.

En outre, la CEMAC regroupe six pays de la zone Franc qui ont une longue et riche expérience d'intégration et de coopération monétaires caractérisée notamment par une rigueur dans la gestion budgétaire et la gouvernance des finances publiques.

En somme, l'antériorité de l'intégration monétaire dans l'espace CEMAC et la longue et riche tradition de coopération monétaire entre les États membres incubatrices d'une culture de bonne gouvernance des finances publiques sont des atouts non négligeables, de nature à accélérer le processus d'intégration économique et monétaire en Afrique centrale.

Nous sommes ainsi parvenus au terme de la première phase d'évaluation de la CEMAC consacrée à la mise en évidence des principales forces de ladite Communauté en ce qui concerne notamment ses potentialités et les efforts récents entrepris pour moderniser sa gouvernance institutionnelle et administrative.

Cet état des lieux des principales forces de la CEMAC nous permet d'aborder avec discernement le chapitre IV consacré à l'identification de ses principales faiblesses.

CHAPITRE IV :

LES PRINCIPALES FAIBLESSES DE LA CEMAC

L'examen minutieux de la genèse, des missions organiques et des performances de la CEMAC révèle qu'elle est minée par de nombreuses faiblesses sur les plans fonctionnel et managérial d'une part, et sur le plan économique d'autre part.

SECTION I : LES PRINCIPALES FAIBLESSES DE LA CEMAC AUX PLANS FONCTIONNEL ET MANAGÉRIAL

Elles se résument à :

- l'appropriation partielle et intéressée par les États du programme des réformes institutionnelles engagé depuis 2006 ;
- la récurrence du micro-nationalisme exacerbé et du repli identitaire ;
- l'inefficience et la lourdeur du processus décisionnel ;
- l'absence d'un leadership politique affirmé ;
- la faiblesse notoire du rythme et de l'efficience comparatifs de l'intégration.

Il importe de donner quelques précisions sur ces différentes faiblesses.

I. L'APPROPRIATION PARTIELLE ET INTÉRESSÉE DU PROGRAMME DES RÉFORMES INSTITUTIONNELLES PAR LES ÉTATS

L'application du programme des réformes institutionnelles de la CEMAC a donné beaucoup d'espoirs pour la dynamisation du processus d'intégration économique en Afrique centrale. Cependant, malgré l'adoption desdites réformes, on note un paradoxe entre la profusion institutionnelle et réglementaire et la pratique communautaire, en raison notamment de l'appropriation partielle et intéressée des réformes institutionnelles.

Cette attitude reprochable des États relative à l'appropriation partielle et intéressée des réformes institutionnelles, peut notamment être illustrée par :

- l'application discriminatoire et intéressée des textes communautaires par les États ;
- la priorité donnée aux projets nationaux par rapport aux projets communautaires.

Il nous incombe de donner quelques précisions sur ces comportements déviants des acteurs.

I.1. L'application discriminatoire et intéressée des textes communautaires par les États

Malgré les réformes institutionnelles engagées par la CEMAC, les pays tendent à opérer une sélection avantageuse et intéressée des textes communautaires à diffuser et à appliquer, de même qu'ils s'abstiennent de vulgariser et d'appliquer les textes non avantageux au niveau national. En effet, on note que les États ont tendance à diffuser et à appliquer les textes qui leur procurent des avantages et à mettre aux oubliettes ceux qui créent des contraintes et des obligations pour eux.

C'est ainsi que les textes portant instauration du principe de la rotation des postes et du principe d'équilibre dans la Fonction publique communautaire ont vite trouvé grâce aux yeux de certains États tandis que sont boudées les dispositions relatives à la libre circulation des personnes et des biens ou encore au recouvrement de la TCI.

Dans la même optique, on a relevé plusieurs entorses dans l'application des textes relatifs à la nomination aux postes des premiers responsables des institutions de la Communauté. À cet effet, les nouveaux textes communautaires prévoient la présentation de trois curricula vitæ par poste de responsabilité. Toutefois, au cours du sommet de la CEMAC de Brazzaville de juillet 2012, ces critères n'ont pas totalement été pris en compte dans la désignation des premiers responsables des institutions communautaires. L'on a plutôt assisté à la substitution des noms des personnes par ceux des États, dans la désignation des responsables aux postes prévus, ce qui ne va pas sans risque en matière de bonne gouvernance, de garantie de la compétence et de la performance.

Par ailleurs, on relève avec regret que la communication sur les réformes institutionnelles de la CEMAC de la part des États et de la Commission n'est pas à la hauteur de l'importance assignée auxdites réformes, ce qui ne garantit pas l'information optimale des populations qui doit conduire à la légitimation démocratique du processus d'intégration économique régional engagé.

Enfin, malgré la substitution du consensus de Fort-Lamy par celui de Brazzaville, on note une réticence de la part de la conférence des Chefs d'État à appliquer la rotation intégrale aux différents postes des premiers responsables des institutions communautaires, ce qui tend à exclure certains pays de la direction de certaines Institutions et à compromettre la logique fondamentale des réformes institutionnelles dans ce domaine.

I.2. La priorité donnée aux projets nationaux par rapport aux projets communautaires

En Afrique centrale et notamment dans la zone CEMAC, les pays ont tendance à accorder une plus grande importance au développement national, au détriment des efforts de coordination sur le plan communautaire. Il n'existe pas souvent de relations cohérentes fortes entre les plans nationaux et l'objectif régional. C'est ainsi que l'on peut relever pour le déplorer que les six pays de la CEMAC affichent des horizons temporels d'émergence économique divergents, alors que la logique économique et stratégique commande la convergence de ces horizons.

Compte tenu de cette tendance des États à privilégier outre mesure les projets nationaux au détriment des projets régionaux, l'agenda de certains programmes et projets communautaires tels que la création de la compagnie « Air CEMAC », de la bourse des valeurs mobilières d'Afrique centrale et le PER risque de connaître une mise en œuvre difficile, du fait des initiatives similaires conduites par certains pays. C'est ainsi que la Compagnie « CEIBA Intercontinental » de la Guinée équatoriale fait concurrence à l'initiative communautaire « Air CEMAC ».

Soulignons à cet égard qu'en raison de cette concurrence exacerbée des projets nationaux avec les projets intégrateurs sous-régionaux et du micro-nationalisme, la douzième conférence ordinaire des Chefs d'État de la CEMAC tenue à Libreville le 6 mai 2015 a pris la décision de renoncer au projet d'« Air CEMAC », en raison des difficultés de démarrage. Il est à noter que cet abandon du projet « Air CEMAC » se fait en contradiction de la logique économique, étant donné que la plupart des compagnies aériennes nationales des États membres de la CEMAC sont structurellement déficitaires.

Relevons dans le même chapitre que la « Douala Stock-exchanges » du Cameroun est restée en compétition avec la Bourse des Valeurs mobilières de l'Afrique centrale (BVMAC) de Libreville jusqu'au 31 octobre 2017, date à laquelle la conférence extraordinaire des Chefs d'État de la CEMAC tenue à N'Djamena a décidé de fusionner ces deux places boursières.

Dans cette optique, la 14e conférence ordinaire des Chefs d'État et de gouvernement tenue à N'Djamena le 24 mars 2019 a mandaté la BEAC de conduire ledit processus de fusion à son terme jusqu'au 30 juin 2019, suivant une architecture comprenant la Bourse de Valeurs régionale ayant son siège à Douala et la commission de surveillance siégeant à Libreville. À ce jour, le processus de fusion concerné est déjà effectif.

S'il en est ainsi de l'appropriation partielle et intéressée des réformes institutionnelles, que pouvons-nous retenir de la seconde faiblesse au plan managérial et fonctionnel de la Communauté ?

II. LA RÉCURRENCE DES COMPORTEMENTS EMPREINTS DE MICRO-NATIONALISME, D'ÉGOÏSME ET DE REPLI IDENTITAIRE DE LA PART DES ÉTATS

L'une des illustrations les plus éloquentes de la récurrence des comportements des États empreints d'égoïsme, de micro-nationalisme et de repli identitaire au sein de la CEMAC est la gestion de la libre-circulation des personnes qui constitue une condition essentielle pour l'existence et la crédibilité d'un marché commun digne de ce nom.

En effet, malgré la profusion juridique, dans ce domaine, qui a été engagée par l'acte N° 1/72-UDEAC-70 du 22 décembre 1972 relatif à la libre circulation des personnes et au droit d'établissement dans l'UDEAC et qui a abouti à la décision de la conférence des Chefs d'État instruisant chaque État de mettre en circulation les trois passeports CEMAC réglementaires prévus, la libre circulation des personnes n'est pas encore effective sur l'ensemble du territoire de la Communauté.

En effet, contrairement aux dispositions communautaires qui prévoient trois types de passeports biométriques à savoir le passeport ordinaire (couleur verte), le passeport de service (couleur marron) et le passeport diplomatique (couleur rouge), certains États envisagent d'émettre un quatrième type de passeport.

En outre, la liberté de circulation des personnes qui devait entrer en vigueur depuis le 1er janvier 2014 a été mise en veilleuse en raison de la réticence du Gabon et de la Guinée équatoriale.

De l'entretien que le *Consultant Performance Management Consulting* a eu avec certaines autorités, il ressort que « les États dotés de richesses naturelles et faiblement peuplés craignent que les États fortement peuplés n'insistent sur la libre circulation des personnes et l'instauration rapide du passeport CEMAC que pour les envahir »[55]. Dans ces conditions, que pouvons-nous dire du Cameroun qui partage plus de 1500 kilomètres de frontières avec le Nigéria ? Il n'a jamais été envahi par ce dernier qui compte une population de 160 millions d'habitants environ, contre 20 millions d'habitants pour le Cameroun. De plus, les deux pays ont supprimé l'obligation de visa pour l'entrée sur leurs territoires respectifs de leurs ressortissants. Il en est de même entre la RDC dont la population est estimée à 66 millions d'habitants et la République du Congo dont la population est de 04 millions d'habitants environ.

Soulignons toutefois que la douzième conférence des Chefs d'État de la CEMAC tenue le 6 mai 2015 à Libreville a pris la décision salutaire et courageuse de mettre en vigueur sans délai et sans autres conditions la liberté de circulation des personnes au sein de la CEMAC. À cet effet, la conférence extraordinaire des Chefs d'État de la CEMAC tenue à N'Djamena, le 31 octobre 2017, a entériné la décision de l'ensemble des pays de la CEMAC de mettre désormais en vigueur sur leurs territoires respectifs, la liberté de circulation des personnes.

Après cette analyse, il nous revient à présent d'aborder la troisième faiblesse de la CEMAC.

III. LE PROCESSUS DÉCISIONNEL LOURD ET INEFFICIENT BASÉ SUR LE CONSENSUS

La souveraineté des États au sein de la CEMAC est si prédominante qu'elle constitue un obstacle à la construction communautaire en Afrique centrale. Elle se manifeste notamment par le consensualisme

[55] *Performance Management Consulting,* ECD PM, op. cit., p. 44.

des sources juridiques[56]. En effet, dès la création de la CEMAC, les États à travers les textes constitutifs de l'institution ont opté pour le consensualisme qui commandait de ne léser aucun intérêt et d'intégrer autant que faire se peut, les dispositions qui ne tendaient pas à retirer aux États leurs prérogatives. Cette tendance s'est renforcée dans le fonctionnement de la Communauté au point où elle apparaît plus comme une organisation internationale de coopération et non comme une organisation d'intégration.

Ainsi, il n'est pas surprenant de constater que les principes qui sont affirmés dans les textes fondamentaux de la CEMAC sont : la souveraineté, l'égalité juridique des États, le bon voisinage ou encore la non-ingérence dans les affaires intérieures des États.

Le processus décisionnel de la CEMAC basé sur le consensus paraît ainsi trop lourd et inefficient pour faire avancer le Processus d'intégration régional au rythme souhaité, ainsi qu'en témoignent les résultats modestes de ladite Communauté au lendemain de la célébration de son cinquantenaire. Si ce processus peut se justifier pour les domaines sensibles qui relèvent de la coopération entre les États (politique, sécurité, affaires étrangères, défense, etc.), il ne saurait se justifier pour les domaines qui relèvent de l'édification de l'union économique et monétaire sous-régionale (monnaie, libre circulation des personnes, des biens, des capitaux et des services et harmonisation des politiques économiques et fiscales).

À cet égard, il est important de rappeler sur le plan historique que c'est l'application du principe du consensus et de l'unanimité qui a mis la CEE au bord de l'implosion le 30 juin 1965 et qui a entrainé le retrait temporaire pendant une durée de sept mois de la France des institutions de ladite Communauté, en signe de protestation de la lourdeur du processus décisionnel en cause.

Il est aussi important de souligner que cette grande crise au sein de la CEE n'a pu être résorbée que par le remplacement du vote à l'unanimité par le vote à la majorité, dans un grand nombre de décisions à prendre par la communauté concernée.

---

[56] Mouelle Kombi, « Intégration régionale en Afrique centrale entre inter-étatisme et supranationalisme », *in* Bach (C.D.), *Régionalisation, mondialisation et fragmentation en Afrique subsaharienne*, Karthala, Paris, 1998, pp. 209-211.

Abordons à présent la quatrième faiblesse de l'institution dont il est question dans cette analyse.

IV. L'ABSENCE D'UN LEADERSHIP POLITIQUE AFFIRMÉ AU SEIN DE LA CEMAC

La question du leadership au sein de la CEMAC est marquée par la reconnaissance de la plupart des États d'un leader qui malheureusement semble ne pas vouloir l'assumer, ce qui donne libre cours au développement des ambitions de certains autres États décidés à assumer cette responsabilité.

Le Cameroun est doté de plusieurs atouts qui le prédestinent à un leadership naturel de la CEMAC. Ces atouts, il les doit à son niveau de développement économique, à sa démographie, à son envergure politique et diplomatique en Afrique et dans le monde, mais aussi à sa position géostratégique dans le Golfe de Guinée en général et en Afrique centrale en particulier. Cependant, ces atouts naturels ne sont pas confortés par l'ingrédient subjectif qu'est la volonté de domination, la volonté de jouer un rôle fondamental et décisif dans l'accélération du processus d'intégration régionale en Afrique centrale.

Ce point de vue est notamment confirmé par Awoumou Côme Damien Georges qui reconnaît au Cameroun sa position de moteur de l'Afrique centrale et démontre que le problème de leadership dans la sous-région découle de la faillite du couple Cameroun-Gabon à se positionner comme le moteur de la zone[57]

Si l'application intéressée des réformes institutionnelles, le micro-nationalisme exacerbé, la lourdeur du processus décisionnel et l'absence d'un leadership politique affirmé justifient la modestie des performances de la CEMAC, qu'en est-il de la dernière carence de ladite Communauté au plan managérial et fonctionnel ?

V. LA FAIBLESSE NOTOIRE DU RYTHME ET DE L'EFFICIENCE DE L'INTÉGRATION AU SEIN DE LA CEMAC PAR RAPPORT AU RYTHME DE L'INTÉGRATION SUR LE PLAN INTERNATIONAL

Il est constant que le rythme de l'intégration en Afrique de l'Ouest est plus accéléré qu'en Afrique centrale où la CEMAC se présente

[57] C. D. G. Awoumou, « Le couple Cameroun-Gabon, moteur de l'Afrique centrale ? » Enjeux N° 17, octobre-décembre 2003, pp. 5-10.

comme l'une des principales organisations d'intégration sous-régionale.

Cependant, ce retard relatif en matière d'intégration qu'accuse la CEMAC n'est pas seulement valable vis-à-vis de l'Afrique de l'Ouest, il est également valable vis-à-vis de l'U.E. qui se situe dans le voisinage géographique et économique immédiat de l'Afrique et qui exerce des effets de domination sur toutes les organisations d'intégration africaines.

Ces résultats médiocres de l'intégration au sein de la CEMAC comparativement à l'U.E. peuvent notamment être illustrés par le contraste des performances de l'intégration dans les deux espaces d'intégration en cause au cours des cinquante dernières années.

En effet, en Europe occidentale, grâce à la clairvoyance et à l'engagement des hommes politiques et des populations, le processus d'intégration a connu des résultats suffisamment édifiants qui se résument à :

- la mise en place d'un marché unique européen de 27 États membres, dont 19 membres font partie de l'Union économique et monétaire régionale, alors que la CEE de 1957 ne comptait que six États membres ;
- la création d'une union économique et monétaire régionale dont le PIB global est évalué à plus de 6,570 milliards d'euros[58], contrairement aux marchés régionaux africains dont la taille économique moyenne correspond à un PIB de cent dix-sept (117) milliards d'euros environ[59], soit plus de 48 fois inférieure à la taille économique de l'Union économique et monétaire européenne ;
- l'établissement de la liberté de circulation des personnes, des biens, des capitaux et des services au sein de l'U.E. ;
- la mise en place de la plupart des institutions communautaires indispensables pour l'opérationnalisation du processus d'intégration régionale engagé et notamment du Parlement européen, qui permet de garantir l'enracinement démocratique de la dynamique d'intégration engagée.

---

[58] Statistique de l'Office des Publications des Communautés européennes, 2002.

[59] FMI, Perspectives mondiales pour 2003, PIB et populations.

Quant à la CEMAC minée notamment par le micro-nationalisme exacerbé, le repli identitaire, l'absence de vision et l'insuffisance des moyens, elle n'a pu réaliser au cours de la période sous revue que de performances limitées ci-après :

- la mise en place d'une monnaie commune ;
- la mise en place d'une union douanière incomplète ;
- l'harmonisation sommaire des politiques économiques des États membres.

Il est à préciser que le marché commun de la CEMAC n'est pas encore effectif au lendemain de la célébration de son cinquantenaire, en raison de la non-entrée en vigueur de la liberté de circulation des hommes, des biens, des capitaux et des services au sein de la zone, en dépit des négociations qui ont déjà duré près de quarante ans.

En somme, l'analyse comparative des dynamiques d'intégration régionale en Europe occidentale et en Afrique Centrale, au regard des stratégies et des moyens mis en œuvre et des résultats obtenus, révèle que les performances de l'intégration régionale en Afrique centrale sont médiocres et décevantes, et ne sont pas de nature à garantir la compétitivité internationale de l'économie de ladite sous-région.

Le rythme et l'efficience de l'intégration régionale en Afrique Centrale s'avèrent faibles, comparativement aux évolutions du régionalisme au plan international et notamment en Europe occidentale, considérée comme le voisinage économique et géographique immédiat du continent africain.

Ce constat est particulièrement préoccupant dans la mesure où dans le domaine de l'intégration régionale, ce qui importe, ce n'est pas le rythme et l'efficience absolus de l'intégration, mais l'intégration différentielle, c'est-à-dire le rythme et l'efficience relatifs de l'intégration au niveau d'une région par rapport aux tendances d'évolution du régionalisme au plan international. Ce constat semble indiquer que tout doit être mis en œuvre par les élites politiques de cette sous-région, pour donner un nouvel élan empreint de dynamisme et de nouvelles ambitions, au processus d'intégration engagé.

Au terme de ce tour d'horizon sur les principales faiblesses de la CEMAC aux plans fonctionnel et managérial, qu'en est-il de ses principales faiblesses au plan économique ?

SECTION II : LES PRINCIPALES FAIBLESSES DE LA CEMAC AU PLAN ÉCONOMIQUE

Les atouts et les faiblesses au plan économique d'une CER jouent un rôle déterminant dans l'appréciation de sa compétitivité, de son efficience et de son optimalité au plan international. À cet effet, une CER dotée d'une architecture institutionnelle efficiente et ne présentant pas de carences aux plans managérial et fonctionnel peut s'avérer finalement à l'analyse, inefficiente et non compétitive, si elle comporte d'importantes faiblesses au plan économique.

Dans cette optique, l'analyse économique de la CEMAC révèle qu'elle comporte d'importantes faiblesses au plan économique. Ces faiblesses ont notamment trait à :

- son architecture économique inefficiente ;
- la médiocrité de ses performances économiques au cours des dernières décennies ;
- sa non-satisfaction de la plupart des critères théoriques et pratiques de reconnaissance des unions économiques et monétaires optimales.

Il nous incombe d'apporter quelques précisions sur ces trois catégories de faiblesses.

I. L'ARCHITECTURE ÉCONOMIQUE INEFFICIENTE DE LA CEMAC

L'architecture économique d'une communauté économique peut être définie comme l'ensemble des caractéristiques économiques des pays qui la composent.

Les principaux objectifs assignés à l'intégration régionale dans les pays en voie de développement sont notamment, l'élargissement des marchés, la transformation structurelle des économies concernées, la réduction de la dépendance économique extérieure et l'endogénéisation des processus de développement. Compte tenu de ce caractère multidimensionnel des objectifs assignés à l'intégration économique régionale dans les pays en voie de développement, l'architecture économique des CER ne saurait relever du hasard. Elle doit être rationalisée autant que possible, de manière à garantir aux communautés économiques en constitution une viabilité et une fonctionnalité économiques avérées, afin que celles-ci soient véritablement des instruments d'émancipation et d'émergence économiques régionales.

Cependant, en dépit de ces exigences économiques en matière de rationalisation optimale de l'architecture économique des CER, nous constatons avec regret que l'architecture économique de la CEMAC n'est pas efficiente dans la mesure où les caractéristiques économiques des pays composant cette Communauté ne sont pas de nature à garantir sa viabilité et sa fonctionnalité économiques autonomes. En effet, la CEMAC est constituée de six pays agricoles dont cinq sont des anciennes colonies de la France.

Ces caractéristiques économiques et historiques des pays composant la CEMAC sont très insuffisantes au plan économique pour garantir la viabilité et la fonctionnalité économiques autonomes de la CEMAC et moins encore son émergence économique sur un horizon temporel raisonnable de 25 à 30 ans. Dans cette optique, l'idéal aurait été que la CEMAC compte au moins en son sein un pays semi-industriel avéré, qui devrait jouer le rôle de « catalyseur » et de « locomotive », en matière d'industrialisation. Cette vision stratégique est d'autant plus soutenable que l'industrialisation est considérée comme une étape indispensable pour la transformation des structures économiques de la zone d'intégration en cause et pour l'émancipation et l'émergence économiques de la sous-région concernée.

À cet égard, les faibles performances économiques du PER adopté par la conférence des Chefs d'État de la CEMAC en 2010, constituent la meilleure preuve de l'inefficience de son architecture économique et de l'échec relatif de l'harmonisation des politiques économiques nationales.

En somme, l'ambiguïté économique de la CEMAC réside dans le fait qu'elle tend à substituer un modèle de dépendance économique à un autre modèle de dépendance économique dans la mesure où son économie est trop dépendante de l'extérieur, comme celles des pays qui la composent. La faiblesse notoire des échanges intrarégionaux qui atteignent à peine 3 % des échanges extérieurs des pays composant la CEMAC, constitue une confirmation de cette forte dépendance extérieure de la CEMAC et de l'extraversion de son économie.

Par ailleurs, le fait que le Nigéria, pays voisin non membre de la CEMAC ne partageant pas de monnaie commune avec le Cameroun, soit le deuxième fournisseur du Cameroun (13,8 % et 17,9 % des importations camerounaises en 2013 et 2014 respectivement) après la Chine[60], et devant tous les autres pays de la CEMAC, constitue une preuve supplémentaire de l'inefficience de l'architecture économique de la CEMAC.

Dans cette optique, l'architecture économique idéale d'une CER devrait tendre à substituer un modèle de dépendance économique par un modèle potentiellement orienté vers l'autonomisation économique de la Communauté concernée. Cette condition ne peut être remplie que si les économies des pays composant la CER concernée sont suffisamment diversifiées et complémentaires et que cette communauté comporte en son sein un pays semi-industriel avéré, censé jouer un « rôle moteur » dans le processus de son industrialisation. En Afrique centrale et occidentale, ce rôle ne peut être joué que par le Nigéria, qui malheureusement n'est pas membre de la CEMAC.

Toutes les données qui précèdent confirment, s'il en était encore besoin, que l'intégration économique régionale ne saurait être une fin en soi. Elle doit toujours être considérée comme un instrument de développement et d'émancipation économiques vis-à-vis du reste du monde, notamment dans les pays en voie de développement.

Si l'architecture économique de la CEMAC constitue un handicap sérieux pour le dynamisme et l'émergence de ladite Communauté, qu'en est-il de ses autres faiblesses ?

II. LES PERFORMANCES ÉCONOMIQUES MÉDIOCRES DE LA CEMAC AU COURS DES DERNIÈRES DÉCENNIES

L'efficacité et l'efficience d'une CER au plan économique sont généralement appréciées d'une part, par sa capacité à déclencher un processus de croissance durable et soutenue de l'économie régionale et à dynamiser les échanges intrarégionaux, et d'autre part par sa résilience. Ainsi, sa résilience se mesure par rapport à sa capacité à résister aux chocs extérieurs et intérieurs, à résorber les différentes crises financières et économiques dues à des causes endogènes ou exogènes dont elle peut faire l'objet au cours de son existence. Soulignons en outre que cette résilience est appréciée à partir de sa capacité à se restructurer, à muter et à se métamorphoser, afin de

---

[60] Makon Ma Pondi, « Coopération économique entre le Nigéria et le Cameroun, un enjeu majeur » *in Cameroon Tribune* N° 11140/7339 du 27 juillet 2016, p. 5.

s'adapter aux nouveaux défis qui lui sont imposés progressivement par son environnement interne et externe.

Sur la base de la grille d'évaluation ainsi définie, on peut affirmer sans ambages que la CEMAC a fait preuve au cours des dernières décennies de performances économiques médiocres. En effet, notre affirmation est confirmée par quelques évènements et données majeurs qui ont marqué l'existence de cette Communauté au cours des dernières décennies, à savoir :

- la crise économique et financière de la fin des années 80 et les résultats mitigés de la dévaluation du FCFA de 1994 ;
- la crise économique des années 2013-2021 ;
- les résultats médiocres du PER adopté par les Chefs d'États de la CEMAC à Bangui en 2010 ;
- la stagnation des échanges intrarégionaux à un faible niveau pendant plusieurs décennies.

Il est important d'apporter quelques précisions sur ces évènements.

II.1. La crise économique et financière de la fin des années 80 et les résultats mitigés de la dévaluation du FCFA de 1994

Vers la fin des années 80, s'installe en zone CEMAC une crise économique profonde provoquée par la dégradation des termes de l'échange, la baisse du taux de change du dollar américain par rapport aux autres grandes devises internationales et les politiques agressives de dépréciation des taux de change pratiquées par les pays limitrophes de la zone, notamment le Nigéria et le Ghana. Cette crise s'est notamment traduite par l'épuisement des réserves de change, les déficits des balances commerciales et de paiements, la baisse drastique des taux de croissance et l'aggravation de l'endettement extérieur des pays membres.

Dans le souci de remédier à cela, les pays de la CEMAC en accord avec la France, ont procédé à la dévaluation du franc CFA de 1994, afin de permettre aux pays de la CEMAC de retrouver le sentier de la croissance économique équilibrée, soutenue et durable. Cette dévaluation de 50 % du FCFA, en dépit de son important coût social, était notamment censée conduire les pays de la CEMAC à l'industrialisation, à l'émergence, au redressement significatifs de leurs balances commerciales et de paiements, et à une croissance économique soutenue et durable. Elle avait en outre pour finalité de conduire à l'amélioration significative des conditions de vie des populations de la CEMAC en général et de celles rurales en particulier.

Cependant, contrairement aux principales prédictions qui précèdent, fondées essentiellement sur l'impact positif de la dévaluation sur les exportations et sur les importations, le bilan de cette dévaluation réalisé au début des années 2000 affiche plutôt des résultats médiocres pour l'essentiel[61], à savoir :

- la détérioration du pouvoir d'achat et des conditions de vie des populations de la CEMAC, notamment celles rurales ;
- l'aggravation de l'endettement extérieur des pays de la CEMAC ;
- la non-industrialisation de la CEMAC à l'issue de cette opération coûteuse qui confirme que la mutation structurelle de l'économie de la CEMAC escomptée notamment du secteur industriel ne s'est pas produite ;
- Le secteur primaire et le secteur tertiaire sont demeurés les secteurs moteurs de la croissance économique en zone CEMAC, à l'instar de la situation avant la dévaluation, ce qui confirme que la dévaluation de 1994 n'a pas permis de remédier à la fragilité et à la précarité des économies de la CEMAC ni contribué à leur diversification.

En somme, la situation économique de la zone CEMAC après la dévaluation du FCFA de 1994 illustre les ambiguïtés de cet ajustement de parité. On se demande si cette dévaluation avait simplement pour but de développer et de stabiliser le commerce des pays de la CEMAC avec l'Europe, et non d'évoluer vers une économie sous-régionale d'autoajustement et de prospérité.

II.2. La crise financière et économique des années 2013-2021

La crise financière et économique profonde de la zone CEMAC qui s'est déclenchée en 2013 et qui a de fortes similitudes avec celle de la fin des années 80, est due essentiellement à la chute drastique du prix du baril de pétrole (qui est passé de 104,1 dollars en 2013 à 50,9 dollars en 2015) et à la hausse significative des dépenses de sécurité, induite par la lutte contre la secte terroriste Boko Haram et les groupes

---

[61] J. Mbita, « Conditions de mise en place de l'Union économique et monétaire africaine », Thèse de Doctorat Ph. D, Université de Yaoundé II, juin 2012, p. 155.

séparatistes du Nord-ouest et du Sud-ouest du Cameroun. Cette crise, qui a été amplifiée en 2020 par la crise sanitaire de la pandémie de la Covid-19, se manifeste notamment par la dégradation des indicateurs macro-économiques de croissance de la zone CEMAC ci-après :

- L'érosion des réserves de change qui sont passées de cinq (5,5) mois d'importations en 2015 à deux mois en 2016 [62] ;
- L'aggravation du déficit budgétaire sous-régional qui selon le FMI, est passé de 1,8 % du PIB en 2014, à 9 % en 2016 ;
- La détérioration du solde courant de la balance des paiements qui est passé de 7 % du PIB en 2014, à 14,8 % en 2016 ;
- La baisse drastique des taux de croissance économique aux plans national et sous- régional ;
- La situation financière critique de la plupart des entreprises du tissu économique sous-régional du fait des conséquences négatives de la crise sanitaire de la Covid-19 ;
- La baisse drastique des recettes budgétaires publiques du fait de la situation financière critique de la plupart des entreprises de la sous-région ;
- Des besoins de financement importants et insatisfaits, pour le plan sous-régional de relance et de riposte, contre la récession provoquée par la crise sanitaire de la Covid-19.

Il y a lieu de souligner qu'afin de remédier à cette crise financière économique profonde qui place la zone CEMAC sous une nouvelle menace de dévaluation du franc CFA, un Sommet extraordinaire des Chefs d'État de la CEMAC s'est tenu à Yaoundé le 23 décembre 2016, à l'initiative de Paul Biya, président de la République du Cameroun. Ce Sommet s'est notamment prononcé contre une nouvelle dévaluation du CFA et a réaffirmé la nécessité de l'application des réformes structurelles adéquates pour résorber la crise en cause. Il a en outre prescrit des mesures d'ajustement conjoncturelles destinées notamment à résorber la crise financière et économique en Afrique centrale et à imprimer une nouvelle dynamique à l'intégration économique sous-régionale.[63]

[62] Aboudi Ottou, « Cameroun les signes de l'austérité », Hebdomadaire intégration N° 265 du lundi 6 mars 2017, p. 7.

[63] Communiqué final, Sommet extraordinaire des Chefs d'État, Hebdomadaire intégration N° 256 du 28 décembre 2016, p. 2.

Cependant, malgré les mesures d'ajustement conjoncturelles ainsi prises et dont les effets sont encore attendus, la CEMAC reste encore en crise et sous la menace d'une nouvelle dévaluation, ainsi que le confirme le tableau N° 11 qui suit, relatif aux taux de croissance réalisés au sein de la zone depuis 2013.

Il est fort à craindre que les mesures d'assainissement conjoncturelles prises à l'issue des cinq sommets extraordinaires des Chefs d'État convoqués depuis décembre 2016 soient inefficientes comme la dévaluation du franc CFA de 1994, eu égard aux faiblesses structurelles de la CEMAC. Ces faiblesses structurelles requièrent plutôt que l'accent soit mis sur des réformes structurelles, qui devraient notamment porter sur l'harmonisation optimale des politiques économiques et commerciales des pays membres et l'élargissement de la CEMAC.

À cet égard, l'élargissement de la CEMAC apparaît comme un impératif historique, économique et scientifique, compte tenu de sa taille économique trop petite et insignifiante au plan international, mesurée notamment par le PIB sous-régional, qui contraste énormément avec celles des grands ensembles économiques qui évoluent sur la scène internationale, à l'instar de l'U.E., des États-Unis d'Amérique, de la Chine et de l'Inde.

Ces réformes structurelles de la CEMAC s'avèrent d'autant plus indiquées que leur principe était déjà arrêté aux termes de la vision et du PER adoptés par les Chefs d'État à Bangui en 2010, qui avaient notamment pour ambition « d'accélérer la mutation de la CEMAC en un vaste marché de 260 millions d'habitants et en une plateforme d'exportation vers les marchés internationaux »[64].

---

[64] P. Libong Badjan, *Réformes institutionnelles de la CEMAC : jeu des acteurs et intérêts des États,* op. cit., p. 74.

Tableau N° 11 : Évolution de la croissance des pays de la CEMAC depuis le début de la crise (en % du PIB)[65]

Pays / Année	2014	2015	2016
Cameroun	5,9	5,8	5
R.C.A.	1	4,1	5,2
Gabon	4,5	4	3,3
Congo	6,8	2,3	1,7
Tchad	6,9	1,7	-1,1
Guinée équatoriale	0	-7,4	-9,8
CEMAC	4,9	2,8	1

Source : FMI et présidence de la République du Cameroun

Il y a lieu de souligner que ce pessimisme quant à l'efficacité des politiques budgétaires des États de la CEMAC et de la politique monétaire de la BEAC à permettre aux pays de la CEMAC d'éviter une nouvelle dévaluation du franc CFA et de résorber totalement la crise économique et financière depuis 2013, est partagé par plusieurs responsables institutionnels.

Ainsi, la déclaration qui suit de S.E. Abbas Mahamat Tolli, Gouverneur de la BEAC à l'issue de la session extraordinaire du comité de politique monétaire tenue le 22 mai 2017, confirme ce pessimisme quant à l'efficacité des seules politiques budgétaires des États membres de la BEAC à résorber cette crise : « en dépit des mesures prises et mises en œuvre, la tendance baissière des réserves de change est encore loin de se retourner »[66].

Il est important de préciser que le taux de couverture extérieure de la monnaie (rapport entre le volume des avoirs extérieurs et les engagements à vue) est passé de 56,8 % au 31 décembre 2016 à 55 % au 22 mai 2017[67].

De l'avis du gouverneur de la BEAC, ces limites des politiques budgétaires et monétaires sont dues : « à la structure de nos économies qui est telle que si vous injectez 100 millions, 80 millions ressortent du système. Cela est dû au fait que nous ne produisons pas beaucoup, nous n'avons pas une économie diversifiée, on importe pratiquement tout

[65] Statistiques économiques de la CEMAC, Hebdomadaire intégration N° 265 du 6 mars 2017, p. 7.

[66] Aboudi Ottou, Interview du gouverneur de la BEAC du 22 mai 2017, Hebdomadaire intégration N° 278 du 29 mai 2017, p. 5.

[67] Idem.

(les produits vivriers et d'autres types de produits manufacturés…). Et si vous importez beaucoup dans un régime de taux de change fixe, cela peut éventuellement affecter la soutenabilité de votre monnaie à l'étranger »[68].

Quant aux remèdes de choc à administrer à la CEMAC pour retrouver le sentier d'une croissance économique soutenue, équilibrée et durable, le gouverneur de la BEAC propose ce qui suit :

« Les États doivent mettre en place des politiques de finances publiques soutenables, avoir des niveaux d'endettement bien maîtrisés, et mener aussi des réformes structurelles pour diversifier les bases de l'économie des pays membres, de façon à importer le moins de choses possible sur la durée et à permettre aussi de gérer nos finances de façon appropriée (avec le moins d'endettement possible, des choix judicieux d'investissements publics et donc utiles pour le développement du secteur public, pour l'économie de façon globale). C'est justement l'objet du Programme des Réformes économiques et financières (PREF-CEMAC). C'est une réflexion qui met en place un certain nombre de recommandations à l'usage des pays membres pour essayer d'avoir des politiques harmonisées et un rythme de réformes soutenu.

La solution aussi dans cette conjoncture particulière, c'est que nos pays négocient les programmes économiques et financiers avec le FMI, soutenus par d'autres Bailleurs de fonds. Aujourd'hui, je puis dire que tous les pays ont renoué avec le FMI, les discussions sont très avancées et d'ici fin juin, fin juillet, les programmes seront approuvés par le Conseil d'Administration du FMI »[69].

Compte tenu des limites objectives des politiques budgétaires et monétaires ainsi que des PAS de première génération des années 1990 négociés avec le FMI, il ressort des déclarations qui précédent du Gouverneur de la BEAC, que seules, les réformes économiques pilotées par le P.R.E.F-CEMAC, constituent la solution efficace pour résorber la crise économique et financière qui frappe actuellement la CEMAC.

Dans cette optique, les réformes économiques et financières concernées de la CEMAC devraient reposer sur une vision à moyen et long termes de l'économie de la CEMAC plus ambitieuse et plus

---

[68] Aboudi Ottou, Interview du gouverneur de la BEAC du 22 mai 2017, Hebdomadaire intégration N° 278 du 29 mai 2017, p. 5.
[69] Ibid., p. 5.

réaliste visant notamment sa transformation structurelle accélérée, conformément aux prescriptions des approches fonctionnaliste, structuraliste et complexe de l'intégration économique.

En somme, les réformes économiques et financières de la CEMAC en cause doivent avoir pour finalité de substituer « le modèle d'intégration fondé sur le marché *stricto sensu* » sur lequel est bâtie la CEMAC au « modèle d'intégration fondé sur la production » qui met un accent particulier sur la transformation structurelle de l'économie régionale.

Cette transformation et cette diversification accélérées de l'économie de la CEMAC qui sont vivement souhaitées par le gouverneur de la BEAC impliquent nécessairement son élargissement aux autres pays de l'Afrique centrale et à ceux de l'Afrique de l'Ouest, dont notamment le Nigéria considéré comme le pôle économique et industriel fédérateur de la région d'Afrique centrale et occidentale.

II.3. Les performances économiques médiocres du PER adopté en 2010

Les réformes institutionnelles engagées au sein de la CEMAC depuis 2006 ont notamment permis aux Chefs d'État de la CEMAC d'adopter en janvier 2010 à Bangui, la vision et le PER qui s'articulent autour de trois phases, à savoir :

- la phase 1 (2011-2015) consacrée à la construction des fondements de l'émergence ;
- la phase 2 (2016-2020) consacrée à la diversification économique ;
- la phase 3 (2021-2025) consacrée à l'émergence.

Selon la vision qui sous-tend ce programme, la mise en œuvre et l'aboutissement du PER devaient se traduire par une croissance économique soutenue à moyen et long termes, à savoir 8 % environ pour la phase 1, et égale ou supérieure à 10 % pour les phases 2 et 3, avec un impact sur le niveau de vie des populations[70].

Cependant, force est de constater que les performances réalisées en matière de taux de croissance jusqu'en 2021 par le PER sont largement

---

[70] P. Libong Badjan, *Réformes institutionnelles de la CEMAC : jeux des acteurs, intérêts des États*, op.cit., p. 49.

en deçà des prévisions alors que nous sommes déjà pratiquement à mi-parcours de la durée dudit programme, ainsi que le confirment les tableaux 12, 13, 14 et 15 qui suivent[71].

Tableau n° 12 : Évolution des taux de croissance des États de la CEMAC de 2011 à 2021 (en pourcentage)

Année / Pays-CEMAC	2011	2012	2013	2014	2015	2016	2017	2018	2019	2020*	2021**
Cameroun	4,1	4,6	5,6	5,9	5,8	5,0	5,7	4,1	3,7	0,7	3,1
République Centrafricaine	3,3	3,9	-3,8	0,7	4,9	5,3	5,9	3,9	2,8	1,0	-0,1
Congo	3,4	3,8	3,3	5,6	2,8	-2,1	1,0	1,4	-0,2	-0,6	-3,8
Gabon	7,0	5,0	6,3	4,3	2,9	2,1	2,9	0,4	3,9	-1,8	1,4
Guinée Équatoriale	4,6	8,3	-3,9	0,2	-9,5	-6,0	-11,0	-4,0	-4,5	-4,9	2
Tchad	0,9	7,8	4,8	6,8	2,5	5,1	2,4	1	2,6	-2,4	1,8
CEMAC(1)	4,1	5,7	2,3	4,6	1,7	0,2	1,6	1,6	2,1	-1,7	1,6
Taux de croissance prévisionnel cible du P.E.R.[72]	8	8	8	8	8	10	10	10	10	10	10
Écart : taux de croissance réelle –taux de croissance cible	-3,9	-2,3	-5,7	-3,4	-6,3	-9,2	-8,4	-8,4	-7,9	-11,7	-8,4

Source Administrations Nationales et BEAC

* *: Estimation*

** *: Prévision*

Tableau N° 13 : Évolution du solde budgétaire base engagements hors dons de 2011 à 2017 en pourcentage du PIB

Année / Pays-CEMAC	2011	2012	2013	2014	2015	2016	2017
Cameroun	-1,2	-0,8	-3,8	-3,8	-2,0	-5,8	-3,1
République centrafricaine	-4,7	-2,9	-9,3	-7,8	-8,1	-5,2	-11,3
Congo	15,4	6,1	5,7	3,4	-11,4	-8,3	-12,9
Gabon	1,5	2,0	1,6	2,4	-1,1	-1,7	1,9
Guinée équatoriale	0,9	-8,0	-6,5	-5,2	-3,8	-8,6	-1,9
Tchad	-0,9	-3,6	-4,2	-2,1	-1,8	-2,7	-2,3
CEMAC	2,3	-1,3	-2,1	-1,7	-3,3	-5,6	-3,2

[71] Statistiques économiques de la CEMAC, Hebdomadaire intégration N° 271 du 17 avril 2017, p. 7.

Tableau N° 14 : Évolution du solde extérieur courant, transferts officiels inclus (en pourcentage du PIB) de 2011 à 2017.

Pays-CEMAC \ Année	2011	2012	2013	2014	2015	2016	2017
Cameroun	2,8	-3,6	-3,8	-4,4	-4,1	-6,5	-8,0
République centrafricaine	-5,9	-6,0	-3,5	-7,5	-9,1	-9,5	-12,3
Congo	7,8	3,3	-15,3	-21,5	-41,4	-36,8	-25,2
Gabon	13,9	11,9	12,1	7,4	-0,6	-7,3	2,2
Guinée équatoriale	-6,1	-1,2	-2,8	-4,7	-18,2	-9,4	-6,6
Tchad	-5,3	8,4	-3,5	-14,3	-12,4	-14,2	-8,6
CEMAC	1,1	2,5	-3,2	-6,9	-12,2	-11,7	-8,2

Tableau N° 15 : Évolution des ratios du service de la dette (en pourcentage) au sein de la CEMAC

Indicateurs \ Année	2011	2012	2013	2014	2015	2016	2017
Encours de la dette extérieure/PIB	12,9	13,3	16,4	20,7	24,7	24,6	23,9
Ratio du service de la dette publique/recettes budgétaires	4,2	4,6	10,0	8,5	17,2	22,9	20,1
Ratio du service de la dette/exportations de biens et services non-facteurs	2,1	2,3	5,7	4,8	10,7	13,9	11,6

Sources : Administration nationale et BEAC

Il se dégage notamment des tableaux qui précèdent que l'écart entre le taux de croissance cible prévisionnel du PER pour l'année 2016 et le taux de croissance effectivement réalisé, est évalué à neuf points de croissance environ, ce qui est exorbitant. En outre, depuis le lancement dudit programme, les taux de croissance cibles prévisionnels escomptés n'ont jamais été atteints et l'écart annuel moyen (écart-type) en valeur absolue entre les taux de croissance cibles prévisionnels et les taux de croissance réalisés, est de sept points de croissance environ.

Afin d'avoir la pleine mesure des résultats médiocres et de l'échec du PER, il est important de rappeler que le taux de croissance annuel moyen du PIB régional escompté de la réussite dudit Programme était estimé à 9,3 %, alors que le taux de croissance annuel moyen réalisé par le PER pour la période de dix ans sous revue s'établit seulement à 2,3 % environ

Ces données confirment sans ambages que la vision et le PER concernés étaient trop optimistes et irréalistes, même s'il est vrai que ces résultats ont été amplifiés par l'insécurité et les dépenses générées par la lutte contre la secte Boko Haram et le terrorisme dans les régions du Nord-ouest et du sud-ouest du Cameroun.

Ces données confirment également que malgré ses ambitions, le Programme des Réformes institutionnelles conçu et implémenté par les hautes Autorités de la CEMAC de 2006 à 2010, était essentiellement un Programme de réaménagement institutionnel de ladite Communauté, à l'effet d'en améliorer la gouvernance administrative et institutionnelle

Les données qui précèdent confirment enfin que le Programme économique Régional adopté par les Chefs d'État de la CEMAC à Bangui en 2010 n'était pas fondé sur un audit économique et politique scientifique rigoureux, rationnel et pertinent de ladite Communauté, susceptible de conduire à l'optimisation de la gouvernance économique et politique de la CEMAC

Il est important de souligner que le Cameroun, pôle économique fédérateur de la CEMAC, ne fait pas exception à la situation économique préoccupante de cette institution, décrite par les tableaux statistiques qui précèdent.

Ainsi, il y a lieu de souligner que l'évaluation à mi-parcours du Document de Stratégie pour la Croissance et l'Emploi (D.S.C.E.) qui couvre la période 2010-2019 effectuée conjointement par le Gouvernement du Cameroun et la Banque africaine de Développement (BAD) du 29 mai au 6 juin 2018 dans le cadre de la préparation de la stratégie d'intervention de la BAD à partir de 2021, révèle que ce document risque d'être un échec.

Ce point de vue est notamment partagé par Madame Amandine Atangana à travers cette déclaration formulée à l'issue de l'évaluation conjointe du DSCE : « le constat est que presque aucun des objectifs n'a été atteint dans l'agriculture, les transports, les TIC, l'énergie, les finances, etc. »[72].

---

[72] A. Atangana, « Croissance inclusive. Échec programmé du DSCE en 2020 », *in* Hebdomadaire Express économique N° 70 du 5 juin 2018, p. 5.

Les observations qui précèdent relatives à la situation économique préoccupante de la CEMAC et de ses pays membres confirment notamment notre axiome de base, édicté et développé au chapitre II. Il postule que l'émergence économique et politique des pays africains est fondamentalement conditionnée par la mise en place dans notre continent de nouvelles organisations d'intégration économique régionale plus crédibles et viables, optimales et compétitives aux plans scientifique et international.

Il en ressort notamment des tableaux qui précèdent que la situation économique préoccupante de la CEMAC provoquée par la crise susévoquée n'affecte pas seulement négativement l'économie sous-régionale, mais aussi les économies des pays membres de la CEMAC prises individuellement.

En somme, les performances économiques médiocres du PER de la CEMAC devraient interpeller les Chefs d'État et les autorités de la CEMAC à procéder à une révision en profondeur dudit Programme et de la Vision qui le sous-tend.

Ces contreperformances du PER de la CEMAC ont probablement motivé la 12e conférence ordinaire des Chefs d'État et de gouvernement tenue à Libreville le 6 mai 2015 à instruire la commission de la CEMAC à procéder à la relecture dudit programme.

Sa relecture devrait aboutir à sa révision et celle de la vision, étant donné que les normes en matière de management des projets et des politiques publics prescrivent d'identifier et de concevoir de nouveaux projets et de nouvelles politiques, chaque fois que les résultats atteints par les projets et les politiques initiaux, présentent des divergences significatives et énormes par rapport aux objectifs stratégiques poursuivis.

Cette révision en profondeur de la vision et du PER devrait nécessairement aboutir à l'application des réformes économiques structurelles à la CEMAC, notamment sa restructuration, sa refondation et son élargissement, eu égard à son architecture économique inefficiente et à ses résultats économiques médiocres.

II.4. Le plafonnement des échanges intrarégionaux à un faible niveau pendant plusieurs décennies

Le 8 décembre 2014, les pays d'Afrique centrale ont célébré le cinquantenaire de l'UDEAC et de la CEMAC.

Cependant, au-delà de cette célébration, un constat triste se dégage de ces festivités, en ce qui concerne l'évolution des échanges économiques intrarégionaux par rapport aux prédictions des théories économiques. En effet, après une cinquantaine d'années d'intégration, ces échanges en Afrique centrale atteignent à peine 3 % des échanges extérieurs de la CEMAC[73], qui sont en outre déficitaires par rapport au reste du monde, alors que ce taux est de 80 % environ pour l'U.E. et de 52 % environ pour les pays d'Asie[74].

Ce paradoxe économique préoccupant confirme une fois de plus, l'inefficience de l'architecture économique de la CEMAC qui fait d'elle une communauté essentiellement consommatrice et extravertie. Il est important de procéder à sa restructuration, notamment par son élargissement aux autres pays d'Afrique centrale et à ceux de l'Afrique de l'Ouest.

Les tableaux et les données qui précèdent confirment la profondeur de la crise financière et économique qui frappe l'institution depuis le début de l'année 2013. Cette crise qui a de fortes similitudes avec celle des années 80, ainsi que le plafonnement des échanges intrarégionaux sur cinq décennies, semble nous interpeller à la refondation et à la restructuration de la CEMAC.

À cet égard, il est important de souligner qu'en matière de gestion des organisations en général et des organisations internationales en particulier, la mutation, la restructuration, la métamorphose, dans la longue période, constituent la règle, et l'immuabilité l'exception. En effet, toute organisation internationale qui se veut efficace et efficiente sur la longue période doit se remettre en cause, se restructurer et se métamorphoser en permanence, afin de s'adapter aux nouveaux défis et objectifs qui lui sont imposés par son environnement du fait des chocs

---

[73] « Cameroon Tribune » N° 11020/7219 du 26 janvier 2016, p. 7.

[74] T. Hot, « Les voies de la Renaissance africaine », *Notre Afrik*, Hors-série, mai 2013, pp. 4-5.

endogènes et exogènes inéluctables dont elle peut faire l'objet pendant son existence.

Dans cette optique, la mutation et la restructuration permanentes des organisations d'intégration économique régionale devraient d'abord porter sur la mise en place de nouvelles politiques et stratégies d'intégration plus appropriées et plus efficientes par rapport aux nouveaux défis et objectifs qui leur sont imposés par leur environnement. Cette restructuration et cette mutation devraient en outre porter sur l'élargissement optimal desdites organisations, afin de garantir le recrutement en leur sein de nouveaux États membres, représentant un potentiel économique important, propre à optimiser l'efficience de l'architecture économique de l'organisation. Cet élargissement peut également signifier dans certains cas, la fusion avec des organisations similaires poursuivant les mêmes objectifs, afin de créer un marché régional plus grand et plus compétitif, en rapport avec les grands ensembles économiques régionaux en constitution sur la scène internationale.

Il est important de souligner que c'est sur la base des critères de résilience et d'adaptation constantes à son environnement que l'U.E. est considérée à juste titre comme une organisation d'intégration régionale pilote et résiliente au plan mondial. En effet, elle a su se remettre en cause en permanence. Elle a pu se restructurer progressivement afin de s'adapter en permanence aux nouveaux défis et objectifs, à elle, imposés au fil du temps par son environnement interne et externe ainsi que le confirment les faits marquants suivants de son existence :

- L'U.E. qui compte actuellement 27 États membres est l'héritière de la CEE qui a été créée le 25 mars 1957 par le traité de Rome, qui ne comptait à l'origine que six États membres. La CEE est elle-même l'héritière de la Communauté européenne du Charbon et de l'Acier (CECA) créée le 18 avril 1951. Comparativement à la C.E.C.A. et à la CEE, l'U.E. s'est considérablement agrandie et a diversifié et innové significativement ses politiques d'intégration.
- La crise institutionnelle qu'a connue la CEE en 1965 et qui était marquée par le retrait temporaire de la France des institutions communautaires, laquelle était due à l'application du principe de l'unanimité dans le processus de prise de décisions communautaires, a été savamment surmontée par le

remplacement dudit principe, par le vote à la majorité qualifiée, dans plusieurs domaines d'activités de la CEE

- L'U.E. a su surmonter les effets néfastes combinés de l'effondrement du Système monétaire international (1971) issu des accords de *Bretton Woods*, de la crise énergétique de 1973 et de la crise économique mondiale des années 80, en imprimant une nouvelle dynamique à l'intégration européenne. Cette nouvelle dynamique a notamment été concrétisée à travers différents plans d'intégration ambitieux à moyen et long termes (Plan *Werner*, Plan *Delors*, etc.), lesquels ont abouti à la création du marché unique européen et de l'euro.

Compte tenu de ce qui précède et notamment de l'expérience de l'U.E., il est hautement souhaitable que les crises financières et économiques qui ont frappé la CEMAC à la fin des années 80 et au cours des années 2013-2021, suscitent de la part des hautes autorités de la CEMAC, une volonté politique inébranlable de penser sa restructuration et sa refondation. Celles-ci sont notamment justifiées par les nouveaux défis économiques et politiques qui s'imposent à la CEMAC en ce début du XXIe siècle lesquels se résument à :

1- la nécessité de déclencher un processus de croissance et de développement plus soutenu et durable de l'économie sous-régionale et des pays membres, caractérisé notamment par un taux de croissance annuel moyen de 7 % au minimum (contre une moyenne annuelle de 2,3 % sur une période de dix ans, actuellement), afin d'avoir un impact réel sur la pauvreté et sur l'amélioration des conditions de vie des populations ;

2- la nécessité de création d'un marché régional plus grand par rapport aux frontières actuelles de la CEMAC afin de garantir l'industrialisation effective des pays et de la zone CEMAC, ce qui requiert la fusion progressive de la CEMAC avec les ensembles économiques sœurs d'Afrique centrale et occidentale que sont la CEEAC, l'UEMOA et la CEDEAO ;

3- la nécessité du renforcement optimal de la sécurité dans la région d'Afrique centrale et occidentale, eu égard à la forte incidence négative des problèmes de sécurité sur les dynamiques d'intégration, ce qui requiert notamment de faire coïncider les espaces régionaux de régulation politique, avec ceux de régulation économique, pour une plus grande efficacité et par conséquent, la fusion progressive des blocs économiques sous-régionaux de ladite région ;

4- la nécessité de consolider et de pérenniser les acquis des accords de *Green Tree* de juin 2006 relatifs au règlement pacifique du différend frontalier de Bakassi, afin de garantir une paix et une stabilité durables entre le Nigéria et le Cameroun. Cette consolidation et cette pérennisation des accords de Green Tree requièrent notamment « la construction d'un pont d'intégration économique » entre le Nigéria et le Cameroun, considérés respectivement comme les deux pôles économiques fédérateurs de l'Afrique occidentale et de l'Afrique centrale ;

5- la nécessité pour les pays d'Afrique centrale et occidentale de définir une politique commune vis-à-vis de l'U.E. en ce qui concerne les relations commerciales avec cette organisation, compte tenu de l'impact négatif considérable des APE bilatéraux sur les processus d'intégration. Cette nécessité est d'autant plus avérée eu égard au refus des autres pays d'Afrique centrale d'adhérer à l'APE bilatéral UE-Cameroun, exprimé à Douala le 3 mars 2017, en réaction à la proposition de l'U.E. et du Cameroun[75] ;

6- la nécessité d'imprimer une nouvelle dynamique aux processus d'intégration dans la région d'Afrique centrale et occidentale, résolument orientée vers la création et le développement d'un appareil de production régionale et la transformation structurelle des économies, afin de créer un cadre propice à l'industrialisation, à l'atteinte des ODD à l'horizon 2030 et à la résorption de l'important taux de chômage structurel de la population active régionale ;

7- la nécessité de garantir la cohérence et la complémentarité des politiques et stratégies de lutte contre la pauvreté et de promotion de la croissance et du développement d'une part, et celles de promotion de la stabilité d'autre part, afin de maximiser leur efficacité et leur efficience et de mutualiser l'utilisation des ressources humaines, financières et matérielles régionales pour leur mise en œuvre ;

8- la nécessité de constituer de grands blocs économiques régionaux qui, au regard de la géo économie mondiale, constituent les seuls et les meilleurs instruments d'attraction massive des IDE, dès lors que les

---

[75] Aboudi Ottou, « Régionalisation de l'A.P.E. d'étape », Hebdomadaire intégration N° 265 du 6 mars 2017, p. 5.

États-Unis, la Chine, l'U.E. attirent, à eux seuls, plus de 70 % des IDE entrants du monde, contrairement à l'Afrique qui représente 1/7 de la population mondiale, mais dont le taux d'attraction n'atteint pas 1 %[76] ;

9- la nécessité de combler l'important déficit entre l'épargne réelle de l'Afrique estimée à 15 % du P.N.B. et l'investissement optimal indispensable (estimé à 33 % du P.N.B.) pour déclencher un processus de croissance soutenue et durable des économies des pays africains, caractérisée par un taux annuel du PIB de 7 % au minimum permettant d'avoir un impact réel sur la réduction de la pauvreté[77] ;

10- la nécessité de garantir la convergence et l'identité des Zones d'Intégration économique optimales (ZIEO) avec les Zones de Sécurité optimales (ZSO) afin de maximiser l'efficacité, l'efficience et la complémentarité des politiques et stratégies de lutte contre la pauvreté et de promotion de la croissance et du développement d'une part et celles de promotion de la paix et de la stabilité régionales d'autre part ;

11- la nécessité pour la région d'Afrique centrale et occidentale d'évoluer de l'inter-régionalisme sécuritaire, qui est déjà une réalité vers l'inter-régionalisme économique afin de garantir la cohérence et la complémentarité entre les stratégies et politiques de promotion de la sécurité d'une part, et celles de promotion de l'intégration économique et de lutte contre la pauvreté d'autre part ;

12- la nécessité de faire évoluer l'intégration économique de l'échelle sous-régionale à l'échelle régionale afin de permettre à notre région de relever avec efficacité et efficience les principaux défis sécuritaire, économique et diplomatique qui s'imposent, à elle, en ce début du XXIe siècle et de créer de véritables communautés économiques et monétaires régionales optimales et efficientes au plan scientifique ;

13- la nécessité de la mise en œuvre des prescriptions du traité d'Abuja du 3 juin 1991 instituant la CEA, entré en vigueur en 1994. Ces prescriptions se résument en l'accélération de la fusion des communautés économiques sous-régionales afin d'évoluer vers la création en Afrique de deux blocs économiques régionaux intermédiaires pilotes, disjoints et efficients (Afrique centrale et

---

[76] *World Investment Report,* UNCTD, 2001.

[77] Rapport économique annuel de la commission des Nations-Unies pour l'Afrique (C.E.A.), 2000.

occidentale, et Afrique australe et orientale), puis à la mise en place de la CEA dans un délai maximum de 40 ans.

14- la nécessité pour l'Afrique centrale et occidentale, et les communautés économiques africaines de contribuer activement à l'élaboration, la consolidation, la mise en œuvre et la réussite de l'agenda 2063 de l'UA qui vise notamment l'avènement à l'horizon 2063 d'un continent parfaitement intégré, uni, stable sécurisé et prospère, aux plans économique et politique.

Il y a lieu de souligner que le déficit brut entre l'épargne réelle et l'investissement optimal susmentionné s'établit en Afrique à 18 % du P.N.B., ce qui correspond à un déficit résiduel de 9 % du P.N.B., si l'on considère que l'Aide publique au Développement (A.P.D.) est estimée à 9 % du P.N.B. Ce déficit résiduel est variable selon les régions et s'établit à 5 % du P.N.B. pour l'Afrique du Nord et à 27,5 % pour l'Afrique centrale[78].

Dans ce contexte, la solution idéale pour résorber ce déficit résiduel de l'épargne en Afrique consiste, à coup sûr, à provoquer un afflux soutenu et durable des IDE en Afrique lequel ne peut être obtenu que par la création de grands blocs économiques régionaux viables, ce qui implique nécessairement la refondation et l'élargissement de la CEMAC et des autres communautés économiques sous-régionales et régionales du continent. Il en ressort que les IDE étant les ressources extérieures les plus saines et les plus élastiques par rapport à la dette extérieure, le surendettement des pays africains qui semble être l'option choisie par de nombreux pays africains, dont ceux de la CEMAC, constitue à l'évidence une solution de facilité, du reste, inefficiente à moyen et long termes pour résorber le déficit de l'épargne concernée.

En somme, la refondation et la restructuration de la CEMAC hautement souhaitées devraient notamment consister en l'application de réformes économiques structurelles, à la hauteur des nouveaux défis économiques et politiques à relever, ce qui implique notamment la mise en place de politiques d'intégration plus audacieuses et l'élargissement optimal de la CEMAC.

Il est important de souligner à cet égard que le plafonnement à un faible niveau des échanges intra-régionaux sur cinq décennies, et le caractère stationnaire de la structure du commerce extérieur des pays de

---

[78] *World Investment report*, UNCTD, 2001.

la CEMAC constituent la preuve irréfragable que l'UDEAC et la CEMAC ont été incapables à ce jour de déclencher la transformation structurelle de l'économie sous-régionale.

Mieux encore, cet état de choses, confirme que l'UDEAC et la CEMAC ont été bâties sur la base de la conception libérale de l'intégration (approche de l'intégration par le marché) qui met l'accent sur les effets statiques de l'intégration régionale, en termes d'accroissement des économies d'échelle pour les Entreprises, et d'agrandissement du Marché. Cette approche est plus indiquée pour les pays développés qui disposent déjà des entreprises et des économies relativement « mûres », et de tissus industriels de production structurés et performants.

Ce fondement de la CEMAC et de l'UDEAC sur le paradigme et l'approche de l'intégration régionale par le marché est de surcroît confirmé par la genèse de ladite approche et par le fait que l'année de création de l'UDEAC (1964), correspond au plan international, à la période de l'âge d'or de l'approche de l'intégration par le marché.

La Refondation, la restructuration et la redynamisation de la CEMAC constituent par conséquent un impératif scientifique, historique et catégorique. Cette refondation et cette restructuration de la CEMAC nous imposent notamment de changer de paradigme en matière d'approche scientifique de l'intégration régionale.

Il s'agit au plan concret, de substituer le paradigme de l'intégration par le marché fondé sur la simple exploitation des économies d'échelle, l'élargissement du marché, et le court terme, par celui de l'intégration fondé sur la production, focalisé sur la transformation structurelle des économies, la dynamisation de la croissance, l'élargissement qualitatif du marché, et le long terme.

Ce changement d'approche et de paradigme, dû essentiellement à la tombée en obsolescence dès la fin des années 1960 de l'approche de l'intégration régionale par le marché dans les pays en voie de développement, est synonyme de révolution majeure dans la conception et la mise en œuvre des politiques d'intégration régionale dans les pays en voie de développement.

Compte tenu de ce qui précède, l'analyse rationnelle des théories de l'intégration régionale, porte à penser que l'UDEAC et la CEMAC devaient être édifiées à partir des approches fonctionnalistes et structuralistes de l'intégration et de celle de l'intégration complexe. Ces approches modernes sont plus appropriées pour les pays en voie de développement, dans la mesure où elles mettent un accent particulier sur les effets dynamiques de l'intégration régionale, et notamment sur la transformation structurelle et la diversification des jeunes économies, et l'édification d'un appareil de production régional efficace et efficient.

Les données qui précèdent interpellent par conséquent les Hautes Autorités de la CEMAC à refonder cette Communauté sur les approches fonctionnalistes et structuralistes de l'intégration qui accordent un point d'honneur aux effets dynamiques de l'intégration régionale, compte tenu du caractère embryonnaire des appareils de production des pays en voie de développement.

En effet, ces approches qui sont résolument volontaristes fondent la réussite de l'intégration régionale sur la transformation structurelle de l'économie régionale, la dynamisation de la croissance, l'élargissement et le renforcement de la souveraineté des États membres, et l'accélération des aspirations de développement et des possibilités de leur réalisation.

En somme, les mêmes arguments d'efficacité et d'efficience par rapport aux principaux défis économiques et politiques à relever par l'organisation d'intégration régionale, qui ont prévalu lors de la mutation de l'UDEAC en CEMAC, devraient prévaloir aujourd'hui pour la transformation de la CEMAC en une entité régionale plus grande et plus efficace aux plans économique et politique.

Il résulte de tout cela qu'une analyse rationnelle des théories de l'intégration régionale porte à penser que l'UDEAC et la CEMAC devaient être édifiées à partir des approches fonctionnalistes et structuralistes de l'intégration et de celle de l'intégration complexe, plus appropriées pour les pays en voie de développement. Ces approches modernes de l'intégration régionale mettent un accent particulier sur les effets dynamiques de l'intégration régionale et notamment sur la transformation structurelle et la diversification des jeunes économies.

Cette analyse étant terminée, il est question de présenter les performances de la CEMAC en ce qui concerne le respect des normes théoriques et pratiques de reconnaissance des UEMO.

III. LA NON-SATISFACTION PAR LA CEMAC DE LA PLUPART DES CRITÈRES THÉORIQUES ET PRATIQUES DE RECONNAISSANCE DES UNIONS ÉCONOMIQUES ET MONÉTAIRES OPTIMALES

Nous examinerons d'abord l'aptitude de la CEMAC à satisfaire les critères théoriques de reconnaissance des unions monétaires optimales, avant de nous interroger sur la pertinence des critères pratiques d'optimalité au sein de la Communauté.

I.1. La pertinence des critères théoriques d'optimalité au sein de la CEMAC

Notre passage en revue des critères théoriques d'optimalité des unions économiques et monétaires régionales, nous a révélé qu'ils ont trait essentiellement à :

- la mobilité des facteurs de production au sein de l'espace d'intégration (Mundell) ;
- l'harmonisation des politiques économiques au sein de l'Union et son aptitude à relever les importants défis économiques qui l'interpellent, notamment celui de l'instauration de la croissance économique durable (Bourguinat et Kindleberger) ;
- la diversité et la complémentarité des économies au sein de la zone (Kenen) ;
- la solidarité au sein de l'Union (André Marchal et Albert Ondo Ossa) ;
- la volonté de bâtir un destin économique commun, matérialisée notamment par la création d'un marché commun et l'adoption d'une monnaie commune (Frankel et Rose).

En ce qui concerne le critère de Mundell, il est en principe vérifié au sein de la CEMAC, depuis le sommet extraordinaire des Chefs d'État de la CEMAC tenu à N'Djamena le 31 octobre 2017, à l'issue duquel les États membres se sont engagés à mettre en œuvre sans délai, la liberté de circulation des personnes au sein de la Communauté. Toutefois, il reste à définir toutes les modalités de sa mise en œuvre sur le territoire de la CEMAC.

S'agissant du critère de Bourguinat et de Kindleberger relatif à l'harmonisation des politiques économiques des États membres et à l'aptitude de l'Union à relever les principaux défis économiques présents et futurs qui l'interpellent, on peut dire qu'il n'est pas vérifié au sein de la CEMAC.

En effet, à la lumière des traités instituant la CEMAC, il apparaît que l'objectif d'harmonisation des politiques économiques et budgétaires des États membres figure parmi les principaux objectifs de la Communauté. Toutefois, à ce jour, cette harmonisation des politiques économiques et budgétaires des États membres reste encore sommaire et partielle dans la mesure où elle a abouti seulement à l'élaboration d'un PER dont le financement reste sujet à caution. Il est en outre à souligner que la 12e conférence ordinaire des Chefs de la CEMAC réunie à Libreville le 6 mai 2015 a décidé de la relecture dudit programme.

En outre, on assiste souvent au développement de projets concurrents entre les États membres d'une part et entre les États membres et la CEMAC d'autre part.

De surcroît, même si l'on suppose qu'il existe une harmonisation des politiques économiques et budgétaires au sein de la CEMAC, cette identité des préférences au niveau des politiques économiques ne lui pas encore permis de relever les principaux défis économiques présents et à venir auxquels elle est confrontée. Ces principaux défis économiques se résument à sa marginalisation et celle de ses pays membres sur la scène économique internationale, au chômage structurel de sa population active, et à son incapacité à déclencher un processus de croissance soutenue et durable des économies des pays membres.

À cet effet, on peut relever avec regret que la plupart des mesures d'ajustement internes prises au sein de la CEMAC au cours des dernières décennies n'ont pas véritablement permis de déclencher un processus de croissance soutenue et durable de ses économies. Dans cette optique, l'une des illustrations les plus éloquentes de nos affirmations est la dévaluation du franc CFA de 1994 qui frappe par son ambiguïté économique. Celle-ci qui s'est avérée finalement très coûteuse pour les populations africaines de la zone Franc (baisse du prix des exportations et renchérissement des importations) était censée déclencher une croissance soutenue et durable de l'économie de la CEMAC et un processus d'industrialisation de ladite sous-région.

Aujourd'hui, soit 27 ans environ après la dévaluation, le bilan de cette importante mesure d'ajustement interne au sein de la CEMAC est négatif dans la mesure où les principaux objectifs clés assignés à la dévaluation, à savoir le déclenchement de la croissance soutenue et durable, et l'industrialisation n'ont pas été atteints.

Soulignons en outre dans la même optique que la CEMAC est incapable de produire elle-même certains biens publics collectifs tels que : la paix, la stabilité et la sécurité sous-régionales, pourtant indispensables pour l'accélération et la réussite de l'intégration économique sous-régionale.

En effet, les pays d'Afrique centrale sont souvent contraints de faire appel à ceux d'Afrique occidentale pour lutter contre l'insécurité et promouvoir la paix. Ainsi, la force multinationale mixte de lutte contre Boko Haram et la force G5 Sahel en gestation constituent des illustrations éloquentes de cette réalité.

En somme, il ressort clairement des données qui précèdent que la CEMAC n'est pas une UEMO du point de vue des critères retenus par Bourguinat et Kindleberger.

En ce qui concerne le critère de Kenen relatif à la diversité et à la complémentarité des économies de la CER, il n'est pas non plus pertinent au sein de la CEMAC, dans la mesure où la plupart des pays membres de la CEMAC sont des pays agricoles, caractérisés par un faible développement du secteur industriel.

À cet égard, si nous considérons l'industrie manufacturière qui est la branche la plus dynamique du secteur industriel[79], les pourcentages de contribution au PIB sont faibles et généralement inférieurs à 20 %.

S'agissant du critère relatif à la solidarité retenu par les économistes André Marchal et Albert Ondo Ossa, il apparaît à son analyse qu'il n'est pas non plus pertinent au sein de la CEMAC. En effet, selon les auteurs précités, les pays engagés dans un processus d'union économique et monétaire doivent développer un degré de solidarité suffisamment élevé et convaincant qui les amène à se porter mutuellement assistance, le meilleur exemple de solidarité étant celui qui existe entre deux régions d'un même pays. Tout pays engagé dans un processus d'union économique et monétaire doit accepter le coût de gestion d'un autre pays partenaire de l'Union et doit être redevable des actes posés par les autres pays membres, autrement dit de leurs excédents et de leurs déficits.

---

[79] Banque mondiale 1996, Rapport sur le développement dans le monde, p. 243.

Nonobstant cet idéal de solidarité prescrit par les théoriciens de l'intégration, nous constatons malheureusement que les ressortissants de la CEMAC sont régulièrement victimes d'expulsions et de mauvais traitements, notamment au Gabon et en Guinée équatoriale, surtout après la découverte du pétrole dans ces deux pays. Ces comportements rétrogrades qui sont le résultat d'une absence de vision et la preuve de l'égoïsme et d'un micro-nationalisme exacerbé mettent à rude épreuve l'œuvre d'édification d'une solidarité sous-régionale digne de ce nom, qui constitue l'une des conditions essentielles d'une UEMO.

En somme, il est impératif que les Chefs d'État et les peuples de la CEMAC élèvent le débat de l'intégration et du développement et qu'ils comprennent que l'intégration économique et monétaire régionale constitue le passage obligé du développement. Il est par conséquent de la plus haute importance que les Chefs d'État et les peuples de la CEMAC prennent toutes les dispositions nécessaires pour instaurer une véritable citoyenneté de la CEMAC et une solidarité réelle et convaincante entre les pays membres.

En ce qui concerne enfin le critère de Frankel et Rose relatif à la volonté des pays membres de l'Union de bâtir un destin économique commun, on peut dire que cette volonté est manifeste au sein de la CEMAC, mais qu'elle a besoin de se confirmer davantage par des actes concrets de solidarité et d'accélération du rythme de l'intégration.

Il ressort de l'analyse qui précède que sur les cinq critères théoriques de reconnaissance des UEMO, la CEMAC ne satisfait, à peine, qu'un seul critère, ce qui confirme de manière irréfragable qu'elle n'est pas optimale et compétitive au plan théorique.

Par ailleurs, que pouvons-nous dire du point qui suit au sujet de la CEMAC ?

III.2. La pertinence des critères pratiques d'optimalité au sein de la CEMAC

Notre passage en revue des critères pratiques de reconnaissance des UEMO compétitives au plan international a retenu principalement quatre critères à savoir :

- la capacité de l'Union à créer un espace géographique où règnent la paix, la sécurité et la stabilité ;

- la capacité de l'Union à garantir la maximisation des échanges intrarégionaux ;
- la capacité de l'Union à être un pôle d'attraction des IDE ;
- l'importance des tailles absolue et relative de l'Union au regard des expériences d'intégration en cours dans le monde.

En ce qui concerne le critère relatif à la sécurité, à la paix et à la stabilité régionales, il ne semble pas pertinent au sein de la CEMAC, au regard des problèmes d'insécurité et d'instabilité qu'ont connus le Tchad et la République centrafricaine au cours des dernières décennies et que connaît actuellement le Cameroun. La CEMAC n'est véritablement pas un « îlot de paix et stabilité régionale », car de manière générale en Afrique, les problèmes de paix et de stabilité transcendent les sous-régions. Cela est d'autant plus vrai que les problèmes de sécurité et de stabilité des sous-régions d'Afrique centrale et d'Afrique occidentale sont plus ou moins liés et communs. Ce constat a notamment motivé la convocation du sommet extraordinaire des Chefs d'État et de gouvernement d'Afrique centrale et occidentale sur la sécurité et la sûreté maritime dans le Golfe de Guinée, tenu à Yaoundé les 24 et 25 juin 2013 et du Sommet des Chefs d'État de Paris du 17 mai 2014 sur la sécurité au Nigéria.

Ce constat milite fortement pour la fusion progressive des communautés économiques et des organisations de coopération sous-régionales et régionales d'Afrique centrale et occidentale, en vue de la mise en place de la CEMEACO. Celle-ci permettrait de garantir la mutualisation optimale et efficace des ressources en matière de maintien de la paix et de la stabilité et en matière d'intégration économique au sein de la région concernée. Elle permettrait en outre de substituer des communautés économiques sous-régionales non optimales et inefficientes aux plans économique et politique par une CER optimale.

S'agissant du critère relatif à la capacité de l'Union à maximiser les échanges intrarégionaux, il n'est pas non plus pertinent au sein de la CEMAC, dans la mesure où les échanges intrarégionaux n'atteignent pas 5 % des échanges extérieurs des pays de la CEMAC, alors que nous sommes au lendemain de la célébration de son cinquantenaire. Ce plafonnement des échanges intrarégionaux malgré les mesures d'incitation engagées, est révélateur sans nul doute de la forte dépendance extérieure de la CEMAC et de la nécessité de modifier de manière significative son architecture économique dans le sens de son élargissement optimal.

En ce qui concerne le troisième critère relatif à la capacité de l'Union à devenir un pôle d'attraction des IDE, il n'est pas non plus vérifié au sein de la CEMAC. En effet, le rapport de la CNUCED sur les IDE dans le monde, souligne que leurs entrées en Afrique ont atteint le record de 31 milliards de $ en 2005 et que 86 % de ces investissements étaient concentrés dans les dix pays suivants par ordre d'importance : l'Afrique du Sud, l'Égypte, le Nigéria, le Maroc, le Soudan, la Guinée équatoriale, la République démocratique du Congo, l'Algérie, la Tunisie et le Tchad.

Ces données du rapport de la CNUCED confirment, s'il en était besoin, que contrairement aux prédictions de la théorie économique, les pôles actuels de concentration des IDE en Afrique ne sont nullement les communautés économiques régionales et sous-régionales telles que la CEMAC, l'UEMOA, mais plutôt les principaux pôles économiques et industriels fédérateurs de l'Afrique que sont l'Afrique du Sud, le Nigéria et l'Égypte.

Ce constat déconcertant semble notamment indiquer que la maximisation du volume des IDE à destination de l'Afrique doit passer nécessairement par l'élargissement optimal des CER existantes et par leur édification autour des trois pôles économiques et industriels fédérateurs de l'Afrique susmentionnés.

En ce qui concerne enfin le quatrième critère pratique d'optimalité relatif à l'importance des tailles économiques absolue et relative de la CEMAC par rapport aux expériences d'intégration en cours dans le monde, il est certain qu'il n'est pas vérifié par la CEMAC. En effet, les tailles économiques absolue et relative de la CEMAC sont trop petites, comparativement aux expériences d'intégration actuellement en cours dans le monde telles que l'U.E., l'Accord de Libre-échange nord-américain (ALENA), le Marché commun du Cône Sud (MERCOSUR), les États-Unis, la Chine, etc. Il en résulte que l'impact de la CEMAC sur la modification des rapports de forces sur la scène économique internationale et sur l'émancipation économique de la sous-région d'Afrique centrale est quasi nul.

En somme, il ressort de l'analyse qui précède que la plupart des critères pratiques de reconnaissance des UEMO efficientes et compétitives au plan international ne sont pas vérifiés par la CEMAC.

Il ne saurait d'ailleurs en être autrement, car une communauté économique régionale ou sous-régionale non optimale au plan théorique peut difficilement l'être au plan pratique.

En résumé, il faut retenir que sur neuf critères théoriques et pratiques de reconnaissance des unions économiques et monétaires efficientes et optimales aux plans international et scientifique, la CEMAC n'en satisfait, à peine, que deux, ce qui confirme une fois de plus qu'elle doit faire l'objet d'une refondation et d'une restructuration, afin de pouvoir s'arrimer aux normes scientifiques et internationales de création des UEMO.

Rendus au terme de ce tour d'horizon d'évaluation des principales forces et faiblesses de la CEMAC, nous pouvons d'ores et déjà aborder avec plus de discernement le dernier volet de notre processus d'évaluation prospective relatif aux perspectives de la CEMAC.

CHAPITRE V :

LES PERSPECTIVES DE DYNAMISATION, DE REFONDATION ET DE RESTRUCTURATION DE LA CEMAC

Le bilan des principales forces et faiblesses de la CEMAC réalisé précédemment semble indiquer que l'amélioration significative de ses performances au cours des prochaines décennies devrait reposer sur un plan de dynamisation, articulé autour des principaux axes stratégiques ci-après :

- l'appropriation et la mise en œuvre intégrale par la CEMAC et les États du programme des réformes institutionnelles engagé depuis 2006 ;
- l'élimination des principales carences de la CEMAC aux plans managérial et fonctionnel ;
- la modification significative de l'architecture économique de la CEMAC, dans le sens de sa restructuration, de sa refondation et de son élargissement.

Il nous incombe d'apporter quelques précisions sur ces principaux axes stratégiques du plan à court, moyen et long termes.

SECTION I : L'APPROPRIATION ET LA MISE EN ŒUVRE INTÉGRALES DU PROGRAMME DES RÉFORMES INSTITUTIONNELLES

L'appropriation et la mise en œuvre intégrales du programme des réformes institutionnelles de la CEMAC devraient notamment être consacrées à la réalisation d'un certain nombre de performances clés, à savoir :

- l'amélioration significative de la gouvernance financière et monétaire de la CEMAC ;
- l'amélioration de la gouvernance institutionnelle de la CEMAC ;
- la priorisation de l'intérêt général de la CEMAC par rapport aux intérêts individuels des États.

Ces performances appellent quelques précisions.

I. L'AMÉLIORATION SIGNIFICATIVE DE LA GOUVERNANCE FINANCIÈRE ET MONÉTAIRE DE LA CEMAC

Les performances dans ce domaine devraient notamment être sanctionnées par :

- la maximisation du taux de recouvrement des recettes au titre de la taxe communautaire d'intégration, afin d'améliorer de manière optimale l'efficience de cette principale source de financement ;
- la systématisation de l'audit annuel des comptes de toutes les institutions et de tous les organes de la CEMAC ;
- l'amendement du Droit communautaire de manière à rendre le taux de prélèvement au titre de la TCI ajustable à la hausse en fonction des besoins de financement de la CEMAC, comme il en est le cas au sein de l'U.E., en ce qui concerne les prélèvements au titre des ressources propres de financement de ladite Union ;
- le remplacement du système de contribution égalitaire des États aux charges de la CEMAC par un système plus réaliste et plus efficient tenant compte des volumes de recettes publiques et du PIB de chaque État membre.

Il reste entendu que l'initiative de la proposition de réajustement à la hausse du taux de prélèvement au titre de la TCI incomberait à la commission de la CEMAC et la décision à la conférence des Chefs d'État, après avis motivé du Parlement communautaire.

Quant à l'amélioration de la gouvernance monétaire de la CEMAC, elle devrait notamment aboutir aux résultats ci-après :

- La création d'une seule union monétaire en Afrique centrale et occidentale (en lieu et place des deux unions existantes), regroupant au minimum 14 pays de la région concernée ;
- L'affranchissement de la BEAC de la tutelle de la France, à travers la mise en place d'un Conseil d'Administration composé exclusivement des représentants des États membres de la CEMAC ;

Il est à souligner que ces réformes économiques structurelles relatives à la fusion des unions économiques et monétaires de l'Afrique de l'Ouest et du Centre et à l'affranchissement du franc CFA de la tutelle de la France sont vivement souhaitées par les peuples et les Chefs d'État africains ainsi que le confirme, à juste titre, cette déclaration de S.E.M. Idriss Deby Itno, ex-président de la République du Tchad, de regrettée mémoire :

« Il y a une convention entre la France et les pays africains qui a été faite au lendemain des Indépendances. Le Président Hollande était ouvert à une renégociation. Il appartient maintenant aux Chefs d'État africains comme je le pense, de renégocier cette convention qui nous lie à une monnaie qui n'est pas la nôtre avec une parité fixe. Le seul intérêt du franc CFA c'est d'avoir 14 pays avec une monnaie commune. Il faut que les 14 pays restent regroupés et qu'ils négocient pour que le Trésor français ne nous gère plus.

C'est à nous de gérer notre monnaie avec notre Banque centrale. Au niveau du Conseil d'Administration de notre Banque centrale, nous avons trois Français qui siègent avec le droit de véto. Où est alors la souveraineté monétaire ? Comment voulez-vous que l'Afrique se construise ?

D'ailleurs, nos collègues d'Afrique anglophone, lusophone, arabophone, nous disent que si nous connaissons aujourd'hui des malheurs, c'est à cause de vous, francophones »[80].

Il est important de préciser qu'outre l'ingérence de la France dans la gestion de la politique monétaire des pays africains de la zone Franc évoquée par le Président tchadien, les autres griefs régulièrement émis contre le franc CFA, ont trait à :

- la fixité du taux de change avec l'euro qui tend à privilégier les échanges avec l'Europe, et ne prend pas suffisamment en compte les évolutions positives ou négatives enregistrées dans le temps, des situations économiques respectives de l'Afrique et de l'Europe, révélées notamment par l'évolution des indicateurs macro-économiques de croissance ;
- la privation des pays africains d'une importante partie des ressources de financement de leurs économies, constituées par la moitié des réserves de change gagnées dans l'exportation des biens et services vers le reste du monde, bloquées dans le Compte d'Opérations du Trésor français et destinées à garantir la convertibilité du franc CFA vis-à-vis des devises étrangères ;
- l'inefficacité du franc CFA à assurer sa fonction de financement de l'économie, dans la mesure où les crédits à l'économie au sein

---

[80] Interview « Vérité de S.E. Idriss DEBY ITNO, président de la République Tchad à RFI, TV5, et au Monde », Bi hebdomadaire *L'Essentiel du Cameroun* N° 72 du 27 juin 2017, p. 8.

de la zone Franc avoisinent 15 % du PIB, alors que le taux optimal, selon les avis des experts, devrait se situer aux environs de 100 % du PIB ;

- la portion congrue des crédits à long terme par rapport aux crédits à court et moyen termes dans le financement de l'économie, ce qui fait essentiellement du franc CFA un instrument de financement de la consommation, au détriment de l'investissement de production.

Il est à souligner que ce constat des performances monétaires, financières et économiques médiocres de la Zone Franc, est confirmé par plusieurs Experts africains et internationaux, ainsi que l'attestent les déclarations ci-après de Mr Babissakana, Ingénieur financier, Directeur du Cabinet Prescriptor :

- Le Bilan diagnostic stratégique de la Coopération monétaire avec la France en soixante (60) ans, indique de médiocres performances de développement monétaire et financier assimilables au mieux à une stagnation, avec une masse monétaire à 26,9 % du PIB en 2020, contre une moyenne en Afrique Subsaharienne de 38,7 %, un volume très étriqué de crédit à l'économie, à seulement 16,4 % du PIB en 2020, contre une moyenne en Afrique subsaharienne de 24,8 % et une inclusion financière ridicule se situant en 2017, entre 3 % et 7 % de la population de plus de 15 ans, c'est-à-dire un taux d'exclusion financière de 97-93 % de la population, confirmant ce constat amère, de la répression financière systémique établi par Tchundjang Pouemi, il y a plusieurs décennies déjà[81].
- Les pratiques françaises de Coopération monétaire étant fondées sur une culture de la criminalité (la colonisation étant un crime), la dissimulation, la domination, l'exploitation et l'abus de position dominante, elles ont induit l'accumulation au sein de la BEAC., et de la CEMAC d'un état d'esprit d'incapacité ou d'insuffisance technique, professionnelle et institutionnelle (effet

[81] Babissakana, PMR, PMOCP, CSSP-T, Ingénieur financier Chairman 8 C.EO – Lettre de Réforme aux Chefs d'État et de gouvernement de la CEMAC – Monnaie commune de l'Afrique Centrale et nouvelle Coopération avec la France – Bihebdomadaire Défis Actuels N° 580 du 14 au 16/06/2021. p. 3.

aliénant et appauvrissant) à conduire une politique monétaire et financière communautaire et souveraine.[82]

À cet égard, il est important de rappeler qu'en matière de gouvernance bancaire et monétaire, les normes de qualité sont fixées comme suit[83] :

- La masse monétaire doit représenter 100 % du PIB ;
- Les crédits à l'économie doivent représenter 100 % du PIB au minimum ;
- Le taux d'inclusion financière doit être de 100 %.

Compte tenu de ce qui précède, et eu égard au souhait exprimé par S.E.M. Idriss Deby Itno, de regrettée mémoire, relatif à la sortie en un seul bloc des pays africains de la Zone Franc, il y a lieu de souligner que les pays de l'UEMOA et de la. CEDEAO ont déjà fait leur choix. Ce choix est du reste conforme au souhait de l'ex-président de la République du Tchad.

En effet, à la sortie de la réunion des pays de la zone franc, qui s'est tenue le 11 octobre 2019 à Paris, les pays de l'UEMOA ont décidé et déclaré qu'ils vont basculer en bloc dans la monnaie unique de la CEDEAO qu'est l'ÉCO, à partir de 2020[84]. Cette décision a été confirmée à Abidjan le 22 décembre 2019 par S.E.M. Alassane Ouattara, Président de la Côte d'Ivoire, en présence de S.E.M. Emmanuel Macron, Président de la France.

Il convient de souligner qu'à ce jour, seuls les huit pays de l'UEMOA remplissent les critères de convergence fixés pour la zone Eco, et que les autres pays de la CEDEAO (Nigéria, Ghana, Libéria, Sierra Leone, Guinée et Gambie) rejoindront progressivement la zone, dès qu'ils rempliront les critères de convergence fixés pour ladite zone.[85]

---

[82] Babissakana, PMR, PMOCP, CSSP-T, Ingénieur financier Chairman 8 C.EO – Lettre de Réforme aux Chefs d'État et de gouvernement de la CEMAC – Monnaie commune de l'Afrique Centrale et nouvelle Coopération avec la France – Bihebdomadaire Défis Actuels N° 580 du 14 au 16/06/2021. p. 2.

[83] Idem.

[84] C.D.E.A.O., « L'éco indexée à l'euro », Antony Daka, Hebdomadaire Diapason N° 407 du 15 au 21 octobre 2019, p. 7.

[85] Idem.

À terme, dès que tous les pays de la CEDEAO intègreront la zone éco, le taux de change entre l'éco et l'euro deviendra flexible, tel que le prévoit l'étude de faisabilité de la mise en place de la zone éco[86].

Dans ce contexte caractérisé par un positionnement clair et sans équivoque de la sous-région d'Afrique occidentale, le choix rationnel et logique de la sous-région d'Afrique centrale, face à la problématique du maintien ou de la sortie de la zone Franc, s'impose de lui-même.

En effet, le retard relatif de l'Afrique centrale en matière d'approfondissement du processus d'intégration régionale et les résultats de l'analyse approfondie de l'économie réelle régionale et des problèmes sous-régionaux de compétitivité internationale des économies et de sécurité militent fortement en faveur de la validation de la suggestion susévoquée de Deby Itno. Cette suggestion tend à proposer une solution communautaire et solidaire à la problématique du maintien ou de la sortie de la zone Franc, notamment par la formation d'une coalition économique et monétaire des sous-régions d'Afrique centrale et occidentale.

Il y a lieu de souligner en ce qui concerne particulièrement le retard relatif de l'Afrique centrale par rapport à l'Afrique occidentale dans le développement et la mise en œuvre du processus d'intégration sous-régional qu'il est constant et de notoriété publique. Il est réel, qu'il s'agisse de l'effectivité de l'application des libertés de circulation des personnes, des biens, des services et des capitaux, ou de l'efficacité et de l'efficience des mécanismes de prévention et de règlement des conflits ou de maintien de la sécurité et de la paix.

Par ailleurs, ce retard est du reste confirmé par de nombreux observateurs avertis de la scène africaine, ainsi que l'attestent notamment ces déclarations de William Eteki Mbouma, ancien secrétaire général de l'OUA, de regrettée mémoire :

« L'intégration de l'Afrique reste à parfaire, tandis qu'en Afrique centrale, cette même intégration reste simplement à faire »[87]

---

[86] Idem.

[87] W. Eteki Mbouma, *Témoignage sur une vision de l'intégration en Afrique centrale dans l'intégration régionale en Afrique centrale ; Bilan et perspectives*, sous la direction de Hakim Ben Hammouda, Bekolo-Ebe Bruno et Touna Mama, Éditions Karthala, 2003, p. 283.

« Le thème de la libre-circulation est essentiel dans tout processus d'intégration. Cela implique sans doute la mobilité et le brassage à l'intérieur de la communauté des personnes physiques ou morales, des biens, des idées, des organisations patronales, non gouvernementales, en fonction de la profondeur des réseaux d'échanges précoloniaux, la libre-circulation est plus ou moins appliquée selon les aires d'intégration. Dans l'espace CEDEAO par exemple, l'on s'accorde généralement à reconnaître qu'elle est aujourd'hui mieux appliquée que dans n'importe quel espace du continent ».[88]

« Ainsi après presque trente-sept années d'existence d'UDEAC – CEMAC et dix-huit années de CEEAC, l'idée d'une citoyenneté de la communauté relève encore du virtuel. Cet échec a sans doute abouti en 1991 à une désintégration de l'UDEAC ».[89]

Il ressort des propos qui précèdent que toute fusion ou toute coalition économique et monétaire de l'Afrique centrale et de l'Afrique occidentale, serait hautement bénéfique pour les deux sous-régions concernées et pour l'Afrique, dans l'optique de la mise en œuvre méthodique du traité d'Abuja, qui prescrit notamment la fusion et l'élargissement des communautés économiques, sous-régionales et régionales.

Il reste entendu que dans la coalition économique et monétaire envisagée, l'espace CEDEAO jouerait le rôle de locomotive de la coalition, au regard de ses dimensions géographique et économique, et de l'avantage comparatif certain dont jouit cet espace, en matière d'avancement et d'approfondissement du processus d'intégration sous-régionale. En ce qui concerne l'espace CEEAC-CEMAC, il bénéficierait notamment des importants effets d'entraînement et des avantages, découlant du dynamisme accru et avéré de l'intégration régionale au sein de l'espace CEDEAO.

Pour ce qui est des deux sous-régions prises globalement, elles bénéficieraient, entre autres, de la création d'un marché communautaire domestique de plus de 500 millions de consommateurs, qui constitue le facteur moteur incontournable pour la réussite des politiques d'industrialisation et d'émergence aux plans national et régional, et pour l'atteinte des ODD à l'horizon 2030.

---

88 Op. cit., p. 285.
89 Op. cit., p. 286.

Cette analyse paraît logique et pertinente dans la mesure où le marché communautaire régional joue pour les économies nationales et l'économie régionale, le même rôle que joue le moteur pour un véhicule, dès lors que le marché commun régional, constitue la zone par excellence de multiplication des opportunités économiques et de dynamisation des processus de création et de multiplication des richesses.

Soulignons enfin que les sous-régions d'Afrique centrale et occidentale bénéficieraient d'une meilleure prise en charge des problèmes de sécurité et de paix, de mécanismes de maintien et de renforcement de la paix et de la sécurité régionales, plus efficaces et plus efficients, du fait de la mise à contribution d'un plus grand nombre de pays, et de la disponibilité des moyens de financement plus conséquents résultant notamment de la réussite de l'intégration économique régionale.

Compte tenu de ce qui précède, nous pensons en toute logique que les pays de la CEMAC et de la CEEAC devraient entrer en négociation dans la diligence avec ceux de l'UEMOA et de la CEDEAO afin d'adhérer et de s'arrimer à la dynamique d'Intégration impulsée par la CEDEAO pour la mise en place de la monnaie régionale qu'est l'éco. Cette monnaie régionale constitue sans nul doute un important jalon dans la mise en place progressive de la CEMEACO que nous appelons de tous nos vœux, et dont nous avons notamment proposé la création au chapitre II, afin de combler le déficit institutionnel qui prévaut actuellement dans ce domaine, aux plans économique et politique.

Ce déficit institutionnel se manifeste notamment aujourd'hui par le fait que la Force multinationale Mixte de Lutte contre Boko Haram (FMMLBH), qui regroupe indifféremment les pays d'Afrique centrale et occidentale, est placée sous la tutelle politique opérationnelle de la Commission du Bassin du Lac Tchad (CBLT).

Cette tutelle opérationnelle de la CBLT sur la FMMLBH est inadéquate dans la mesure où la CBLT. n'est qu'une Commission régionale d'aménagement du territoire, sans mandat politique régional.

Toutefois, cette tutelle opérationnelle de la CBLT sur la FMMLBH est établie et maintenue de fait, en raison de l'inexistence au sein de la région d'Afrique Centrale et occidentale d'une organisation d'intégration régionale ayant un mandat économique et politique régional reconnu.

À cet égard, la logique de la configuration institutionnelle de l'architecture de paix et d'intégration économique qui prévaut dans les

Sous-régions d'Afrique centrale et occidentale devrait être respectée au niveau de la région d'Afrique centrale et occidentale.

En effet, c'est sur la base de cette logique de la configuration institutionnelle de l'architecture de paix et d'intégration économique de l'Afrique et de l'Union africaine que le Conseil de Paix et de Sécurité d'Afrique centrale (COPAX) et le Conseil de Surveillance de l'Afrique de l'Ouest (ECOMOG) sont respectivement placées sous la tutelle opérationnelle et la supervision de la CEEAC et de la CEDEAO.

Il est par conséquent urgent et impératif de combler le déficit institutionnel qui prévaut au niveau de la région d'Afrique centrale et occidentale, en s'inspirant de la logique du maillage institutionnel des Sous-régions qui la composent.

Dans cette optique, les nécessités de cohérence, de légitimité et d'efficacité de l'architecture institutionnelle de maintien de la paix et d'intégration économique, de l'Afrique et de l'Union africaine, aux plans continental et régional, militent pour le placement de la Force multinationale susvisée, sous la tutelle opérationnelle de la Communauté économique et monétaire des États d'Afrique centrale et occidentale.

Cette Communauté, bien qu'inexistante et virtuelle, serait mieux indiquée pour bénéficier d'un mandat économique et politique, pour connaître des problèmes économiques et politiques transversaux de la région d'Afrique centrale et occidentale, ce qui la rendrait d'office plus apte que la CBLT, à assurer la tutelle opérationnelle de la FMMLBH susvisée.

Il est important à cet effet de souligner que la création de la CEMEACO, présenterait d'importants avantages économiques et politiques, dans la mesure où l'existence de cette Communauté permettrait notamment de maximiser l'efficacité et l'efficience des politiques régionales et sous-régionales, de maintien de la paix d'une part, et de promotion de l'intégration économique et du développement, et de lutte contre la pauvreté, d'autre part.

Cette maximisation de l'efficacité et de l'efficience des deux catégories de politiques précitées sera notamment obtenue, grâce à l'exploitation optimale des liens d'interdépendance et de complémentarité structurels et fonctionnels, qui existent si heureusement entre la politique, l'économie et la diplomatie.

En effet, le maintien et le renforcement de la paix et de la sécurité régionale par la politique et la diplomatie permettraient d'améliorer le climat des affaires, et par conséquent de consolider et d'accélérer l'intégration économique régionale.

Sur un autre plan, la promotion de l'intégration économique régionale et du développement et la lutte contre la pauvreté permettraient en retour de renforcer la paix et la sécurité régionales, dès lors que la pauvreté est reconnue au plan mondial, comme l'une des causes profondes de l'insécurité et de l'instabilité.

En somme, la création de la CEMEACO permettrait à l'Intégration régionale en Afrique centrale et occidentale de réaliser un saut qualificatif en matière de performances économiques et politiques.

Ce saut qualitatif serait notamment matérialisé par le passage de l'inter-régionalisme sécuritaire qui est déjà une réalité à travers la FMMLBH et la Force G5-Sahel, à l'inter-régionalisme sécuritaire et économique, qui présente des avantages plus nombreux et plus importants. Ces nombreux et importants avantages ont notamment trait à la maximation de l'efficacité et de l'efficience des politiques d'intégration économique régionale et de lutte contre la pauvreté d'une part, et de celles de lutte contre l'insécurité et l'instabilité politiques, d'autre part.

Dans cette perspective, il est important de souligner qu'à la lumière du Plan de Développement et d'Intégration de l'Afrique à moyen et long termes, mis en évidence ci-dessus, visant notamment la Rationalisation optimale de l'Intégration économique en Afrique et la mise en place progressive de la CEA, la CEMEACO et la Communauté économique et monétaire des États de l'Afrique Australe et Orientale (CEMEAAO), sont les seules Communautés virtuelles de l'Afrique, optimales aux plans scientifique et international.

En effet, ces deux Communautés virtuelles, bâties respectivement autour des Principaux Pôles économiques et industriels fédérateurs de l'Afrique, que sont le Nigeria, l'Afrique du Sud et l'Égypte, sont les seules Communautés jugées optimales et compétitives aux plans scientifique et international, par rapport à la pléthore des Communautés économiques Sous-Régionales et régionales africaines existantes.

Cette appréciation est fondée sur les critères scientifiques d'optimalité et de compétitivité mis en évidence ci-dessus.

Soulignons en outre que l'approche des pays de l'UEMOA et de la CEDEAO, consistant à rendre le taux de change entre l'Eco et l'Euro flexible dès que l'Économie réelle de la Zone Eco aura atteint une taille maximale et suffisante, apparaît sage et réaliste, car la Force de la monnaie régionale a pour base fondamentale, la Diversité et la Force de l'Économie réelle régionale.

Cette Force et cette Diversité de l'Économie réelle régionale, qui sont notamment matérialisées et évaluées par la Production régionale, et le Produit Intérieur Brut régional (PIBR) sont elles-mêmes des fonctions croissantes du nombre de pays appartenant à l'Union économique et monétaire Régionale.

Cette approche réaliste et sage de l'Afrique de l'Ouest, milite fortement du reste, pour l'adhésion et l'arrimage des pays de la CEMAC et de la C.EAC à la Dynamique impulsée par les pays de l'UEMOA et de la CEDEAO, pour la mise en place de la monnaie régionale qu'est l'Eco, à l'effet de fonder ladite monnaie sur une Économie réelle régionale suffisamment forte et diversifiée.

À cet égard, il est important de souligner que cette nécessité d'adhésion des pays de la CEMAC et de la CEEAC à la dynamique impulsée par les pays de l'UEMOA et de la CEDEAO, est du reste renforcée par les termes du Communiqué final du Sommet extraordinaire des Chefs d'État d'Afrique Centrale tenu à Yaoundé le 22 novembre 2019, dont le point 7 stipule expressément :

« Examinant spécifiquement la question monétaire, les Chefs d'État et de gouvernement ont réaffirmé leur volonté de disposer d'une monnaie commune, stable et forte.

Concernant particulièrement la Coopération monétaire avec la France portant sur le F CFA, ils ont décidé d'engager une réflexion approfondie sur les conditions et le cadre d'une nouvelle Coopération.

À cet effet, ils ont chargé la Commission de la CEMAC et la BEAC de proposer dans des délais raisonnables, un schéma approprié conduisant à l'évolution de la monnaie commune. »[90]

Il ressort notamment des termes du point 7 du Communiqué final précité que les Chefs d'État et de gouvernement de la CEMAC ont la volonté ferme de disposer d'une monnaie commune forte et stable, et de réformer leur Coopération monétaire avec la France.

---

[90] Communiqué final à l'issue du Sommet extraordinaire de la CEMAC du 22/11/2019 – Cameroon Tribune du 25/11/2019, p. 9.

Nous pensons en toute rationalité que ces objectifs stratégiques ne peuvent être atteints avec le maximum d'efficacité et d'efficience, et dans les meilleures conditions de coûts et de délais, par les Pays de la CEMAC, qu'en créant une véritable Coalition économique et monétaire entre les Pays d'Afrique Centrale et ceux d'Afrique occidentale.

Cette Coalition est d'autant plus justifiée que les différentes évaluations de la CEMAC effectuées ci-dessus, à partir des critères et des indicateurs objectivement vérifiables (taux de croissance moyen du PIB à long terme, complémentarité des Économies, pourcentage moyen des échanges intra-régionaux à long terme, rythme de transformation structurelle des Économies, etc.), révèlent que ladite Communauté n'est pas compétitive aux plans scientifique et international.

Cette Stratégie de Coalition de la CEMAC avec l'Afrique de l'Ouest est de surcroît plus rationnelle du fait que l'UEMOA, qui est la « Communauté sœur » de la CEMAC pour l'Afrique de l'Ouest, et dont la puissance économique en termes population et de taille économique du marché, est largement supérieure à celle de la CEMAC, a opté pour la Coalition avec les autres pays de la CEDEAO à l'effet d'atteindre le même objectif visé par la CEMAC, à savoir, la mise en place d'une monnaie régionale forte et stable.

Cette Coalition économique et monétaire des Sous-Régions d'Afrique centrale et occidentale, est vivement encouragée et recommandée, au regard de l'Analyse de l'Économie réelle réalisée au Chapitre II ci-dessus, qui prescrit notamment pour des raisons d'efficacité et d'efficience économique et politique, de fusionner les deux Sous-régions concernées, en un seul bloc économique régional, à savoir, la Communauté et monétaire des États d'Afrique centrale et occidentale.

Il est important de souligner pour terminer que l'Analyse et la Vision stratégiques qui précèdent, sont largement partagées et confirmées par les approches scientifiques et modernes de l'Intégration régionale, et les avis de nombreux Académiciens.

S'agissant des approches modernes et scientifiques de l'Intégration régionale, que sont notamment les approches fonctionnaliste et structuraliste de l'Intégration régionale, et celle de l'Intégration complexe, elles insistent particulièrement sur la nécessité de créer de grands blocs économiques régionaux, afin de permettre aux pays membres d'engranger les importantes valeurs ajoutées escomptées de la réussite de l'Intégration.

Ces importantes valeurs ajoutées se résument à l'accélération des progrès scientifiques, techniques et technologiques, au renforcement de la souveraineté et de l'autonomie économiques et politiques des pays et de la Région concernés vis-à-vis du Reste du Monde, et à l'accélération des Aspirations du développement et des possibilités de leur réalisation.

Quant aux avis des Académiciens, ils tendent à recommander de ne pas focaliser le débat sur l'appartenance à la Zone Franc au domaine strictement monétaire, mais à l'élargir à la nécessité et à la perspective plus globales, d'imprimer une Nouvelle Dynamique à l'Intégration régionale et au Développement en Afrique, ainsi que l'illustrent à juste titre les trois Déclarations qui suivent :

« Le débat actuel sur la Zone Franc remet en perspective certains dossiers et projets inachevés en Afrique de l'Ouest et en Afrique Centrale. Autant il est difficile de parler de transformation structurelle pour la plupart des Pays d'Afrique Centrale, autant on peut évoquer, l'expérience de mise en place de la Monnaie unique de la CEDEAO ».[91]

« C'est dire, pour comprendre les différents enjeux derrière la Zone Franc, qu'il est impossible d'échapper à l'épineuse question des transformations structurelles, largement traitée par Touna Mama et Patrice Ongono, pour lesquels la réflexion sur l'appartenance à la Zone Franc ne devrait pas faire l'économie d'une autre réflexion essentielle sur les faiblesses structurelles sur lesquelles les Pays africains doivent absolument se pencher »[92]

« Autant de questions et de réflexions que Fatou Gueye, Charlie Mballa et Ahmadou Aly Mbaye (ré)inscrivent dans une Perspective plus globale de Développement et de l'Intégration de l'Afrique, afin de sortir les débats sur la Zone Franc du carcan idéologique, dans lequel certains acteurs et observateurs l'ont parfois confiné »[93].

Soulignons pour terminer, que ces positions du Professeur TOUNA MAMA et des Enseignants Patrice ONGONO, Fatou GUEYE, Charlie MBALLA et Ahmadou Aly MBAYE, sont du reste renforcées, par celles du Professeur Albert ONDO OSSA, Spécialiste de l'Intégration

---

[91] « La Zone Franc, d'hier à aujourd'hui : Enjeux et Perspective pour le développement et l'Intégration en Afrique » - Ahmadou Aly Mbaye, Charlie Mballa et A. Noglo (en ligne)- 61/2019- mise en ligne le 29/01/2019.

[92] Ibid.

[93] Ibidem.

régionale et des Questions monétaires, présentée dans les Déclarations qui suivent :

« Même si les pays en développement et partant ceux de la Zone Franc africaine, semblent de plus en plus tendre vers un régime de grande flexibilité, le principal élément qui devrait y déterminer le choix d'un régime, est ainsi que nous l'avons dit plus haut, le degré de diversification des échanges commerciaux »[94]

« Le fonctionnement de la Zone Franc africaine incline à penser que la crédibilité du régime des changes fixes y est sérieusement entamée depuis la dernière dévaluation du F CFA (1994). Et continuer à maintenir un tel régime nous paraît d'autant moins judicieux que les Gouvernements africains ont toute la latitude pour décider de ne plus se lier les mains ». C'est une décision essentiellement politique ».[95]

« A cet égard, le régime des changes fixes nous semble de plus en plus difficile à maintenir en Zone franc africaine. Les pays africains de la Zone Franc sont contraints pour cela de mettre en place des politiques strictes, qui contribuent malheureusement à accentuer la misère des populations ».[96]

« Dans ces conditions, l'Afrique pourrait tirer partie de l'expérience européenne, en mettant en place un régime de change capable de dynamiser, le processus d'intégration économique et monétaire et surtout de favoriser, la croissance ; un tel système, pour être stable, exige la coordination des politiques économiques. Ce qui revient, d'une part, à garantir la solidarité monétaire à travers le maintien d'un seul Franc CFA pour la B.C.E.A.O et la B.E.A.C, d'autre part, à instaurer une plus grande flexibilité grâce aux parités glissantes »[97]

En somme, il ressort globalement des Déclarations des Académiciens qui précèdent que la Problématique actuelle du maintien ou de la sortie de la Zone Franc, offre une occasion idoine aux pays d'Afrique centrale et occidentale, pour se libérer du joug économique et monétaire de la France et de l'Union européenne, prendre résolument

---

[94] Albert ONDO OSSA - L'Intégration monétaire en Afrique, l'Avenir du F CFA — dans l'Intégration régionale en Afrique Centrale- Bilan et perspectives sous la direction de Hakim Ben Hammouda, Bruno BEKOLO- EBE et TOUNA MAMA, Éditions Karthala- février 2003, page 169.

[95] Op cit : P 171.

[96] Op cit : P 172.

[97] Op cit : P 178.

leur destin politique et économique en main, et renforcer leur intégration économique.

Cette conquête de leur Indépendance politique, économique et monétaire, leur permettra, notamment de dynamiser la croissance, l'intégration économique et le développement de la région d'Afrique centrale et occidentale et de l'Afrique, et d'améliorer significativement les conditions de vie de leurs populations.

II. L'AMÉLIORATION DE LA GOUVERNANCE INSTITUTIONNELLE DE LA CEMAC

Les performances dans ce domaine devraient notamment être sanctionnées par l'opérationnalité et l'optimisation du rendement de tous les organes et institutions mis en place par le programme des réformes institutionnelles, en l'occurrence :

- la Commission ;
- le Parlement communautaire ;
- la Cour de Justice communautaire ;
- la Cour des Comptes communautaire.

En tant que principales gardiennes des traités, ces structures devraient, plus que par le passé, veiller au respect des principaux traités CEMAC par les États membres, de manière à garantir l'accélération optimale du rythme d'intégration au sein de la CEMAC dont la lenteur est avérée.

Enfin, l'amélioration de la gouvernance institutionnelle devrait aboutir à la rotation intégrale des postes des premiers responsables des institutions et organes de la CEMAC afin de permettre à chaque État membre de diriger une institution ou un organe communautaire.

III. LA PRIORISATION DE L'INTÉRÊT GÉNÉRAL DE LA CEMAC PAR RAPPORT AUX INTÉRÊTS INDIVIDUELS DES ÉTATS MEMBRES

L'appropriation intégrale du programme des réformes institutionnelles doit notamment être sanctionnée par la priorisation de l'intérêt général de la CEMAC par rapport aux intérêts individuels des États membres. Cette importante mutation stratégique et mentale au sein de la CEMAC devrait permettre de mettre fin à une institution caractérisée par la juxtaposition des intérêts individuels et égoïstes des États membres et donner naissance à une institution considérée comme le cadre privilégié de satisfaction des intérêts complémentaires et convergents de la sous-région et des États membres.

Cette priorisation de l'intérêt général de la Communauté par rapport aux intérêts individuels permettrait en outre de :

- mettre fin aux projets concurrents entre les États membres d'une part, et entre la CEMAC et les États membres d'autre part ;
- garantir une exécution harmonieuse du PER ;
- maximiser le nombre et les chances de réalisation des projets intégrateurs régionaux.

SECTION II : L'AMÉLIORATION DE LA GOUVERNANCE FONCTIONNELLE ET MANAGÉRIALE DE LA CEMAC

L'amélioration de la gouvernance managériale et fonctionnelle de la CEMAC au cours des prochaines décennies devrait porter sur certaines actions majeures, à savoir :

- la substitution du processus décisionnel par consensus par le vote à la majorité simple ou qualifiée, dans un certain nombre de domaines d'activités de la CEMAC ;
- l'amendement du Droit communautaire de manière à prévoir dans un certain nombre de domaines d'activités de la CEMAC, la substitution du système de vote « un État, une voix » par un système de vote tendant à pondérer la voix de chaque État par son poids économique (PIB), son poids démographique (population) et son poids financier (sa contribution au financement de la CEMAC) ;
- la mise en place d'une nomenclature plus rigoureuse des activités de la CEMAC distinguant de manière plus précise ses activités de coopération de celles d'intégration ;
- la prise en compte de toutes les mesures appropriées par la CEMAC et les États membres pour accélérer de manière optimale le rythme d'intégration au sein de la communauté ;
- l'affirmation du leadership politique du Cameroun au sein de la CEMAC ;
- l'application de la technique d'intégration à géométrie variable dans beaucoup de domaines d'intégration pilotés par la CEMAC.

Certaines de ces actions majeures appellent quelques précisions.

En ce qui concerne particulièrement la substitution du processus décisionnel basé sur le consensus par le vote à la majorité simple ou qualifiée, il s'avère nécessaire pour les activités de la CEMAC relevant du domaine de l'intégration de la sous-région (mise en place du marché commun, monnaie, concurrence, harmonisation des politiques fiscales, économiques et budgétaires, etc.), afin d'accélérer le rythme d'intégration et de mise en place du marché commun sous-régional.

S'agissant du système de vote tendant à pondérer les voix de chaque État par son poids économique, son poids démographique et son poids financier réel, il devrait également s'appliquer pour certains domaines d'activités d'édification du marché sous-régional unifié, afin d'en accélérer le processus d'édification.

Quant à la technique d'intégration à géométrie variable, elle devrait permettre comme au sein de l'U.E. d'instaurer les pratiques communautaires dans les domaines d'intégration où le consensus n'est pas encore réalisé, en ce qui concerne l'application du Droit communautaire.

L'application de cette technique à la CEMAC pourrait par exemple permettre d'instaurer la liberté de circulation des personnes, des capitaux, des biens et des services, entre le Congo, la RCA, le Tchad et le Cameroun, en attendant l'adhésion effective du Gabon et de la Guinée équatoriale à cette importante mesure d'intégration.

La technique d'intégration à géométrie variable permet ainsi de créer « un noyau dur » de l'intégration, constitué de pays ayant une aptitude relative plus élevée à adhérer au processus d'intégration, lequel joue le rôle de « moteur », et d'accélérateur autonome du processus d'intégration régional, à côté du « noyau mou », constitué des pays « retardataires ».

En ce qui concerne enfin l'affirmation du leadership politique du Cameroun au sein de la CEMAC, il doit notamment se manifester par une implication plus accrue, plus engagée et plus agressive de notre pays dans le processus d'approfondissement, d'élargissement et d'accélération de l'intégration en Afrique centrale. Cette implication du Cameroun dans le processus d'intégration sous-régional doit notamment se concrétiser par :

- des actions diplomatiques de persuasion et de marketing à l'endroit des États membres de la CEMAC qui éprouvent des hésitations à adhérer totalement au processus d'intégration (Gabon, Guinée équatoriale) ;
- des actions diplomatiques de persuasion et de marketing à l'endroit des pays non membres de la CEMAC (RDC, Angola, Burundi, Rwanda) pour qu'ils intègrent la CEMAC ;
- la veille stratégique et le contrôle permanent de l'application des traités CEMAC par tous les États membres, en liaison avec les institutions et les organes de l'institution compétents dans ce domaine, afin d'accélérer le rythme d'intégration sous-régional ;
- la prise des initiatives dans le sens de l'engagement des négociations entre les pays de la CEMAC, de la CEEAC, de l'UEMOA et de la CEDEAO en vue de la fusion progressive de ces ensembles économiques et monétaires sous-régionaux ;
- la contribution permanente à la consolidation du « noyau dur » de la CEMAC, appelé à y jouer le rôle de locomotive.

Il y a lieu de souligner qu'au regard des tendances actuelles, « le noyau dur » de la CEMAC pourrait être constitué du triplet « Cameroun, Tchad, Congo ».

Après cette analyse, il est question à présent d'aborder le dernier volet relatif à la restructuration et à l'élargissement de la CEMAC.

SECTION III : LES PERSPECTIVES EN MATIÈRE DE RESTRUCTURATION, DE REFONDATION ET D'ÉLARGISSEMENT DE LA CEMAC

Le bilan des principales faiblesses de la CEMAC au plan économique, nous a révélé notamment que ladite Communauté n'était pas optimale et compétitive aux plans scientifique et international, dans la mesure où elle ne satisfait pas la plupart des critères théoriques et pratiques d'optimalité.

À cet effet, le Programme de dynamisation de ladite Communauté aux plans économique et politique doit être axé sur des initiatives de restructuration, de refondation et d'élargissement agressives et courageuses, afin de rendre la CEMAC optimale et compétitive aux plans scientifique et international.

Cette vision stratégique est par ailleurs confirmée par la plupart des approches théoriques modernes de l'intégration régionale, notamment celle de l'intégration complexe et celles fonctionnaliste et structuraliste, qui considèrent les Grands Blocs économiques régionaux (GBER), comme les instruments les plus efficaces et efficients, de création et de multiplication des richesses, et de dynamisation de la croissance.

Ces Grands Blocs économiques régionaux sont les meilleurs vecteurs du progrès scientifique, de l'innovation technologique, de la transformation structurelle des économies nationales et régionales, et d'élargissement et de renforcement des souverainetés nationales et régionales.

Cette vision stratégique axée sur la création et la promotion des Grands Blocs Économiques régionaux est enfin renforcée et confirmée, par la durée relativement longue du cycle de maturation d'une Communauté économique et monétaire régionale (CEMR).

Cette durée du cycle de maturation d'une CEMR peut être définie comme le délai qui court de la date de création de ladite CEMR, à la date d'achèvement du processus de convergence économique et monétaire envisagé.

Cette durée du cycle de maturation d'une CEMR correspond en réalité au délai qui court, de sa date de création, à la date d'atteinte des principaux objectifs économiques et politiques, à elle assignés par sa convention de création.

À cet effet, la durée moyenne du cycle de maturation d'une CEMR peut être estimée à cinquante (50) ans au minimum, au regard de l'expérience d'intégration économique et monétaire de l'Union européenne, qui constitue une expérience pilote au plan mondial, en raison des performances de ladite Union. Dans ce contexte, la durée moyenne relativement longue du cycle de maturation d'une CEMR devrait interpeler tous les Responsables publics chargés du pilotage des politiques d'intégration régionale, à éviter la création de Blocs Économiques régionaux non optimaux, inefficients et transitoires.

Cette orientation et cette prescription stratégiques sont notamment justifiées par le fait que lesdits Blocs ne sont pas capables de garantir l'atteinte des objectifs économiques et politiques à eux assignés dans les délais escomptés, en même temps qu'ils ont pour inconvénient de rallonger indûment la durée moyenne de maturation des CEMR qui est déjà suffisamment longue.

En effet, les Blocs économiques régionaux non optimaux et non compétitifs aux plans scientifique et international sont en réalité des biais coûteux en ressources et en temps dans le processus de création des Communautés économiques régionales optimales et compétitives aux plans international, et dans l'atteinte des objectifs économiques et politiques assignées à ces dernières.

Quant aux Blocs économiques régionaux optimaux et compétitifs aux plans scientifique et international, ils garantissent la mise en place des Communauté économiques régionales optimales et compétitives au plan international, qui sont les seuls instruments capables de garantir l'atteinte dans les meilleures conditions de coûts et de délais, des objectifs économiques et politiques assignés aux CEMR.

En outre, les Responsables publics chargés du pilotage des politiques d'intégration régionale devraient veiller à écourter autant que possible, la durée de vie des CEMR non optimales, transitoires et non compétitives au plan international, eu égard à leur impact sur le rallongement de la durée moyenne d'atteinte des objectifs économiques et politiques, à elles assignés par leurs conventions de création.

Enfin, les Responsables publics susvisés devraient marquer une préférence absolue, pour la création des Grands Blocs Economiques régionaux optimaux, définitifs et efficients, dotés d'une architecture économique et politique crédible, notamment porteuse des prémices susceptibles de garantir, l'indépendance économique, la stabilité politique, et la compétitivité internationale desdits Blocs, à moyen et long termes.

À cet égard, la CEMAC peut être considérée à juste titre comme un Bloc économique sous- régional non optimal et non compétitif aux plans scientifique et international, par opposition à l'Union européenne et à la Chine, dont les performances économiques et politiques attestent de l'optimalité et de la compétitivité internationales desdits Blocs régionaux.

Compte tenu de ce qui précède, il apparaît que le Programme de restructuration, de refondation et d'élargissement de la CEMAC est un impératif juridique, économique, scientifique et historique.

Il est d'abord un impératif juridique parce que tous les pays de la CEMAC ont signé et ratifié le Traité d'ABUJA du 3 juin 1991 instituant la Communauté économique Africaine (CEA), reconduit par l'Acte constitutif de l'Union africaine, qui consacre la restructuration et l'élargissement des Communautés économiques sous-régionales et régionales africaines, comme un impératif catégorique, dans le Processus d'édification progressive de la CEA

C'est pour cette raison que les articles 8 et 9 du Traité révisé de la CEMAC du 30/01/2009 disposent expressément : « La Communauté établit toutes les coopérations utiles avec les Organisations régionales et sous-régionales existantes. La Communauté participe aux efforts d'intégration dans le cadre de l'Union africaine, et, en particulier, à ceux relatifs à la création d'organisations communes dotées de compétences propres, en vue d'actions coordonnées dans les domaines spécifiques ».

Ce Programme de dynamisation de la CEMAC constitue également un impératif juridique parce qu'il se situe en droite ligne du Programme Économique Régional d'Émergence adopté en 2010 par les États membres de la CEMAC, qui s'est notamment fixé pour objectif « d'accélérer la mutation de la CEMAC en un acteur moteur d'un vaste marché régional de 260 millions de consommateurs et en une plateforme de compétitivité et d'exportation vers les marchés internationaux ».

Il est ensuite un impératif économique et scientifique, parce que la restructuration, la refondation et l'élargissement de la CEMAC constituent une impérieuse nécessité pour rendre cette Communauté crédible, optimale, efficiente, et compétitive aux plans scientifique, économique et international.

Il est enfin un impératif historique, parce que la mise en œuvre du Traité d'ABUJA instituant la CEA accuse à ce jour un retard considérable (vingt-sept ans environ après son entrée en vigueur), qui interpelle les Chefs d'État et les Peuples africains, à accélérer de manière optimale le processus de restructuration, de refondation et d'élargissement des Communautés économiques sous-régionales.

Dans cette perspective, nous pensons que le processus de restructuration, de refondation et d'élargissement de la CEMAC devrait porter sur les principales séquences ci-après :

- L'élargissement de la CEMAC aux autres pays de la CEEAC (fusion de la C.E.M.A.C et de la CEEAC) que sont la R.D.C., l'Angola, le Rwanda et le Burundi ;
- La fusion de la CEMAC avec l'Union économique et monétaire Ouest africaine (UEMOA), afin de constituer le « noyau dur » de la future Communauté économique et monétaire des États

d'Afrique centrale et occidentale, constitué au minimum de quatorze (14) pays d'Afrique centrale et occidentale utilisant la même monnaie ;

- L'élargissement de l'Union économique et monétaire d'Afrique Centrale et Occidentale aux autres pays de la CEDEAO (Nigéria, Ghana, etc.), afin de former la Communauté économique et monétaire des États d'Afrique centrale et occidentale (CEMEACO).

Il y a lieu de souligner que la fusion de la CEMAC et de la CEEAC fortement envisagée ces dernières années par les Chefs d'État d'Afrique Centrale devrait être encouragée.

Toutefois, cette fusion ne devrait être considérée que comme une étape transitoire et intermédiaire par rapport à la situation idéale et optimale, que constitue la fusion des Communautés économiques sous-régionales d'Afrique centrale et occidentale, pour former la Communauté économique et monétaire des États d'Afrique centrale et occidentale (CEMEACO).

En effet, nous pensons que la Communauté économique sous-régionale qui résultera de la fusion de la CEMAC et de la CEEAC ne pourra être qu'un optimum de second rang, en termes d'efficacité et d'efficience, par rapport à l'optimum de premier rang que constitue la CEMEACO, pour les raisons suivantes :

- La fusion de la CEMAC et de la CEEAC vise essentiellement à résoudre un problème de double-emploi et de chevauchement entre ces deux Communautés économiques, ces dernières ayant les mêmes objectifs stratégiques au sein de la même Sous-région.
- La Vulnérabilité économique de la Sous-région d'Afrique Centrale, ainsi que le retard considérable qu'accuse ladite Sous-région en matière d'intégration, par rapport à l'Afrique de l'Ouest, ne sont pas de nature à garantir au Bloc économique sous-régional qui résultera de la fusion de la CEEAC et de la CEMAC, des performances meilleures aux plans économique et politique.
- L'Insécurité et l'Instabilité politiques récurrentes et la Conflictualité particulière de la Sous-région d'Afrique centrale, qui ont déjà à ce jour contraint la CEEAC à suspendre ses activités pendant une période de six (6) ans (1992-1998), et la CEMAC à délocaliser provisoirement son Siège de Bangui à Malabo depuis sept (7) ans, ne sont pas de nature à garantir à l'Ensemble

économique qui résultera de la Fusion de la CEMAC et de la CEEAC une stabilité politique durable.

- Le Bloc économique sous-régional qui résultera de la fusion de la CEMAC et de la CEEAC sera de petite taille aux plans démographique et économique, par rapport aux Grands Ensembles économiques existants ou en gestation sur la Scène africaine, et sur la Scène mondiale, ce qui aura pour effet de minorer la compétitivité et l'efficience dudit Bloc au plan international.
- L'Insuffisance de Complémentarité des économies des Pays de la Sous-région d'Afrique centrale n'est pas de nature à garantir des performances économiques meilleures au Bloc économique sous-régional qui résultera de la fusion de la CEMAC et de la CEEAC, notamment en matière d'Accélération de la Diversification des Economies et d'Industrialisation.
- Le Plan Prioritaire d'Intégration et de Développement de l'Afrique à Moyen et Long Termes (PPIDAMLT), mis en évidence au chapitre II ci-dessus, révèle sans équivoque, sur la base des critères économiques et politiques retenus par ledit Plan, que la CEMEACO est la seule Communauté économique virtuelle, efficiente et compétitive de la Région d'Afrique centrale et occidentale, aux plans scientifique et international.

En somme, il découle des principaux arguments qui précèdent que la finalité majeure des processus de fusion, d'élargissement et de restructuration des Communautés économiques sous-régionales d'Afrique centrale et occidentale devrait être la mise en place progressive de la CEMEACO En effet, la Communauté économique et monétaire des États d'Afrique centrale et occidentale s'avère être la seule Communauté virtuelle, optimale et compétitive, aux plans scientifique et international.

Cette appréciation résulte notamment du fait que l'intégration économique et politique à l'échelle régionale génère nécessairement des avantages comparatifs plus importants et significatifs aux plans économique et politique, comparativement à l'intégration économique et politique à l'échelle sous-régionale.

Compte tenu de ce qui précède, le Cameroun, Leader naturel de la CEMAC, devrait jouer un rôle diplomatique de premier plan, dans la mise en œuvre du Programme de Restructuration, de Refondation et d'Élargissement de ladite Communauté, présenté ci-dessus.

En outre, le Cameroun devrait œuvrer avec engagement pour convaincre les autres pays d'Afrique Centrale concernés par le projet en gestation de fusion de la CEMAC et de la CEEAC, à considérer la Communauté économique sous-régionale, qui résultera de ladite fusion comme un Bloc économique sous-régional transitoire, par rapport à la CEMEACO.

En effet, compte tenu des arguments développés ci-dessus, le Bloc économique sous-régional concerné est appelé à fusionner à moyen terme avec les entités similaires de l'Afrique de l'Ouest que sont notamment l'UEMOA et la CEDEAO, pour donner naissance à la CEMEACO.

À cet égard, il est important de souligner qu'au regard du Chronogramme d'édification progressive de la C.E.A présenté ci-dessus, élaboré en cohérence avec l'Agenda 2063 de l'UA., et des engagements pris par les onze (11) pays d'Afrique centrale[98] pour la fusion de la CEMAC et de la CEEAC et la mise en place de la Communauté économique sous-régionale unique, les dates butoirs d'entrée en fonctionnement de ladite Communauté et de la CEMEACO sont connues. En effet, les dates prévisionnelles d'entrée en fonctionnement de la Communauté économique sous- régionale unique et de la CEMEACO sont respectivement 2023 et 2029.

Cette évolution est vivement souhaitée et encouragée, eu égard aux dispositions pertinentes du Traité d'Abuja du 3 juin 1991 instituant la CEA ; compte tenu du fait que la CEMEACO est considérée au plan régional, comme la seule Communauté Économique optimale et compétitive aux plans scientifique et international.

Cette optimalité et cette compétitivité de la CEMEACO aux plans scientifique et international, sont notamment appréciées par rapport à la capacité de ladite Communauté à satisfaire les critères théoriques et pratiques de reconnaissance des unions économiques et monétaires optimales, ainsi que ceux mis en évidence par les Approches modernes de l'Intégration régionale.

Il reste entendu que dans la mise en œuvre du Programme de Restructuration, de Refondation et d'Élargissement de la CEMAC

[98] BOBO OUSMANOU-Fusion CEMAC-CEEAC- Sommet ? CEMAC à quand la conférence des chefs d'État ? Hebdomadaire, intégration n° 465 du 31/05 au 06/06/2021-p.6

présenté ci-dessus, le Cameroun, Leader naturel de ladite Communauté, devra jouer un rôle diplomatique de premier plan.

Le Cameroun, Afrique en miniature, est d'autant plus encouragé à assumer ce rôle de Leader dans la refondation et la restructuration de l'intégration régionale en Afrique, du fait que les pays de la Sous-région d'Afrique Centrale et les autres pays africains lui font confiance dans ce domaine.

À cet égard, il est important de souligner que le Cameroun abrite et préside depuis 2015 le Comité de Pilotage de la Rationalisation des Communautés économiques régionales en Afrique centrale (COPIL/CER-AC), en même temps qu'il préside depuis septembre 2017 l'Unité de Réforme institutionnelle de l'Union africaine, mise en place par les Chefs d'État Africains en juillet 2016. Le Cameroun abrite en outre la Base logistique de la Force africaine en attente de l'Union africaine, inaugurée à Douala par S.E.M. YANG Philémon, le 4 janvier 2018, alors Premier Ministre, Chef du gouvernement. Cette base logistique a pour vocation d'être une base continentale autonome pour les opérations de soutien et de maintien endogènes de la Paix et de la sécurité en Afrique.

Le Cameroun abrite enfin l'Institut de Gouvernance, des Sciences humaines et sociales de l'Université Panafricaine de l'Union africaine. Ce Pôle d'Excellence académique continental comporte notamment une filière de formation en Intégration régionale. Il est important de souligner que toutes les manifestations d'encouragement et d'incitation du Cameroun à être l'un des principaux Fers de lance de l'accélération de l'intégration africaine, de la part des pays africains, qui précèdent, rencontrent l'adhésion du Cameroun et des Camerounais, du fait qu'elles sont de nature à sauvegarder et à consolider les intérêts économiques et politiques du Cameroun. Ce point de vue est notamment confirmé par S.E.M. Paul BIYA, Président de la République du Cameroun, à travers les Déclarations relativement récentes ci-après :

« Il va de soi que le Cameroun et le Nigéria doivent désormais tout mettre en œuvre pour consolider le règlement intervenu et saisir les opportunités qui s'offrent à eux pour développer leurs relations dans tous les domaines »[99].

---

[99] S.E.M. Paul Biya - Extraits du Discours du 21 août 2008 -Cameroon Tribune N° 9167/5366 du 22/08/08 – p.2

« Ainsi donc mes compatriotes, il est permis de penser qu'une ère nouvelle est en train de s'ouvrir entre le Nigéria et le Cameroun, une ère de paix et de fraternité qui nous permettra de mener, main dans la main, les vrais combats, ceux du progrès et du développement »[100].

« Le Cameroun se trouve à la jonction des deux ensembles économiques d'Afrique de l'Ouest et d'Afrique Centrale. Pourquoi n'ambitionnerait-il pas de devenir cette plaque tournante à laquelle la géographie le prédispose ?

Le développement de notre capacité énergétique et l'extension de notre réseau routier ont pour finalité principale la création des conditions optimales pour l'industrialisation de notre pays. Celle-ci est notre grand défi des prochaines décennies. En même temps, on peut en attendre une confirmation de l'évolution favorable de la situation de l'emploi constatée ces dernières années »[101].

En définitive, nous sommes convaincus que la mise en œuvre du Programme futuriste, de refondation et de dynamisation de la CEMAC susvisé, aux plans de sa gouvernance financière, managériale et fonctionnelle, et au plan économique, permettra à coup sûr au Cameroun et à la CEMAC, de devenir le Fer de lance d'une nouvelle dynamique d'intégration de l'Afrique, à la hauteur des aspirations réelles de développement de nos Peuples.

Ce Programme futuriste de dynamisation de l'Intégration régionale en Afrique, permettra également de poser « d'importants jalons » pour la mise en place progressive de la Communauté économique africaine, considérée à juste titre comme l'aboutissement de l'ensemble des processus d'intégration économique sous-régionaux et régionaux actuellement en cours sur le Continent.

Nous sommes ainsi rendus au terme de l'évaluation prospective de la Communauté économique et monétaire d'Afrique centrale (CEMAC), considérée comme « Un échantillon de laboratoire » des organisations d'intégration régionale caractérisées par l'antériorité de l'intégration monétaire de l'Afrique. Il ne nous reste plus qu'à tirer une conclusion de notre cheminement intellectuel.

---

[37] Ibid – p.2.

[101] S.E.M. Paul BIYA, Président de la République du Cameroun – Message de Nouvel An à la Nation du 31/12/2016- l'Essentiel du Cameroun n° 24 du 03/01/2017.

CONCLUSION

Nous sommes parvenus au terme de notre cheminement intellectuel qui avait essentiellement pour objectifs de procéder à un Audit scientifique rigoureux de la CEMAC et de définir les perspectives d'avenir de ladite Communauté, à l'effet de lui permettre de résorber efficacement les Crises économiques, sécuritaires et sanitaires qui l'affectent depuis 1990, et de relever les défis du XXIe siècle.

Il ressort notamment de nos développements qui précèdent que dans le Management des organisations en général, et des organisations internationales en particulier, la Mutation et la Métamorphose constituent la règle, et la Routine et l'Immuabilité, l'exception. Cette mutation et cette métamorphose de l'organisation internationale visent notamment à permettre à l'organisation de s'adapter aux nouveaux défis qui lui sont imposés par son environnement interne et externe, et à maximiser ses performances, afin de lui éviter de tomber dans la sclérose.

Dans cette optique, les Crises économique, sécuritaire et sanitaire des années 2013-2021, les performances économiques médiocres de la CEMAC au cours des dernières décennies, et les nouveaux Défis économiques et politiques qui s'imposent à elle en ce début du XXIe siècle interpellent fortement les Chefs d'État et les Peuples d'Afrique centrale, à procéder à la Refondation de cette Communauté.

De surcroît, l'incapacité des cinq sommets extraordinaires de la conférence des Chefs d'État de la CEMAC, convoqués en moins de cinq ans, à résorber les différentes crises affectant ladite Communauté, semble indiquer de manière irréfragable que la CEMAC se trouve aujourd'hui à la croisée des chemins, et que l'heure de sa Refondation a sonné. La CEMAC doit être refondée ou disparaître.

Cette Refondation de la CEMAC qui implique notamment sa fusion avec les Communautés économiques sœurs de la région d'Afrique centrale et occidentale se justifie notamment par le fait que l'évaluation de ladite Communauté au prisme des approches théoriques de l'Intégration régionale et des critères de reconnaissance des Unions économiques et monétaires optimales nous a révélé sans ambages que la CEMAC n'est pas compétitive aux plans scientifique et international.

Cette nécessité de Refondation de la CEMAC a été du reste réaffirmée par la Résolution de la douzième Conférence des Chefs d'État et de gouvernement de la CEMAC tenue à Libreville le 6 mai 2015, qui, au vu des performances économiques médiocres du Programme économique régional (PER) adopté en 2010, a instruit la Commission de la CEMAC, à procéder à la Relecture dudit Programme.

En somme, le Programme des Réformes institutionnelles adopté et mis en œuvre par la Conférence des Chefs d'État de la CEMAC de 2006 à 2010, qui a notamment doté la CEMAC d'une Architecture institutionnelle rénovée, doit être complété par un Programme des reformes économiques structurelles, ayant notamment pour finalité l'Élargissement de ladite Communauté, et la Diversification accrue et accélérée de son économie.

Cet Élargissement indispensable de la CEMAC, et sa fusion inéluctable avec les autres communautés économiques sous-régionales d'Afrique centrale et occidentale devraient nécessairement avoir une incidence sur la gestion de la politique monétaire des pays de la CEMAC, au regard de la problématique actuelle de sortie ou de maintien des pays de la CEMAC de la Zone franc.

En effet, à notre avis, et conformément au souhait exprimé par S.E.M. Idriss DEBY ITNO, de regrettée mémoire, dans son interview susmentionnée de juin 2017, les pays de la CEMAC devraient s'arrimer et adhérer à la dynamique monétaire impulsée par les pays de l'UEMOA et de la CEDEAO, visant à mettre en place à partir de 2020, la monnaie régionale africaine qu'est l'ECO.

Cette stratégie pertinente est d'autant plus recommandée aux pays de la CEMAC que les Grandes Crises économiques, sécuritaires et sanitaires qui ont frappé la CEMAC de 1990 à ce jour, confirment la vulnérabilité, la fragilité et la précarité de ladite Communauté.

Cette vulnérabilité, cette précarité et cette diversification trop insuffisante de l'économie de la C.E.M.A.C, interpellent, à notre avis, les pays de ladite Communauté, à bâtir avec ceux de l'Afrique de l'Ouest, regroupés au sein de l'UEMOA, et de la CEDEAO, une Coalition économique et monétaire, à l'effet de mettre en place une Économie réelle régionale forte et diversifiée.

Cette Économie réelle régionale forte et diversifiée constitue, sans nul doute, le fondement le plus sûr de l'avènement d'une Monnaie régionale forte et indépendante que nos Chefs d'État et nos Peuples appellent de tous leurs vœux, ainsi que le confirme à juste titre, le Communiqué final du 4ème sommet extraordinaire de la conférence des Chefs d'États de la C.E.M.A.C, tenu à Yaoundé le 22/11/2019.

Toutes les données qui précèdent confirment que la Problématique du maintien ou de la sortie des pays de la CEMAC de la Zone Franc ne saurait être examinée dans une approche restreinte, statique et isolée, limitée aux aspects monétaires.

Cette Problématique doit plutôt être examinée dans une approche holistique, dynamique et multidimensionnelle intégrant l'analyse de l'Économie réelle, et visant la Promotion et l'Accélération de l'Intégration économique africaine et la Diversification accrue de l'Économie africaine, à l'effet d'imprimer une Nouvelle Dynamique à l'Intégration et au Développement de l'Afrique.

Cette nouvelle dynamique, empreinte d'efficacité et d'efficience, devrait notamment être concrétisée par la mise en place rationnelle et progressive des Grandes Communautés économiques régionales et de grands Marchés régionaux africains, compétitifs aux plans scientifique et international.

Cette Rationalisation optimale de l'Intégration africaine vise en définitive, à substituer le Programme d'Intégration minimum de l'Afrique (PIMA), actuellement en cours, par le Programme d'Intégration des Grandes Ambitions et des Grandes Réalisations de l'Afrique (PIGAGRA), qui correspond aux aspirations réelles de développement de nos États et de nos Peuples, et à celles des Pères fondateurs de l'OUA et de l'UA.

À cet égard, il est important de souligner que le Programme d'Intégration des Grandes Ambitions et des Grandes Réalisations de l'Afrique sus-évoqué constitue une Option de qualité hautement supérieure, en termes d'efficacité et d'efficience, par rapport à la Zone de Libre-Échange continentale (ZLEC), actuellement en gestation.

Cette vérité essentielle et implacable, découle d'une part des grandes faiblesses et limites des Zones du Libre-Échange par rapport aux Communautés économiques régionales, sur le plan de la Théorie économique, et d'autre part, du fait que la ZLEC, n'est en réalité qu'une variante du Programme d'Intégration minimum de l'Afrique, impulsé par l'Union africaine.

Dans cette perspective, il est constant que l'important Chantier de la Refondation et de la Restructuration de la CEMAC devrait être le domaine d'action prioritaire du Programme des Réformes économiques et financières (PREF-CEMAC) et du Comité de Pilotage de la Rationalisation des Communautés économiques d'Afrique centrale (COPIL/CER-AC).

Cet important Chantier de la Refondation de la CEMAC devrait notamment avoir pour aboutissement la mise en place progressive de la Communauté économique et monétaire des États d'Afrique centrale et occidentale (CEMEACO).

La CEMEACO et la Communauté économique et monétaire des États d'Afrique australe et orientale (CEMEAAO), sont au niveau du Continent africain, les deux seules Communautés économiques et monétaires régionales intermédiaires pilotes et virtuelles, jugées efficientes et compétitives, aux plans scientifique et international.

En Effet, ces deux Communautés économiques et monétaires régionales intermédiaires, pilotes et virtuelles, sont les seules émergentes et efficientes, aux plans scientifique et international. Cette appréciation est fondée sur le fait que lesdites communautés sont le résultat de l'application du Plan rénové d'Intégration et de Développement de l'Afrique, issu du Traité d'Abuja du 3 juin 1991 instituant la CEA, en même temps qu'elles sont de nature à satisfaire les critères de reconnaissance des Unions économiques et monétaires Optimales.

Il est important de souligner que ce Plan rénové d'Intégration et de Développement de l'Afrique à moyen et long termes sus-évoqué est fondé sur la rationalisation optimale des Politiques économiques et d'Intégration régionale en Afrique. Cette rationalisation optimale passe notamment par l'établissement d'une synergie, d'une complémentarité et d'une cohérence optimales, entre les processus d'intégration engagés aux niveaux, continental, régional et sous-régional.

En outre, il est important de préciser que le Plan rénové d'Intégration et de Développement à moyen et long termes de l'Afrique proposé ci-dessus, est également en conformité avec l'Agenda 2063 de l'Union africaine, qui prévoit notamment l'avènement en 2063 d'une Afrique démocratique, unie, sécurisée et prospère.

En somme, les deux Communautés économiques virtuelles et émergentes que sont la CEMEACO et la CEMEAAO, bâties autour des trois Pôles économiques et industriels fédérateurs de l'Afrique, que sont l'Afrique du Sud, l'Égypte, et le Nigéria, sont les seules jugées compétitives aux plans scientifique et international, par rapport à la pléthore des Communautés sous-régionales et régionales existantes.

Ces Communautés économiques régionales et sous-régionales africaines existantes jugées non optimales et non compétitives sont par conséquent appelées à fusionner pour laisser place à la CEMEACO et à la CEMEAAO.

En conséquence, la fusion de la CEMAC et de la CEEAC fortement envisagée ces dernières années par les Chefs d'État d'Afrique Centrale devrait être encouragée.

Toutefois, cette fusion ne devrait être considérée que comme une étape transitoire et intermédiaire par rapport à la situation idéale et optimale, que constitue la fusion des Communautés économiques sous-régionales d'Afrique centrale et occidentale, pour former la Communauté économique et monétaire des États de l'Afrique centrale et occidentale (CEMEACO).

Quant à la CEMEACO et à la CEMEAAO, elles ont vocation à se consolider, et à fusionner à long terme, pour donner naissance à la Communauté économique africaine, instituée par le Traité d'Abuja du 3 juin 1991, entré en vigueur en 1994.

Dans cette optique, il y a lieu de souligner que le Programme de Restructuration, de Refondation et d'Élargissement de la CEMAC présenté, dans cet Ouvrage, est un impératif juridique, économique, scientifique et historique.

Il est d'abord un impératif juridique parce que tous les pays de la CEMAC ont signé et ratifié le Traité d'ABUJA du 3 juin 1991 instituant la Communauté économique Africaine (CEA), reconduit par l'Acte constitutif de l'Union africaine, qui consacre la Restructuration et l'Élargissement des Communautés économiques sous-régionales et régionales africaines, comme un impératif catégorique, dans le Processus d'édification progressive de la CEA

C'est pour cette raison que les articles 8 et 9 du Traité révisé de la CEMAC du 30/01/2009 disposent expressément : « La Communauté établit toutes les coopérations utiles avec les Organisations régionales et sous-régionales existantes. La Communauté participe aux efforts d'intégration dans le cadre de l'Union africaine, et, en particulier, à ceux relatifs à la création d'organisations communes dotées de compétences propres, en vue d'actions coordonnées dans les domaines spécifiques ».

Ce Programme de dynamisation de la CEMAC constitue également un impératif juridique parce qu'il se situe en droite ligne du Programme économique régional d'émergence adopté par la Conférence des Chefs d'État de la CEMAC en 2010, pour la période (2011-2025). En effet, le 5e Axe stratégique dudit Programme s'est notamment fixé pour objectif : « d'accélérer la mutation de la CEMAC en un acteur moteur d'un vaste marché régional de 260 millions de consommateurs et en une plateforme de compétitivité et d'exportation vers les marchés internationaux »[102].

Il est ensuite un impératif économique et scientifique, parce que la Restructuration, la Refondation et l'Élargissement de la CEMAC constituent une impérieuse nécessité pour rendre cette Communauté crédible, optimale, efficiente, et compétitive aux plans scientifique, économique et international.

Cette crédibilité de la CEMAC aux plans scientifique, économique et international est d'autant plus remise en cause, au regard des résultats médiocres du Programme économique Régional adopté par les Chefs d'État à Bangui en 2010, et eu égard à l'incapacité de ladite Communauté à résorber efficacement les multiples Crises qui l'affectent depuis 1990, en dépit des mesures d'Ajustement endogènes prises à cet effet.

Il est enfin un impératif historique, parce que la mise en œuvre du Traité d'ABUJA instituant la CEA, accuse à ce jour un retard considérable (vingt-sept ans environ après son entrée en vigueur), qui interpelle les Chefs d'État et les Peuples africains, à accélérer de manière optimale le Processus de Restructuration, de Refondation et

---

102 Patrice Libong Badjan – Réformes institutionnelles de la CEMAC – Jeu des acteurs, intérêts des Etats – l'Harmattan 2013-P.74.

d'Élargissement des Communautés économiques sous-régionales et régionales.

En somme, cette Refondation et cette Restructuration de la CEMAC constituent d'abord, la condition fondamentale pour l'atteinte des Objectifs de Paix et d'Émergence à l'Horizon 2035, et de Développement durables à l'Horizon 2030. Cette Refondation et cette Restructuration de la CEMAC constituent ensuite la condition fondamentale, pour la consolidation, la mise en œuvre et la réussite de l'Agenda 2063 de l'Union africaine, qui vise notamment l'avènement en 2063, d'une Afrique unie, stable et prospère où règnent la Sécurité et la Démocratie.

Ce Processus de Refondation et de Restructuration de la CEMAC, dont la date butoir de démarrage proposée est 2023, constitue enfin la solution fondamentale pour l'amélioration significative des conditions de vie de nos Peuples, et l'accélération de l'Édification de l'Unité et de la Solidarité africaines.

Cette nouvelle dynamique et, ce saut qualitatif dans l'amélioration du bien-être de nos populations et dans l'accélération du processus d'édification de l'Unité africaine, inspirés des textes fondateurs de l'OUA et de l'UA. et des défis présents et à venir de l'Afrique, constituent un impératif catégorique et historique en ce début du XXIe siècle, pour le plus grand bonheur de nos enfants et des générations futures.

BIBLIOGRAPHIE

Allen R. A., (1961), « Integration in less developed Areas », Kyklos, Vol. 15, fascicule 3.

Atangana A., (2018), « Croissance inclusive. Échec programmé du DSCE en 2020 », Hebdomadaire express économique N° 70, p. 5.

Atlas of Africa, Éditions du Jaguar, 2000.

Awoumou C. D., (2003), « Le couple Cameroun-Gabon, moteur de l'Afrique centrale ? » ; *Enjeux N° 17*, octobre-novembre.

Babissakana Babissakana, PMR, PMOCP, CSSP-T, Ingénieur financier Chairman 8 C.EO – Lettre de Réforme aux Chefs d'État et de gouvernement de la CEMAC – Monnaie commune de l'Afrique Centrale et nouvelle Coopération avec la France – Bihebdomadaire Défis Actuels N° 580 du 14 au 16/06/2021. p. 2.

Balassa B., (1978), « Economic integration among Developing Countries », Journal of Common Markets Studies, Vol. 14.

Beitone A., Cazorla A., Dolla C. et Drai A.-M., (2010), *Dictionnaire de Science économique*, Paris, Armand Colin, 3e édition.

Biya P., (1987), « Pour le libéralisme communautaire », Éditions Pierre-Marcel Fabre, pp. 23-24.

Biya P., (2018), « Pour le libéralisme communautaire », Éditions Pierre-Marcel Fabre, Nouvelle Édition.

Bonjawo Jacques, (2005), *L'Afrique du XXIe siècle, l'Afrique de nos volontés*, Paris, Karthala.

Bourguinat H., (1966), « Réalisme et théorie de l'Union douanière », Revue économique N° 6, Vol. 17, pp. 949-974.

Cabinet *Performance Management Consulting* – E.C.D.P.M. –, (2006), « Diagnostic institutionnel et organisationnel de la CEMAC », Tome 1, Rapport final, p. 44.

Cameroon Tribune, « Extrait du discours prononcé par Paul Biya devant le Corps diplomatique accrédité à Yaoundé le 9 janvier 2014 », N° 10505/6706 du 10 janvier 2014.

Cameroon Tribune, « Discours prononcé devant la tribune des Nations-Unies par Paul Biya le 25 septembre 2008 », N° 9192/5391 du 26 septembre 2008, p. 3.

Cameroon Tribune, « Discours prononcé devant la tribune des Nations-Unies par Paul Biya le 21 septembre 2010 », N° 9685/5886 du 22 septembre 2010.

Cameroon Tribune, « Discours prononcé devant la tribune des Nations-Unies par Paul Biya le 21 août 2008 » N° 9167/5366 du 22 août 2008.

CIA (2012), *The World Factbook.*

Clayborne Carson and Kris Shepard, (2008) *A call to conscience. The Landmark Speeches of Dr Martin Luther King J.R.*, Brown and Company.

Commission économique des Nations-Unies pour l'Afrique, (2004), *État de l'intégration régionale en Afrique.*

Coussy J. et Hugon P., (1991), *Intégration régionale et ajustement structurel en Afrique subsaharienne. Ministère de la Coopération et du Développement*, La Documentation française.

Daniel Ben Yahmed et Houstin N. (2010), *Atlas of Africa*, Éditions du Jaguar.

Deby Itno I., Interview « Vérité à R.F.I., T.V. 5 et au Monde », Bihebdomadaire « L'Essentiel du Cameroun », N° 72 du 27 juin 2017, p. 8.

Etoundi Ngono M., (2011), *Mandela, The leader model for the XXIst century*, Paris, L'Harmattan. 00

Faiza Ghozali, « Intégration, toute une histoire », *in Africa 24*, Magazine N° 8, novembre 2012 - janvier 2013, p. 60.

Fantu Cheru, (2002), « Afrique Relance », Vol. 16≠ 2, 3 septembre, p. 19.

Fokam Paul K., (2000), *Et si l'Afrique se réveillait ?* Les Éditions du Jaguar.

Fouda M. S., (2003), *L'Intégration régionale en Afrique centrale. Des arrangements institutionnels pour une véritable intégration en Afrique : quelques pistes*, Paris, Karthala.

Frankel J. A. et Rose A. K., (1978), «The endogeneity of optimum currency areas criteria», C.E.P.R., Discussion paper N° 1473.

Galtun J. (1969), « Una teoria structural de la integración » p. 15, in *Revista de la Integración* N° 54- BID. Intal, Buenos Aires, pp. 11-49.

Haberler G., (1964), « Integration and Growth of the World Economy in historical perspectives», The American Economic Review, Vol. 59, N° 2.

Hakim Ben Hammouda, Bekolo Ebe Bruno et Touna Mama, (2003), « L'intégration régionale en Afrique centrale : bilan et perspectives », Éditions Karthala.

Hass E. B. (1975), « The obsolescence of regional integration theory », I.I.S, University of California, Berkeley.

Hot T., (2013), « Les voies de la Renaissance africaine », Notre Africk, Hors-série, pp. 4-5.

Idir N., Kamali A., Unan E., (2010), « Intégration régionale Sud-Sud et Investissements directs étrangers : effet de taille de marché », Université de Paris 13, p. 15.

Kä Mana, (2005), « La mission de l'Église africaine, pour une nouvelle éthique mondiale et une civilisation de l'espérance », Éditions CIPCRE, Collection Foi et Action.

Kasse Moustapha, « Intégration régionale en Afrique : où en sommes-nous ? », G.P.E., Abidjan 2009/2010.

Kenen P. B., (1969), « The Theory of Optimum Currency Areas: an Electic View », in « Monetary problem of International Economy», Mundell R. et Swoboda A.K. (ed), Chicago, University of Chicago Press, pp. 41-69.

Kindleberger Ch., (1986), « International public goods without international Government », American Economic Review, Vol. 76, N° 1.

Ki-Zerbo Joseph, « À quand l'Afrique ? », Entretien avec René Holestein, Paris, 2004.

Le NEPAD et les enjeux pour le développement de l'Afrique, Éditions Maison neuve et la Rose, 2002.

Libong Badjan Patrice, (2013), *Les Réformes institutionnelles de la CEMAC : jeux des acteurs, intérêt des États*, L'Harmattan.

Makon Ma Pondi – « Coopération économique entre le Nigéria et le Cameroun, un enjeu majeur », in *Cameroon Tribune* N° 11140/7339 du 20/07/2016, p. 5.

Marchal André, (1964), « L'Europe solidaire », Tome I, CUJAS.

Maurice Schiff and Alan Winters, *The World Bank 2002. Regional integration and Development*.

Mbita Joseph, (2012), « Conditions de mise en place de l'Union économique et monétaire africaine », Thèse de Doctorat Ph. D. en Sciences économiques, Université de Yaoundé II-Soa, 499 p.

Mbita Joseph, (2015), *L'Afrique face aux accords de partenariat avec l'Europe*, Paris, L'Harmattan.

Mitrany D. A., (1943), « A working Peace System: an argument for functional Development of international Organisation », National Peace Council, London.

Mohamed Ben Omar Ndiaye, (2005), « Optimalité de l'intégration régionale et convergence économique dans les unions monétaires de la zone Franc en Afrique (UEMOA et CEMAC) », Thèse de Doctorat d'État, Dakar.

Mouelle Kombi (N.), (1998), « L'intégration en Afrique centrale, entre inter-étatisme et supranationalisme » *in* Bach (C.D), *Régionalisation, mondialisation et fragmentation en Afrique subsaharienne*, Paris, Karthala.

Mundell R. A., (1961), «A Theory of Optimum Currency Areas», A.E.R., pp. 659-669.

Mutharika B. W., (1977), Multinational corporations in regional integration, The african experience in Simai and Garam K. (eds).

Mvelle G., (2007), *L'Union africaine : fondements, organes, programmes et actions*, L'Harmattan.

Mvelle Guy, (2013), *L'Union africaine face aux contraintes de l'action collective*, L'Harmattan Cameroun.

Nyambal E., (2008), « Afrique, les voies de la prospérité. Dix clés pour sortir de la pauvreté », Deuxième édition, L'Harmattan.

Ondo Ossa A., (1999), « Économie monétaire internationale », Paris, Éditions E.S.E.M., 245 p.

Ondo Ossa A., (2000), « Théories des zones monétaires à la lumière l'expérience et des perspectives de la zone Franc africaine », A.F.R.C.

Parsons T. E., Harper et Row (1962), *Toward a general theory of action. Theoretical foundation of social sciences,* New York.

Pearson and Ingram W. D., (1980), "Economies of Scales, Domestic Divergences and Potential gains from Economic Integration in Ghana and Ivory Coast", Journal of Political Economy, Vol. 8, N° 5.

Perroux F., « L'Économie du XXe siècle », Paris, P.U.F, 3e édition.

Pierre Jacquemot – Les dix enjeux de la Zone de Libre-Echange Africaine – https/www.com/author/Pierre Jacquemot/1er juillet 2019.

Pondi J.-E., (2012), *Vie et mort de Mouammar Al-Kadhafi, quelles leçons pour l'Afrique ?* Éditions Afric'Éveil.

Raymond Aron, (1969), « Paix et Guerre entre les Nations », Paris, Calmann Levy.

Robert Perrin Émile, (2001), « L'Afrique et le développement », p. 1.

Suarez A., (2009), *Intégration régionale. Évolution d'un concept*, Édition Hachette supérieur.

Tower E., Willet , (1978), « The Theory of Optimum Currency Areas and Exchange Rate flexibility», Special paper in International Economy, N° 11, Princeton University, Princeton, New Jersey.

Wangary Muta Maathai, (2009), « The Challenge for Africa, a New Vision », C.P.I. Mackays, Chatham, ME 5 and T.D.

TABLE DES MATIÈRES

Structures éditoriales du groupe L'Harmattan

L'Harmattan Italie
Via degli Artisti, 15
10124 Torino
harmattan.italia@gmail.com

L'Harmattan Hongrie
Kossuth l. u. 14-16.
1053 Budapest
harmattan@harmattan.hu

L'Harmattan Sénégal
10 VDN en face Mermoz
BP 45034 Dakar-Fann
senharmattan@gmail.com

L'Harmattan Cameroun
TSINGA/FECAFOOT
BP 11486 Yaoundé
inkoukam@gmail.com

L'Harmattan Burkina Faso
Achille Somé – tengnule@hotmail.fr

L'Harmattan Guinée
Almamya, rue KA 028 OKB Agency
BP 3470 Conakry
harmattanguinee@yahoo.fr

L'Harmattan RDC
185, avenue Nyangwe
Commune de Lingwala – Kinshasa
matangilamusadila@yahoo.fr

L'Harmattan Congo
67, boulevard Denis-Sassou-N'Guesso
BP 2874 Brazzaville
harmattan.congo@yahoo.fr

L'Harmattan Mali
ACI 2000 - Immeuble Mgr Jean Marie Cisse
Bureau 10
BP 145 Bamako-Mali
mali@harmattan.fr

L'Harmattan Togo
Djidjole – Lomé
Maison Amela
face EPP BATOME
ddamela@aol.com

L'Harmattan Côte d'Ivoire
Résidence Karl – Cité des Arts
Abidjan-Cocody
03 BP 1588 Abidjan
espace_harmattan.ci@hotmail.fr

Nos librairies en France

Librairie internationale
16, rue des Écoles
75005 Paris
librairie.internationale@harmattan.fr
01 40 46 79 11
www.librairieharmattan.com

Librairie des savoirs
21, rue des Écoles
75005 Paris
librairie.sh@harmattan.fr
01 46 34 13 71
www.librairieharmattansh.com

Librairie Le Lucernaire
53, rue Notre-Dame-des-Champs
75006 Paris
librairie@lucernaire.fr
01 42 22 67 13

www.ingramcontent.com/pod-product-compliance
Lightning Source LLC
LaVergne TN
LVHW011317061026
849535LV00005B/1592